MAOZEDONG
DE YOUMO
ZHIHUI

毛泽东的幽默智慧

孙宝义 孙靖雯 邹桂兰◎编著

人 民 出 版 社

前　言

在人们生活中，幽默诙谐有着神奇的作用。紧张时，它能让人轻松；尴尬时，它能给你信心；危急时，它又能带来转机。幽默诙谐的人，不仅拥有更多的快乐，更能展现风采，突出智慧，彰显机智与魄力。幽默诙谐的载体是语言，语言是人们表达思想、传播信息、沟通情感的工具。说话是人类特有的一种本能，也是人类各种行为中最基本的活动方式。俗话说，一句妙语三冬暖，恶语伤人六月寒。良好的语言是维系人际关系的纽带，它能使人与人之间增强情感，加强了解，消除隔阂，甚至可以使对立双方化干戈为玉帛。反之，则可以使人际关系日渐疏远，甚至反目为仇。尤其是领袖人物，由于其身份的特殊，一言一行，一颦一笑，足以引起人们的注意。特别是在公开场合，如有惊人之语或失体之言，都可能造成重大影响，引起轩然大波，甚至酿成政治风波。毛泽东深谙此道，他熔炼了古今中外语言之精华，以其渊博的学识，生动活泼的语言特点，炉火纯青的表达技巧，构成了他所独具的鲜明个性，为他成功地处理人际关系，为党团结亿万人民，搞好统一战线，战胜内外敌人发挥了不可替代的作用。

毛泽东运用语言艺术的最大特点，就是充满了幽默诙谐。幽默诙谐是思想、学识、智慧和灵感在语言运用中的结晶，是一瞬间闪现的光彩夺目的思想火花，是生活波涛中的救生圈、调味品，是人类面对共同生活而创造出的一种文明。幽默诙谐，也是美学研究的核心范畴，是一种令人发笑而有余味的情操。笑是幽默诙谐的外部特征，在会心的笑中明白事理，得到启示。幽默诙谐可以说是一种才华、一种力量、一种文明，更是一门学问。人的智力不发展到一定程度，就很难有幽默诙谐，幽默诙谐实际上是人们智慧从容有余后的产物。它像一座桥梁，拉近了人与人之间的距离，填满了人与人之间的鸿沟，因而它能引发喜悦，带来欢乐，以愉快的方式让人们最敏捷地进入社交圈，多一点幽默诙谐感，就会增添一些与他人谈笑风生的因缘，就会在语言的海洋里如鱼得水、游刃有余。

毛泽东一生中，手不释卷，博览群书，谈起话来，幽默诙谐，灵活多变，得心应"口"。他常常在漫不经心、东拉西扯的闲谈中臧否人物，评点历史，纵横挥洒，使人不亦乐乎。他常先说一句令人开心的笑话，然后发挥渊博的学识，探究引申，因人因时因地，有时直解，有时别解，有时拆字，有时拈连，有时展开联想由此及彼，有时抓住一点因缘予以发挥，纵横捭阖，将语言艺术上升到理性高度，并让这些宝贵的精神遗产留给后人鉴赏。

本书从毛泽东一生中运用语言的精彩片断中，筛选出260余则小典故，编著成《毛泽东的幽默智慧》。全书融故事性、哲理性、娱乐性、睿智性于一体，既有严肃的政治态度，又有轻松愉快的生活情调，融合了喜怒哀乐和酸甜苦辣，是享受人生和增长见识兼备的通俗读物。饭后茶余欣赏这些趣闻，不但可以对身心有益，也可以了解这位语言大师标新立异的人生情趣和汉语独特的表达方式。

目　录

毛泽东爱看笑话书

毛泽东一生酷爱读书，而且读书范围广泛，晚年尤喜读笑话书。据担任过毛泽东报刊图书管理工作的忻中回忆，晚年毛泽东对笑话书产生了浓厚兴趣，特别是1974年这一年里，他读得最多的便是笑话书。

笑话在我国有着悠久的历史。《史记》中记载的淳于髡、东方朔等，就擅长用说笑话的方式来达到讽谏劝喻的目的。两汉以来，我国各种笔记小说和杂谈、杂记等诸多的书籍中就记载着种种笑话。唐宋以来，搜集成编的笑话专集有数十种之多。新中国成立以后，全国各家出版社又相继出版了一批笑话书。

1974年1月1日上午11时30分，忻中正准备去食堂吃午饭，忽然，毛泽东秘书张玉凤给他打来电话。张玉凤告诉他：首长要看《太平广记》和笑话方面的书，并且要线装大字本的，要马上找出送来。《太平广记》为小说总集，北宋李昉等编辑。因该书成于宋太宗太平兴国年间，故称《太平广记》。此书共500卷，有目录十卷，收录了自汉至宋初的小说、笔记、稗史等475种，保存了大量的古小说资料，解放后新版的《太平广记》，毛主席书库存有一部。因不是线装大字本，故还得到北京图书馆去借。当时的北京图书馆就在中南海北门外（现为国家图书馆分馆），从中南海办公室到北京图书馆要不了5分钟。所以，忻中很快就从北京图书馆善本组借来一部明许自昌刊本《太平广记》，共10函100册。

《太平广记》送给毛泽东后，就放到毛泽东书库里，还采用老办法，首先翻《线装图书总目》。当时毛泽东书库存放的线装图书，为了查找、使用的方便，他们按经、史、子、集四大类和若干小类分别登记做成目录，打印后分为3份，每份装成3册。游泳池处放一份，毛泽东住地放一份。还算不错，就在"总目"第一册上，很快就找到了一些笑话书，可是最终从书柜里找出来的只有4种共9册。其余的可能是毛泽东平常看后没有退回来，仍在他的住地——中南海游泳池存放。将找出的《笑府》《笑典》等4种9册笑话书立即送到游泳池。

后来翻阅毛泽东的读书登记簿，才知道，这不是毛泽东第一次要看笑话书。在此之前，毛泽东晚年至少有两次比较集中地读过笑话书。一次是1966年1月，据逄先知当时的记录，这年1月13日，毛泽东的秘书徐业夫从外地来电话，说首长要看《笑林广记》等笑话书。逄先知从1950年冬到1966年夏，一直给毛泽东管理图书报刊。接电话后，他即从毛泽东存书中找出7种笑话书，1月14日，交中央办公厅机要室（即现在的中央办公厅秘书局）的通讯员送给了毛泽东。

第二次是1970年8月，据有关记录，8月25日这天，从北京图书馆、北京市文物管理处（现为北京市文物局）及有关同志的个人图书中共找出20种笑话书送给了毛泽东，其中《明清笑话四种》《徐文长故事》《广笑府》3种和《笑笑录》《苦茶庵笑话选》2种是从当时中央办公厅秘书局代管的个人图书中找出来的。其余15种都是从北京图书馆和北京市文物管理处借来的，后来都如数退还了。

有了第一次的实践，第二次忻中也就变得有点聪明起来了。同时，"再找一找"，也没再强调要找大字线装本。所以，1月2日这一天，首先跑到北京图书馆，又到中央办公厅图书馆和毛泽东自己的存书中，线装、平装的笑话书一下子又找出不少，数一数一共是14种21册。与忻中第一次送的4种9册相比，这14种21册全是新的。新是新，可是线装本、平装本都是小字的，其中有好几种还是他以前看过的。不过这一次，毛泽东收到书之后没有很快就说"不理想"，而是从中选出《新笑林一千种》和《历代笑话选》2种要给他联系重新排印大字本。

1月2日送给毛泽东的笑话书，以及从中选出印大字本的《新笑林一千种》和《历代笑话选》等，他老人家不久全都看完了。这一次，虽然没说"不理想"，但是，2月23日他老人家又发出指示："继续找笑话书。"

忻中经请教北京图书馆的同志，他们告诉忻中，这类图书可以去北京几所名牌大学找一找。所以，这一次，忻中的第一个目标是北京师范大学图书馆。2月25日上午，拿着中央办公厅的介绍信去北京师范大学。李馆长先后找出来的笑话书有11种，还从中央办公厅秘书局代管的个人图书中和琉璃厂中国书店旧书当中又找到了4种。

4月15日、17日下午，又到北京大学图书馆和北京图书馆借来了11种笑话书。

这样一来，先后合计找出25种49册笑话书送给了毛泽东。毛泽东看后，从中选出《时代笑话五百首》、《笑话三千篇》、《哈哈笑》3种，要重新排印大字线装本。

找了这么多的笑话书，又重新排印了《笑话三千篇》等3种大字本，本以为毛泽东看笑话书到此该差不多了。《新笑林一千种》、《时代笑话五百首》，加上《笑话三千篇》，还有别的笑话书，加在一起，笑话可能已超过5000个了。五千个笑话，这个数字不算少吧？可是，事情并非像忻中想象的那样。6月4日晚饭后，毛泽东在看完新印的《笑话三千篇》等一批笑话书之后又说："新印的《笑话三千篇》也不理想。"要他们再找一找有关笑话方面的书。

忻中等研究，决定"全面出击"，除北京图书馆、首都图书馆、中国书店和北大、清华、北师大等老牌大学的图书馆外，还分别与中国科学院图书馆、中国社会科学院文学研究所图书馆、中央编译局图书馆、中央宣传部图书馆等，凡是估计能存有笑话书的图书馆，都进行了联系。通过"全面出击"，广泛联系，各方查找，又找出了20种共55册笑话书。

这些书分别从有关图书馆借来后，工作人员于6月14日下午送给了毛泽东。一个星期后，即在6月21日晚上，他老人家翻看完这批笑话书之后告诉："最近所借的笑话书，没有多少新鲜的，就不用重印了。"

京城大小图书馆忻中都跑遍了，能找的笑话书差不多也都找出来了。北京图书馆、北京大学图书馆将一般不出借的馆藏善本也都拿出来了。可是毛泽东认为"没有多少新鲜的"。北京城的笑话书，毛泽东几乎都读遍了。然而，能使他老人家满意的，换句话说，他老人家认为是"理想"的、"新鲜"的却不很多。

根据毛泽东"再找一找"的指示，除在北京地区工作人员再进一步查找外，中央办公厅和中央办公厅秘书局有关领导又把希望的目光投向上海和杭州。从1974年6月下旬以后，"兵分两路"（北京、上海两地）继续努力为毛泽东查找笑话书。

6月26日上午，北京市委文化小组特派专人与忻中一起来到北京市文物管理处，向该处负责人说明了来意。当时他们都还不知道是毛泽东要看笑话书。

北京市文物管理处的同志行动很快，他们是临时组织人力，翻箱倒柜，从他们收存的图书中仔细查找，第二天（即6月27日）就找出60多种笑话书。后来又相继找出几种，能找到的他们差不多全找出来了，这些书既有平装本，也有线装本，与以前送毛泽东的笑话书相比，大部分还都是新的。当拿出这批新找到的笑话书时，忻中的心中真是有说不出的高兴，并充满信心地认为，这批笑话书中肯定有毛泽东喜欢的。因找出来的笑话书过多，当时的中央办公厅的领导要将这次找出的笑话书分为平装和线装两大类，先做出一份"笑话书目"送给毛泽东。如果从1974年1月1日为毛泽东第一次找笑话书算起到9月19日，在北京地区忻中前后查借笑话书逾百种。在这个过程中，得知1974年毛泽东读了不少书，但据知读的最多的大概就是笑话书了。翻开毛泽东的借书登记本，我们可以清楚看到，1974年1月1日至6月30日，这半年时间里，毛泽东外借图书除极少数其他图书外，绝大部分都是笑话书。

8月26日，毛泽东在"笑话书目"中圈选了10种。9月19日，又圈选了10种。

毛泽东对《新笑林一千种》很喜欢，书中所收的笑话，有不少曾给毛泽东的生活带来笑声，增添了生活的乐趣。

送印《新笑林一千种》时，封面上有一幅彩色幽默画。毛泽东对这幅画很感兴趣。送印前，他老人家嘱咐说，封面上有一幅彩色幽默画和书前的四幅黑白幽默画照印。封面上的这画技艺并不高超，也非出自名家之手。但这幅画却表达一则"嘲啬刻者"的笑话：

一极啬刻人过河，不肯花摆渡钱，乃涉水而过。行至中流，水深过腹，势将灭顶，急呼人救。岸上者曰：非二百万文不救。曰：给你一文如何？须臾，水过肩。又呼曰：给你一百五十文如何？岸上人仍不肯救竟至溺毙。阎王怒曰：你在阳间蓄钱自利，不肯济贫，吝啬已极，罚下油锅。既至油锅。

见一巨锅盛油。啬刻鬼曰：这许多油，实殊可惜，若把这油钱折给我，我情愿干锅焦烤。

毛泽东爱读《笑林广记》。1974年8月6日，他老人家又一次要看新印的《笑林广记》。《笑林广记》收集了一些使人读后捧腹大笑的笑话，现录两则毛泽东阅过的笑话：

我 不 去

一妇人夫死，哭之甚痛。抱棺披发而哭，见人来更大哭曰：我的夫呵！我的夫呵！我愿跟了你去，你为何不拉了我去。正哭得高兴，被棺缝儿把头发挂住。妇人大惊。忙改口曰：你别拉！我不去，我不去。

穷人遇贼

两夫妇甚穷，朝不谋夕，竟至断炊。妇谓夫曰：我两人腹内无食，身上无衣，何不赊壶酒来，虽不能充饥，即可以御寒。夫出门赊酒而归。至晚，夫妇枵腹同饮。妇人大醉，家中只有絮一条，女人扯去自盖。男人甚冷，不得已拿半个破缸覆在身上，枕瓦而眠。将要睡着有贼撬门而入。穷人曰：我们穷得如此你还要来偷。顺手用所枕之瓦打去。我是用枕头打你，若用被头打你，早要你的性命了。

毛泽东之爱读《笑林广记》，最主要的就是因为该书所收的三百多个笑话，大都使他读后开怀大笑。一次，他独自在游泳池书房里看笑话书，看着看着情不自禁地笑出声来。这时候，徐业夫正好从外边进来。一看他老人家一个人在发笑，便轻轻地走到他身边，这才知道毛泽东在看《笑林广记》。结果，他以极大兴趣，第二天便找忻中给他自己借一本新印的大字本《笑林广记》。

毛泽东晚年生活上很孤独，老战友们不经常来了，子女们不在身边，年老体弱，疾病又在折磨他。在寂寞中，毛泽东靠看笑话书，寻求一点乐趣和安慰。传统文化中的笑话书，给毛泽东精神上带来了无限的情趣和开心的笑料，为他生活中酿造出一樽美酒，供他欣赏和品尝。

（参见孙宝义、刘春增、邹桂兰编著：《向毛泽东学读书》，台海出版社 2011 年版）

"有钱龟孙不讲理"

毛泽东少年时代聪颖过人。有一天，他去外婆家，途中，一个地痞两手叉腰，突然拦住了去路。这个人是富家子弟赵某，经常在穷人面前舞文弄墨，捉弄他人。对此，毛泽东早有所闻。

"我知道你是文家外甥，又有些虚名在外，今天我倒要考考你。"赵某对毛泽东说，"你若答得出来，我让你过去，若答不出，你得从胯下钻过去。"

毛泽东不慌不忙，也来了个双手叉腰："你爱问就问吧。"

"百家姓里的'赵钱孙李'分开如何解释，合起来是什么意思？"赵某问。

毛泽东稍加思索答道："赵公元帅的赵，有钱无钱的钱，龟孙的孙，有理无理与李同音。大宋天子赵匡胤说过：有钱龟孙不讲理！"

这个答复痛快淋漓，弄得赵某满脸怒气，但又无从发泄，只好忍气吞声地让毛泽东过去了。

（参见孙宝义、邹桂兰、孙吾文、孙月辰：《毛泽东的衍名艺术》，中央文献出版社 2006 年版）

毛家分成两"党"

　　毛泽东的父亲毛顺生治家很严，他相信"吃不穷、用不穷，人无算计一世穷"这样一句老话，因此，表现得十分刻薄、自私和专横。毛泽东对父亲的这种作风十分不满，父子俩经常为一些事情发生冲突。而毛泽东的母亲文七妹则以心地善良、贤惠温和、敦厚诚实为乡亲邻里所称道。她常常瞒着丈夫送米和衣物等接济穷贫的乡亲们。但毛顺生是不赞成施舍的，家里为这种事多次争吵。每当这时候，毛泽东总是坚定地站在母亲一边。

　　1936 年在延安时，毛泽东在与斯诺谈话时这样幽默地回忆说："我家分成两'党'。一党是我父亲，是执政党。反对党由我、母亲、弟弟组成，有时连雇工也包括在内。"毛泽东还称反对党是一个"统一战线"。

　　听到毛泽东这样评价自己的家庭，斯诺笑得连笔都要握不住了。

（参见谭逻松、张其俊编著：《毛泽东的幽默故事》，同心出版社 1993 年版）

不 信 邪

　　毛泽东是个彻底的唯物主义者。自小就有一种不信邪、不怕鬼和勇于向一切困难挑战的精神。青年时期，他就曾发出过这样的豪言："自信人生二百年，会当击水三千里。"他抄写过一首《咏蛙》诗。这首诗体现了毛泽东少年就藐视一切的壮志情怀：

> 独坐池塘如虎踞，
>
> 绿杨树下养精神。
>
> 春来我不先开口，
>
> 哪个虫儿敢做声？

毛泽东青年时代在他创办的《湘江评论》创刊号就这样说过："什么力量最强？民众联合的力量最强。什么不要怕？天不要怕，鬼不要怕，官僚不要怕，军阀不要怕，资本家不要怕。"

红军时期，毛泽东熟读《孙子兵法》，他写的一本叫做《基础战术》的小册子，可以说概括了古代战略家军事学说的精华，并把他"天不怕"的思想融进了战略战术之中。他在《基础战术》中说："我们看见敌人的时候，就不要以为敌人手上拿着兵器，就如老鼠见猫一样，怕得不得了，不敢接近他，混入其中，去做破坏工作。我们是人，敌人也是人，均是人，那么怕什么呢？怕他有兵器吗？兵器我们可用方法夺取过来的，所怕的，不过是怕给敌人打死。可是受敌人压迫到这步田地，难道还有谁怕死？死都不怕，还有什么敌人可怕呢？所以，我们看见敌人的时候，无论他是多少，要当他是可以充饥的面包，马上就可以将他吞下去。"

以后，毛泽东又赞赏秦皇汉武、成吉思汗、彼得大帝和拿破仑，而且直言不讳地说自己有能力超过他们。解放战争时期，毛泽东在延安曾对一来访者说过："蒋先生总以为天无二日，民无二王。我就不信邪，偏要出两个太阳给他看看！"

铮铮铁言，掷地有声，充分显示了毛泽东天不怕，地不怕，不怕鬼神不怕敌人的大无畏革命精神。

（参见陈晓东：《神火之光》，中共中央党校
出版社 1995 年版）

这是我小时候初一、十五工作的地方

毛泽东小时候曾随着母亲信佛拜神，可以说是到了虔诚的地步。他曾与母亲讨论过父亲不信佛的问题，认真地劝过父亲信佛；也曾为母亲的疾病到衡山南岳去拜过神。

1959 年 6 月，毛泽东在罗瑞卿、周小舟等人陪同下，回到了阔别 32 年的故乡。

第二天，毛泽东便来到自己的故居上屋场。当时，"毛泽东故居"已经对外开放接待参观者，原来的住户搬到了对门邻居家。毛泽东看到这一情况，惋惜地对周小舟说："这里的房子空着不让人住，都挤到对门屋里去，我自己的房子自己全作不了主。"停了一会儿，又建议说："让房子窄的群众住到我的家来。"

一行人鱼贯进外堂屋，停了下来。毛泽东身边的警卫员们纷纷到处观看。忽然，卫士封耀松指着堂屋南墙上嵌着的一个黑漆木龛，侧过头问毛泽东道："主席，这是什么东西？"

"这是神龛，里面放菩萨。"毛泽东走了过来，站到神龛正下方，拱了拱手，风趣地说："这是我小时候初一、十五工作的地方。"

封耀松也学着毛泽东的样子拱了拱手。

（参见谭逻松、张其俊编著：《毛泽东的幽默故事》，同心出版社 1993 年版）

9

"宇居大哥，我们不是回了韶山么?"

有一回，毛宇居上完新课，叫学生在课堂读书。毛泽东却觉得课堂里太嘈杂，空气又不好，他于是去后山的树林里读书。两个小时后，他不仅背熟了老师规定的课文，还采回来一把毛栗子和同学们分享。毛宇居大发雷霆。尽管老师规定的课文，他能背诵如流，但他公然违反了课堂纪律。为了以儆效尤，下午上课时，毛宇居不让他进教室，在天井边罚站。

天井中有一口浅井。有调皮学生从小溪里捉来鱼虾，养在井里。毛泽东觉得这位宇居大哥管得太严了，见井里的小鱼没有半点自由，触景生情，他随口占诗一首：

> 天井四四方，四周是高墙。
>
> 清清见卵石，小鱼圈中央。
>
> 只喝井里水，永远养不长。

这之后，毛宇居对毛泽东就刮目相看了。

有一件事使毛宇居终生难忘。那是他第一次去北京与毛泽东相会的时候，毛泽东设晚宴款待他。饭毕，毛泽东笑着对毛宇居说：

"今晚，我跟你回韶山去!"

毛宇居一愣：前几天毛泽东说过，什么时候有空了，要回韶山看看。难道今晚就动身么？毛泽东诡谲地笑笑，说：

"是呀，我们今晚一起回韶山，去看看你自己!"

毛宇居更不知底里了。

一会儿，他们一同来到大厅里，刚刚坐下，电影银幕上就出现了几个大字：解放了的中国。

这是一部与苏联合拍的彩色电影纪录片，其中有不少韶山的镜头。这部影片毛泽东早已看过，为了让毛宇居高兴高兴，于是陪他再看一遍。

毛宇居年轻的时候就留须，是一位美髯公。如今白发银须，笑容可掬，自然是摄影师捕捉的对象。那彩色电影上，既有他的中近镜头，又有他的大特写。毛泽东笑道：

"宇居大哥，我们不是回了韶山么？还看见了你自己嘛！"

乡下老先生在银幕上看到了自己，那高兴的心情简直无法形容。回到招待所，他立即挥就了一首《七绝》：

> 银幕一开画来传，
> 老夫笑貌及苏联。
> 从今四海为家日，
> 几度观光及壮然。

（参见张步真、赵志超：《故园行》，海南
出版社 1995 年版）

要坐八抬大轿

1925 年 1 月，刚过而立之年的毛泽东被排挤出党中央领导层。张国焘认为毛泽东的农民运动思想成不了大气候，李立三则嘲讽毛泽东是胡汉民的秘书。俗话说假话讲三遍也成了真话，这样的冷言冷语一多，使毛泽东陷入了孤立，在党中央领导层坐上了冷板凳。

加上失眠症，晚上没睡好，白天疲惫不堪，胃有时也疼了起来，杨开慧十分心痛。她决定想法劝毛泽东回家休养一些时日。

这天，杨开慧见毛泽东心情好些，说："润之，我和你结婚这么多年了，还没去过你家。你答应我几次了，要带我回家去看看的。按道理，你得用八抬大轿接，我才能去。"

毛泽东一听杨开慧说要坐轿，不由笑了起来，说："你还想坐八抬大轿?"杨开慧说："怎么不能坐? 润之，你不能偏心啊。"

毛泽东说："我什么事偏心了?"杨开慧说："那个秀妹子能坐，我为什么不能坐? 她是明媒正娶，我不是吗? 她八抬大轿，吹吹打打，我为什么不能八抬大轿，吹吹打打?"

毛泽东疲惫不堪的眼睛笑了笑，说："你看你，又来了，吃醋不是你这样子吃的嘛，岸英岸青都这么大了，你还要坐八抬大轿，教授千金，这不要笑死人哟。"

杨开慧说："不要八抬轿子也行，你总得让我这个媳妇进你毛家的屋门吧。你不是说，岸英岸青都这么大了，坐轿子吹吹打打不好，总也得让我知道毛家的门朝哪里开呀。"

毛泽东想想也是，说："娘子说得是，现在有点空，是该带我堂客回家去看看。"

1924年12月，毛泽东带着妻儿从上海回到湖南长沙，毛泽民接了；1925年2月，毛泽东又到长沙的湘江码头坐船，朝韶山银田寺而来。毛泽东在船头吹着凛冽的寒风，闻着家乡清新的空气，神清气爽，不由精神抖擞。

银田寺码头，毛福轩兄妹和庞叔侃还在寒风中朝江面打望。毛霞轩见远处又来了一只船，道："叔侃，你看，又来船了，船头上站着一个高个子。这回该是的吧。"

庞叔侃朝河中远眺，看见一条木船徐徐而来，船头上果然站着一个身材伟岸的男子。他望着那熟悉的身影，激动地叫了起来："那是润之哥，我先生。润之哥……"

"哎!"毛泽东在船头听见了毛福轩和庞叔侃的呼喊，高兴地答应着，并向河岸挥手示意。杨开慧走出船舱，望着两岸青山和满江绿水，不由脱口道："韶山真好。"

毛泽东说："我的家乡当然好啊。你若早来，就早看到了。"

杨开慧含嗔一笑，说："这能怪我吗？你不带路，我一个女人，总不能一个人去你家。"

毛泽东笑了笑道："有道理，有道理。都是我这个做丈夫的责任。今天，没有八抬大轿来接，请你坐船也是不错的。你看，还有福轩和叔侃他们来接，我看也可以了。"

说着话，船已徐徐靠岸，杨开慧停口不再说那些事了。

庞叔侃和毛福轩迫不及待地跳上船，一看，毛泽东精神抖擞，不像有病的样子。"润之，你身体好，我们就放心了。有人说，你有思想问题，是思想有毛病？""不是什么思想病，是思乡病。一回到家，看到家乡的山水，看到家乡的人，看到你们，这思乡病就好了大半。再吃几天家里的饭菜，在家里的床上睡几天，这思乡病就没事了。"

众人被毛泽东说得哈哈大笑。

庞叔侃挑着一担箱子，觉得很沉，上得街来就换了两次肩，忍不住问道："先生，你这箱子怎么这样重？""宝贝呢。"

毛霞轩趁毛泽东脸转向别处，悄悄问杨开慧是什么宝贝。

毛泽东发现了，笑道："哎，你们不能搞小动作，开慧，你可不能当内奸，吃里扒外呀。"

毛霞轩忙说："润之哥，开慧嫂没有告诉我，我自己猜到了。你那东西呀——孔夫子搬家，净是书。对不对？"

毛泽东笑笑。"人家在外当几年官，都是衣锦还乡，金银财宝一箱一箱的，我在外也奔波了好些年，就这么些东西。这也算是宝贝？"毛福轩见庞叔侃正说到毛泽东的心事，忙捅了一下庞叔侃。庞叔侃才知自己失嘴，却话已噼里啪啦地说出来了。

毛泽东好像并不在意，说："出门闯世界，人人都想衣锦还乡。我现在是回家养病，是落魄之人，不是衣锦还乡。不过，我觉得这书怎的也是个宝贝。古人有言：书中自有黄金屋，书中自有颜如玉，书中自有千钟粟。我就是靠这些宝贝书，给你们找到了颜如玉的嫂子呢。"

毛福轩他们望了望漂亮的杨开慧，都笑了起来。觉得毛泽东所说的宝贝书和颜如玉比什么都珍贵。

（参见《毛泽东在一九二五年》，《西安商报》
2013 年 4 月 15 日）

关于"萝卜"（洛甫）的故事

1925 年 11 月 28 日，张闻天抵达莫斯科，旋即入莫斯科中学学习。为了方便和保密，他取了个俄文姓名"伊凡·尼古拉奇·伊斯美洛夫"。

后来，在校园（原俄国皇帝做礼拜的大教堂前广场上）运动锻炼时，同学们便叫他"洛甫"。此后，"洛甫"便成了张闻天的笔名。在中国共产党内，从俄文名字演变过来的中文名字"洛甫"成了张闻天的代名词。

红军长征胜利到达陕北后，有一次，毛泽东在延安中直机关食堂远远见张闻天走来，就拿起一只萝卜，向走近的张闻天打招呼"萝卜（洛甫），萝卜（洛甫）。"开了个玩笑，使张闻天顿时感到老友重逢，有一种说不出的亲密感。

后来张闻天的夫人刘英回忆说，毛泽东和张闻天在紧张的战争年代，经常以开玩笑调节气氛，以笑料驱赶疲劳。进军途中，有一次张闻天骑马打瞌睡，不小心跌下来，所幸未受伤，不过当时情况不佳，出了点洋相。毛泽东闻讯，凑趣儿作了一首打油诗：

> 洛甫骑马过湖南，
> 四脚朝天滚下山，
> 人没受伤马没死，
> 菩萨保佑你平安。

这首诗充满了革命的乐观主义精神。

（参见孙宝义、邹桂兰、孙吾文、孙月辰：《毛泽东的
衍名艺术》，中央文献出版社 2006 年版）

茅坑上屙屎的感受

1926 年毛泽东在广州农民运动讲习所讲课时，学生们喜欢听毛泽东讲课，还有一个重要原因，就是毛泽东讲课幽默诙谐，妙趣横生，常令人忍俊不禁，捧腹大笑，笑声中让你得到启迪，受到陶冶。

一位学生至今还清晰地记得他们所长讲到要了解农民的迫切需要与愿望时说的一段话：

"毛所长说，只有了解农民群众在当时当地最切身的痛苦和最迫切的需要与愿望，你和他们谈话，才不会隔靴搔痒。你们要做到，你们和他们谈的话，正是他们心里想说而没有说出口的话。只有这样，他们才会相信你们的话。说到迫切需要和愿望时，所长打了一个比喻。他说当一个人屎急要胀破肚皮快要屙在裤裆里的时候，他最迫切的愿望和需要就是想找到一间厕所。当他找到了厕所蹲在茅坑上屙屎时，那种非常舒服的情况是难以形容的。"

"他说到这里时，引起大家都大笑了，他自己也笑了。接着他说：厕所本身是臭的地方，谁也不愿进去，蹲在茅坑里有什么舒服？但当你屎急找不到厕所，一旦找到了，你进去屙屎，不但不感到臭，反而感到非常舒服。这就是厕所为你解决了迫切需要的问题。你们切莫对农民空谈一大堆空洞理论，都与农民本身利益不相干。农民是最讲现实的，不欢迎你和他们本身不相干的空谈。"

幽默，沟通了师生心灵，缩短了彼此距离。

（参见康裕震、欧阳植梁、方城、陈芳国：
《谁主沉浮》，中央文献出版社 1995 年版）

"盛情难却"

1927 年 9 月，中共中央特派员毛泽东正忙着在湖南、江西交界处组织秋收起义。

有一天，毛泽东不幸在浏阳张家坊被团防局的清乡队抓住，和其他"共党嫌疑犯"一起，被押往距此地不远的团防局处决。路上，毛泽东用智谋摆脱了敌人。三天后，毛泽东找到了起义的部队。同志们看到毛泽东到来，无不惊喜万分。这支部队的负责同志说："润之同志，我们真为你担心，几天没有你的消息。"毛泽东幽默地说："哎，路上碰上团防局请客，没办法，盛情难却，耽搁了！"

毛泽东一句趣谈，逗得同志们哈哈大笑起来，那种从容不迫的样子给大家带来了鼓舞和信心。

（参见王伯福编：《毛泽东轶事大观》，山东人
民出版社 1997 年版）

我这只脚它不配合

1927 年 12 月，在井冈山训练场上，毛泽东带着略有好转的脚伤，跟军事教员陈伯钧开玩笑说："《封神榜》上有个土行孙，还有个哪吒，他们都能腾云驾雾，上天入地，你们为什么没有这个本事呀！我也想跟你们一起练呢，可是我这只脚它不配合。"话一落音，便引起一阵笑声。

毛泽东的这一比喻，把他们带入一个神话般的世界里，脚伤变成了调侃的笑文化。

（参见盛巽昌编著：《毛泽东与西游记、封神演义》，广西人民出版社 1997 年版）

如何消灭五个虱子

1927 年 12 月，工农革命军因敌重兵反扑而被迫撤出茶陵县城。当时面临的形势极为严峻，敌人强数十倍，这仗怎么打法，一时间谁也找不到答案。部队情绪极为低落，不断出现逃跑、叛变等情况。

就在大家都不知何去何从的关键时刻，毛泽东及时准确地提出了打歼灭战的战术思想。为了使这一正确思想深入人心，毛泽东经常深入到战士中间

17

宣传解说，凭着他超人的智慧，把打歼灭战的战术思想描述得绘声绘色、深入浅出。

一天，毛泽东来到陈士榘所在的连队。开始他并没有直接把谈话引入正题，而是亲切地问围拢在身边的指战员："你们抓虱子，是怎么个抓法？"

听毛委员这么一问，大家都有些丈二和尚摸不着头脑。一边哈哈大笑着，一边回答说："用手抓呗！"

毛泽东继续问道："如果你身上有五个虱子，又是怎么个抓法呢？"

陈士榘等人你看看我，我看看你，一时都不知道如何回答。这时，有一个战士说道："如果有五个虱子的话，那就得一个一个抓啦！"

"对呀！对呀！"听了那位战士的回答，毛泽东满意地说，"你要是五个虱子同时抓，恐怕连一个也抓不着喽！"说着说着，毛泽东把谈话引入了正题，给陈士榘等人讲要打胜仗必须集中兵力打歼灭战的道理。他一边做着手势，一边说道："五个指头不能同时抓五个虱子，必须收拢手指，一个一个地抓，才能抓得到。当前，我们打仗也是这个道理。现在敌人比我们强大，人家 100 人，我们才 10 个人，硬碰硬，根本无法打赢！不过，只要我们的战术对头，10 个人也能打赢他 100 人，你们信不信呀？"

"那怎么打得赢啊？"陈士榘将信将疑地问。

毛泽东摆了摆手，继续说道："当然可以打得赢，你们莫要着急。其实道理很简单，与抓虱子没有什么两样。如果我们 10 个人同时打他 100 人，自然打不赢，但我们 10 个人打他两三个人就没问题了。一次打掉两个，两次就打掉 4 个，10 次就是 20 个。照这样打下去，这 100 人不就很快会被我们这十个人消灭吗！"顿了顿，毛泽东提高了声音，"这就叫战略上以少胜多，战术上以多胜少！"

"毛委员讲得太好了！""原来真有打赢的办法啊！"毛泽东短短数语，听来简单，道理却极为深刻，陈士榘等人顿时觉得眼前一亮、茅塞顿开，几乎同时发出了由衷的赞叹。

在以后的战争实践中，陈士榘把毛泽东打歼灭战的战术思想运用得越来越纯熟，先后参与或直接指挥了平型关大捷、洛阳战役、豫东战役、淮海大战等著名战役，战功显赫，成为中国人民解放军中的一代名将。

（参见孙宝义、周军、邹桂兰编著：《毛泽东
兵法战策》，解放军出版社 2013 年版）

语言的魅力

语言，是人们交流思想，达到互相了解的工具。毛泽东博览群书，语言的运用，可以说达到了炉火纯青的程度。他的语言准确、有力、风趣，又能根据不同对象，采取不同风格：有时幽默风趣；有时像涓涓细流，滋润心田；有时又像黄河巨浪，催人奋起，感染力和鼓动性极强。

毛泽东在闽西时，有人对前途悲观失望，提出"红旗到底能够打多久"的疑问。毛泽东不是用什么社会发展规律的一般道理去解决，而只用了"星星之火，可以燎原"八个字，形象、通俗而又富有哲理地回答了这个问题。当时，有的干部汇报说搞不清参加"三合会"、"三点会"等帮会组织算不算土匪时，他明确指出：参加这些帮会的，除少数会道门头子外，大部分是穷苦人，他们生活困难，没得吃，有的也会自发去抢地主豪绅的东西，但他们不是土匪，不能打，要团结，只有团结一切可以团结的力量，才能孤立和打击真正的地主豪绅。说到这里，毛泽东摊开手掌，做了个手势，启发大家，你们说是这样打出去有劲？还是——他又把手掌紧紧地握成拳头——这样打出去有劲？得到大家肯定答复后，毛泽东又形象地用散沙和湖泥作比喻，进一步向干部强调团结之重要。他说，群众没有组织起来，没有团结起来，好比一堆散沙，缺乏力量，我们要用湖泥把这堆散沙胶在一起，捏成一团，这就团结得很紧，不会散了。

1928 年朱毛会师，毛泽东讲，红军不光要打仗，还要发动群众，组织

群众。现在，我们虽然在数量上、装备上不如敌人，但我们有马列主义，有群众的支持，不怕打不败敌人。敌人并没有孙悟空的本事，而我们有如来佛的本事，他们总逃不出如来佛的掌心！我们要善于找敌人的弱点，十个指头有长短，荷花出水有高低，敌人也有弱有强，兵力分布也难保没有不周到的地方，我们集中兵力，专打敌人的弱点，打胜了立即分散，躲到敌人背后去玩"捉迷藏"。这样，我们就能掌握主动权，把敌人放在我们手心里玩。一番话，把大家说得心花怒放，顿时信心倍增，全场掌声雷动。

抗战前夕，通信兵队伍不够稳定，许多人老想上前线，毛泽东为了解决这个问题，讲了一个故事：很久以前，有条河上要修座石桥，招聘了不少能工巧匠，辛辛苦苦干了许多天，桥身修好了，只是桥洞的脊梁处还缺少一块坚固合适的石头嵌进去，没有这块石头，桥就砌不成，石匠跋山涉水，找到了这块石头，石桥终于砌成了。相传这块石头是鲁班路经此地，得知缺少一石，偷偷按尺码凿好后丢下的，从此人们给这块石头起名叫"鲁班石"。毛泽东说，红军今后要大发展，这里要点火种，那里要点火种，一块块被分割的根据地，要靠通信兵从空中架桥连接，你们想想，你们不是红军中的鲁班石吗？从这以后，通信兵们就常用"做革命的'鲁班石'"来鞭策自己，多为党工作。

延安时期，毛泽东常为抗大讲课，他根据学员文化水平参差不齐的特点，讲哲学时，用深入浅出，形象具体的办法讲解。例如，毛泽东讲《矛盾论》时，为了说明内外因的关系，他举了鸡蛋因得适当温度而变化为小鸡，而温度不能使石头变为小鸡的生动例子。讲《实践论》，为了说明要有知识，就得参加变革现实的实践，他举了要知道梨子的滋味，就得亲口吃一吃。把深奥的马列道理，寓于生动的语言之中，听课的新老同志、教员、炊事员全都笑了。还有一次，毛泽东讲到我们有的指挥员，对情况不加分析，别人一鼓动就来了劲，结果事与愿违，成了鲁莽家。有的人越听越感到，毛泽东讲的像自己曾经指挥过的一次失利的战况，于是，一个学员没等毛泽东讲完，就站起来说：主席讲的是我，今后我一定克服鲁莽的毛病。接着，又一个学员说，不！主席讲的是我。从此，"不当鲁莽家，要作勇敢而明智的英雄"成为抗大学员的座右铭。

鲁艺的学员还记得，在毕业典礼上，毛泽东号召从小鲁艺到大鲁艺去学习，即向工农兵学习。同时，他用柳宗元的黔之驴故事，告诉大家不要以为自己是洋包子，瞧不起本地的土包子干部。毛泽东一边讲，一边装作老虎观察毛驴的样子，大家被生动的讲演逗笑了，从而悟明了深刻的道理。

为了给大家讲明革命道理，毛泽东借用了张果老下华山，去蓬莱阁朝圣这个故事说，这个人不是凡人，是个仙家，所以，他骑毛驴和我们不一样，是倒骑。走着走着，遇到仙人吕洞宾，问张果老去何处？张说去蓬莱。吕洞宾惊诧地问：蓬莱在东，你骑毛驴向西，怎么能到？张果老生气了，认为自己有理，反驳道：我的脸是朝东方蓬莱的！毛泽东讲完，接着说：想要革命的人，如果路线方向不对，革命还是不能胜利的，张果老虽面朝蓬莱，但路线错了，永远也到不了。大家受到很大启发。

国内革命战争时期，部队战士大多是不识字的农民，毛泽东很注意用简单明了的词句来阐述革命道理。一次，他对红军战士说，我们是革命队伍，所以，要懂得革命的道理。马列写了很多书，一下子掌握不了那么多，我现在只讲"二三四"三个字的道理，要求大家记住。二是指两种战争。古今中外，不断打仗，打来打去，只有两种，一种是正义的，一种是非正义的，我们共产党人要用正义战争反对非正义的反革命战争。三是指三大纪律。他强调，我们是革命的队伍，没有纪律不行，否则，不能统一行动，不能打胜仗，更不能侵犯工农利益，哪怕一个小小的鸡蛋也不能拿。四是指革命军队除了打仗，消灭敌人之外，还要做好四件事，第一打土豪分田地，发动群众；第二建立工农武装，主力才会有后备军；第三是建立革命政权，和国民党对立起来，用老百姓的话讲，建立我们的埃（苏维埃）政府；第四是建立地方党组织。这个"二三四"的道理，好懂又好记，一下子就被战士们掌握了。

毛泽东善于运用语言艺术。运用老百姓喜闻乐见的语言，用幽默、诙谐、形象的语言将革命的大道理寓于中国的民族形式、风格之中，使广大干部群众把马列主义和哲学变成自己认识世界和改造世界的锐利武器。这正是中国化的马列理论。

（参见王永盛、张伟主编：《毛泽东的语言艺术》，山东大学出版社 1991 年版）

"你这个'长工'当得不错嘛"

　　曾任中华人民共和国地质部部长的何长工，原名何坤。1927 年，发生了"马日事变"，他的名字被敌人列入了黑名单。为了躲避搜捕，毛泽东为他改名为何长工。

　　1928 年年初，在遂川城里，毛泽东对何长工语重心长地说："派你上井冈山去做王佐的工作，怎么样？"何长工问："去多少人？"毛泽东笑道："又不是去打仗，要许多人干什么，你先去做'长工'，你的工作就是要请我们的人上山，请得越多越好。"

　　毛泽东时刻关注着这两支农民自卫军的工作，每有进展，便鼓励何长工：你这个"长工"当得不错嘛，还要继续当下去，不能满足已有的成绩，要抓紧工作，尤其是要做好王佐的工作，把他们改造成为一支新型的人民军队。在毛泽东的鼓励下，何长工做了大量细致的政治思想工作。结果，很快就把这支农民自卫军改编成新型的人民军队。

（参见孙宝义、邹桂兰、孙吾文、孙月辰：《毛泽东的衍名艺术》，中央文献出版社 2006 年版）

我听他们的比他们听我的还要多

1928 年夏，红四军第三次打下了永新县城。为"大力经营永新"，毛泽东在永新做了大量的社会调查。县妇女部长贺子珍按照县委的指示，到西乡进行了调查。这天，她拿着她所整理的"西乡塘边村调查情况"的初稿来到毛泽东的住所。

听着贺子珍声称没有完成任务、左写右写也没写好，毛泽东微微笑了。他先叫警卫员到镇上小商店里买芝麻糖来招待客人，然后开始了他那幽默的交谈，借以打破贺子珍的拘谨。

"你是名门望族官宦之家的小姐，应是三寸金莲，不出闺门，参加革命可是当了个叛徒哟，不容易、不简单啊……"

正说着，警卫员回来了，他将芝麻糖放在桌上回头就跑。

"毛委员，你的警卫员真不错。"

"是啊，这些小鬼头。你不知道，我听他们的比他们听我的还要多。"

贺子珍瞪大了眼睛："那怎么可能呢？"

"怎么不可能？在战场上，我指挥全军，他们就指挥我，什么这里不能站，那里也不能呆。你想上个山头，他们硬是把你拉下来，有个小鬼竟然嫌我个头太高，让我弯下腰走路。"毛泽东故作正经状。

贺子珍为毛泽东的滑稽动作忍不住哈哈大笑，含在嘴里的芝麻糖几乎喷了出来。

（参见谭逻松、张其俊编著：《毛泽东的幽默故事》，同心出版社 1995 年版）

新姑娘上轿

　　大革命失败后，前途茫茫，大家束手无策。毛泽东后来点出当时的心情："心情苍凉，一时不知如何是好"；八七会议"决定武装反击，从此找到了出路"。

　　在这次会议上，毛泽东侃侃而谈，坚毅的脸上掩饰不住愤怒。他从"新姑娘上花轿"引出对大革命失败教训的总结。他说：我们党没有在国共合作的国民党中作主人的决心，"不知它是一架空房子等人去住。其后像新姑娘上花轿一样勉强挪到此空房子去了，但始终无当此房子主人的决心。"没有当主人的决心也就罢了，更重要的是不掌握武装，甚至看不起枪杆子。"从前我们骂中山专做军事运动，我们则恰恰相反，不做军事运动专做民众运动。蒋（介石）唐（生智）都是拿枪杆子的，我们独不管。"由于没有当房子主人和掌握武装的决心，所以国民党一反动，轰轰烈烈的大革命便夭折了。

　　毛泽东大声疾呼："以后要非常注意军事。须知政权是由枪杆子中取得的。"这是从惨痛的教训中得出的结论。

（参见胡哲峰、孙彦编著：《毛泽东谈毛泽东》，
中共中央党校出版社 2008 年版）

天下第一菜：四星望月

毛泽东一生嗜辣，爱吃红烧肉的生活习惯，人人知晓。但毛主席亲自命名一道菜为"四星望月"却鲜为人知。

那是 1929 年 4 月，红四军从闽西回师赣南，分兵发动群众，红四军第三纵队在司令员伍中豪、党代表蔡协民的率领下来到兴国县的古龙岗，毛泽东带着一个警卫排首次进入兴国县城，受到兴国县委领导陈奇涵、胡灿等人的欢迎。当时，红军从井冈山突围出来，转战数月，风餐露宿，相当憔悴。于是，陈奇涵等人决定请毛泽东打个牙祭，吃一餐兴国客家的传统菜"蒸笼粉鱼"。

这一天晚上，毛泽东在桌边坐定，见桌上油炸花生米、竹笋炒肉和炒鸡蛋等四碟小菜围着一个大小尺余的竹蒸笼，颇感诧异。揭开笼盖一看，才明白原来是一道菜，他夹块鱼片一尝，又鲜又辣又香，颇合他的嗜辣口味，不由得兴致勃勃地吃起来。

毛泽东吃了一阵，撇下筷子，问道："这菜叫个么子名字？"胡灿说："家常菜，没啥子名字。"陈奇涵接口道："凡事名正才言顺，这菜委员起个雅名如何？"少顷，毛泽东用手中竹筷指着蒸笼比划着，饶有风趣地说："这是一个大的团圆月嘛！"又指着四个盘子说："这是四个星星啰！四个小盘子围着个大蒸笼，就像星星围着月亮，我看就叫'四星望月'好不好？"

毛泽东不愧为诗人、政治家，起个菜名，都赋予美丽浪漫的色彩，严肃而深刻的内涵。从此，兴国县这道客家风味菜载入了中国名菜谱，还走上了中南海的国宴席。

"四星望月"因毛泽东命名后，名声远播，而其烹饪也极为讲究。鱼要新鲜，切成薄片，拌上精制薯粉待用（放半小时）。先在竹蒸笼里垫上几片青菜叶，再铺上粉干和芋片，大火蒸熟后，再将鱼片铺上，浇上一层辣椒、生姜、芝麻擂成的糊汁，盖好，旺火蒸 8 分钟，即可起锅上桌。笼盖一揭，热气腾腾，浓烈香味、辣味扑鼻而来，使人口舌生津、食欲顿开。

解放后，郭沫若品尝"四星望月"时，称赞该菜为"天下第一菜"。1970 年，庐山会议期间，事隔 40 余年，毛泽东还特地请兴国的陈厨师专程上庐山做这道菜。近年来，随着市场经济的快速发展，"四星望月"不但在北京、上海、广州等大城市亮相，还传到了台湾、香港等地。

"四星望月"虽不是什么名贵菜肴，但经毛泽东这一命名，便四海扬名了。

（参见石勇：《天下第一菜：四星望月》）

"子非我，安知我不知鱼之乐?"

1929 年春天的于都会议之后，毛泽东从于都出发去兴国前一天的傍晚，陈毅、谭震林和他，三人在河边漫步。毛泽东突然停下脚步，问："你们说，鱼在水中是否也要睡觉?"

两个人面面相觑，一时谁也答不上来。他们的思想跟不上毛泽东海阔天空的思维。

"我说鱼要睡觉。"毛泽东自己回答，"作为高等脊椎动物，鱼有中枢神经系统，有兴奋和抑制两种状态，这就是它的醒和睡。这一醒一睡，就像生与死、动与静、阴与晴一样，是一组矛盾。这二者是对立的，又统一在一个事物中，构成这个事物的两个方面。"

就是从一条鱼，毛泽东也能阐发出深刻的哲理来。

这时，具有学者风度的陈毅突然冒出一句：

"子非鱼，安知鱼之乐?"这是庄子的话。

毛泽东即用庄子的话作答：

"子非我，安知我不知鱼之乐?"

二人说罢大笑不止。陈毅笑后说：

"还是党代表说的有科学根据哟。我说的，有点儿诡辩的味道啰!"一场辩论才收尾。

（参见李约翰、谭德山、王春明：《和省委书记们》，中央文献出版社 1995 年版）

辣椒的军事譬喻

毛泽东吃饭中有许多哲学，早在 1930 年 5 月，毛泽东在江西寻乌开座谈会，进餐时，主人说："这是我们本地的辣椒，叫灯笼泡，别看它大，却不辣。"毛泽东夹了一个放入嘴里，连说："嘿，果真不辣，这就叫大而无用。它告诉我们，凡事不能看外表，像这种辣椒，看起来样子很大，以为一定辣得厉害，可它实际上不辣，而我们湖南的辣椒虽小，却辣得很。像现在国民党反动派一样，别看它表面上强大，其实却是中间空窜的灯笼泡。"毛泽东的形象妙喻说得大家开怀大笑，在战略上藐视敌人，信心倍增。

中央苏区第一次反"围剿"时，毛泽东以"辣椒宴"招待朱德、彭德怀。当时面对国民党 10 万大军进攻中央苏区，红军拟采用何种战略战术，是大家正在思考的一个问题。毛泽东夹起一个又小又辣的"朝天椒"放到彭德怀碗里，说："老彭唦，这次战役够辣的啊!"彭德怀将朝天椒往嘴里一放，直辣得鼻尖出汗，长吸一口气说："老子就喜欢辣，越辣越好。"毛泽东见彭德怀辣得如此过瘾，趁机幽默地说："游击战是青辣椒炒肉，溜到肚里才感到辣，运动战是爆烤的朝天椒，别看它小，进口就呛人，从头辣到脚。"彭德怀脑海里很快闪过历次战斗情景，领悟到其中内涵，放下筷子，兴奋地说："唔，我懂了，这次反'围剿'是红军从游击战转入运动战的开始，往后我们要在运动中各个击破，消灭敌人有生力量。"朱、毛会意地笑了。毛泽东巧借饭中的哲理给将士们上了一堂生动的军事课。

（参见于俊道主编：《生活中的毛泽东》，解放军出版社1999年版）

国际代表不当了

中国人民解放军上将王平，原名王惟允。1907年10月12日生于湖北省阳新县，1930年参加中国工农红军，成为智勇双全的将军。

可是，这位受人尊敬的将军，在名字上却惹了两次麻烦。

第一次是1930年7月初，红军打下岳州后，红五纵队政委石桓中调王惟允到机枪连去当文书。连长余钧是广东人，每次点名时，用广东腔念王惟允时，总是念成"王嗡嗡"，引得全连大笑不止，他自己也不好意思，于是商量改个好念的名字，就叫"王明"。

第二次是1936年12月的一天，这时王惟允已是红二十七军政委，有一次和军长一起去见毛泽东。深受王明"左"倾路线之苦的王惟允对毛泽东说："我要改名"，毛泽东风趣地说："叫王明这个名字很好嘛，国际代表啊！"王惟允不好意思地说："正因为这个别人才拿我开玩笑。""那好吧。"毛泽东当即拿起毛笔，在一张白纸上龙飞凤舞般写下了：

命令贺晋年任二十七军军长，王平任二十七军政委。

毛泽东

从此，王平这个名字便伴随着将军走过了中国革命的每一个光辉的历程。

（参见孙宝义、邹桂兰、孙吾文、孙月辰：《毛泽东的
衍名艺术》，中央文献出版社 2006 年版）

刀砍斧劈很有一种气势哩

1930 年 9 月，毛泽东任红军第一方面军总政治委员、总前委书记和中国工农革命委员会主席。有一天，红三军团政委滕代远把王震介绍给毛泽东："王震，赤卫军第六师政委，兼浏北游击第一支队支部书记。"

毛泽东眉毛一动，一下子联想到一串事：

"喔，王震，久闻大名哩！用你的名字散发了不少传单、布告，是不是？"

王震点点头。

接着，毛泽东不无夸奖地说：

"传单、布告的文字都很好呀！"

"报告主席，我原名王余升，也叫过王正林，我们游击队的秀才们说用'王震'的名字又响又亮，用这个名字出布告，震动大，能镇住地主、老财和民团，便建议我改成这个名字。我是个粗人，没有喝过几瓶墨水。你看到的那些传单、布告都是我们的那些秀才们写的哩！"

毛泽东用欣赏的口气说：

"你们的传单、布告不像完全出自纤纤秀才手，倒像经过你所说的粗人的刀砍斧劈，很有一种气势哩！"

王震听后笑了，很佩服毛泽东的眼力，说："我们那些秀才们很民主，传单、布告成稿前后，总要征求我们这些粗人的意见。"

毛泽东爽朗地笑了起来。

1946年2月王震由汉口飞往延安，毛泽东在枣园宴请王震，毛泽东举杯祝酒，一边为王震夹菜，一边对王震说："你们南下，艰苦转战8000里，真是八千里路云和月，是第二次长征呀。"

席间，毛泽东谈到王震被提名为中央候补委员的过程时说："你这个王胡子哟，虎去雄威在。你南下去了，还把个'七大'闹得蛮有生气哩！你可是位赢得人们引颈注目的风光人物啰！一小部分同志不同意你当候选人的意见很尖锐，另一部分同志坚决拥护你为候选人，为你辩护的意见也很尖锐，两派争执，各不相让！"毛泽东沉思一下，像是说出了很久前就深思过的话："很优秀的干部惹人争议，很少创造的干部使人举手拥赞。这是题中应有之义。"

这是毛泽东对王震的基本评价，后来，毛泽东把解放新疆的重任交给王震，王震不负重托，果然解放了新疆，并把新疆治理得井井有条。

（参见孙宝义、邹桂兰、孙吾文、孙月辰编著：《毛泽东的衍名艺术》，中央文献出版社2006年版）

"你姓钱还不够，还要那么多金子呀"

1930年11月的一天，红军总司令部移驻宁都小布后，毛泽东委员和贺子珍到卫生所看病，一面看病，一面向卫生所长邹南山询问工作和大家的生活情况。他问卫生所共有几个人，忙不忙。邹南山一一做了回答，同时把钱昌鑫介绍给毛泽东委员说："最近增加一个小鬼帮忙，司令部人不多，工作不算忙。"毛泽东委员立即向钱昌鑫端详了一番，问："你叫什么名字？""钱昌鑫。""是哪几个字？是日日昌吗，是哪个'兴'？"邹南山插嘴说："是3个金字的鑫。"毛泽东委员笑笑接着说："你姓钱还不够，还要那么多金子呀！小心打你的土豪啊！"说得大家哄堂大笑。邹南山又向毛泽东委员和贺子珍介绍了钱昌鑫的家庭情况，并说他长得有点像贺子珍大姐。贺子珍笑着说："他是我的小弟弟。"毛泽东委员听了也笑着说："钱昌鑫，你就做她的弟弟吧。"钱昌鑫不好意思地答应了。毛泽东委员的亲切话语，一下子温暖了钱昌鑫这个孤儿的心。

（参见孙宝义、邹桂兰、孙吾文、孙月辰：《毛泽东的衍名艺术》，中央文献出版社 2006 年版）

真是天助我也！

1930 年底，蒋介石调集十万兵力，开始了对我江西中央革命根据地的第一次"围剿"。张辉瓒为西路前线指挥，率其曾有"铁军"之称的十八师扑进龙冈。红军总部决定先攻打张辉瓒。毛泽东与朱德研究了具体作战方案，他紧握红铅笔，在作战地图上的龙冈附近，画上了一个大红圈。于是，一个集中兵力、全歼敌人的大歼灭战即将开始了。

12 月 30 日拂晓，雾气蒙蒙，笼罩着井冈山。红军部队依总部安排顺利进入预定阵地。

毛泽东和朱德神采奕奕，迈着沉稳的步伐，朝着海拔 430 米高的黄竹岭红军前敌指挥所走去。一路上，他俩交谈着即将进行的歼敌战，上了山坡，雾越来越浓、越来越厚，山上隔几米远就看不清楚人的面目了。毛泽东一边走，一边用手挥挥眼前朦胧的雾气，朝旁边的朱德风趣地说："总司令，你看，真是天助我也！三国时，诸葛亮借东风大破曹兵，孙仲谋借晨雾得利箭。今天，我们借借晨雾，全歼顽敌，活捉张辉瓒啊！"两人爽朗地大笑起来，周围的同志也哈哈大笑。

果然，龙冈战斗大获全胜，张辉瓒被活捉，他所领敌军 9000 余人，或死或伤或俘，竟无一人漏网。

战后毛泽东用《渔家傲·反第一次大"围剿"》记叙了这次战役：

一九三一年春

万木霜天红烂漫，天兵怒气冲霄汉。

雾满龙冈千嶂暗，齐声唤，前头捉了张辉瓒。

二十万军重入赣，风烟滚滚来天半。

唤起工农千百万，同心干，不周山下红旗乱。

（参见谭逻松、张其俊编著：《毛泽东的幽默故事》，同心出版社 1995 年版）

"洋相"和"笑话"

1931 年 4 月 20 日上午 8 时，攻取漳州的红军举行了隆重的入城典礼。

毛泽东身穿一件灰军装，头戴灰色凉盔帽，骑着土黄马，神采飞扬，兴致极高地随军进入漳州城，住在城西芝山南麓的小红楼。

他住在楼上东侧靠南的一间。吴吉清和陈昌奉为他找来了一张五斗一门的大写字台,摆放在南窗下;还搬来了一张藤木结构的转式靠背椅,找到一盏煤油台灯。他们将主席的办公用具摆放在写字台上,还将从漳州城内缴获来的两麻袋国民党的公文、报纸、资料等,也分别整整齐齐地摆放好;又在墙上钉上了一幅中国地图;在东边窗下放了一张木板床供休息。

毛泽东走得很热,叫吴吉清打盆水来洗脸。

吴吉清拿起脸盆,从楼上走到楼下,又到院子里转了一圈,就是找不到一口水井,急得满头大汗。幸好炊事班的同志挑了一担水来,才倒了一脸盆送上楼去。

毛泽东奇怪地问:"吴吉清,怎么打水用了这么久啊?"

"主席,城里人房子修得这么阔气,可是连井也不打一口!"

"怎么,这楼没装自来水呀?"

吴吉清从来没听过什么"自来水",便问主席,"什么是自来水呀?"

毛泽东知道红军战士大多来自农村,见识少,毫无责怪之意地说:"我们找找吧!"

说完,他们在楼上楼下找了起来,果然在楼梯转角处的洗手间里找到了。

"这是自来水的水龙头。你一拧它,水就来了。"毛泽东告诉吴吉清。说完,他上楼洗脸去了。

吴吉清试着伸手一拧,果然一股白花花的清水"哗哗"地流了出来。

可是,问题又来了。吴吉清不知怎样关掉自来水。水流满地,他急得不知如何是好,只好再去问主席。

"你把水龙头拧住,不就行了?"

"我不晓得怎样拧呀?"

洗完脸,毛泽东只好随吴吉清下楼,教他关掉水龙头。看到满地是水,毛泽东说:

"怪我没有事先告诉你。"

类似这样的"洋相"和"笑话",当时各部队都闹出了不少。有的战士不知"电灯"为何物,将旱烟斗伸向电灯泡点烟,可怎么吸也吸不着。他火来了，猛地将灯泡砸个粉碎："这下总可以点着了吧!"有的听到"留声机"里传出"咚锵"、"咚"的锣鼓声和优美悦耳的歌声，好奇地问："这个小盒子怎这样厉害，里面装得下男男女女那么多人呀?"

毛泽东听了这些令人发笑的事，对大家说："这就是科学。我们红军战士不仅要能打仗，消灭敌人，还要努力学习文化科学知识。不懂科学，将来我们怎么建设新中国呀?"

（参见舒龙、凌步机:《岁岁重阳》，海南出版社 1995 年版）

重阳节三兄弟瑞金聚首

1931 年重阳节，毛泽东、毛泽民、毛泽覃在瑞金相聚。10 月 19 日这一天，秋高气爽，正是农历九月初九重阳。毛泽东偕毛泽民、毛泽覃三兄弟各骑一匹马，去登城西的龙珠塔。穿过城里，来到赤珠岭下，将马放在绵江边吃草。三人登上红土坡，爬到龙珠塔下。他们先绕着塔基看，辨认一块剥落了的石碑，考究建塔的年代和修塔的经过。

龙珠塔，俗称白塔，始建于明万历壬寅年。道光十八年大修过一次。为了护塔，还建了个塔下寺。塔身六面九级，每级有门窗洞，可资远眺。

"快来看呐!"泽覃第一个登上了塔顶，对着江河打呼哨。

毛泽民第二个到达塔顶。

毛泽东还趴在石碑前考证那个脱落了的字应是什么字，十分专注。

毛泽覃在塔顶同泽民聊上了。

"二哥，听说你在上海搞地下工作，穿西装、蹬皮鞋、戴礼帽，像个大阔佬、资本家。还在上海讨了个江浙女子做老婆。"

"搞地下工作，没什么好神气的，时刻要警惕敌人跟踪。我一进苏区就感到一身轻松，放心大胆地工作，空气是新鲜自由的。"

"几年不见，你说话做事都洋起来了。"

"泽覃，听说你的贺怡和大嫂是同胞姐妹？"

"两姐妹嫁两兄弟亲上连亲，可是大哥开始不同意，说这样影响不好。我喜欢贺怡，他不能干涉我的婚姻自由。"

"他也是为了你好。人常说：父不在，长兄为父。我们要多听他的。"

"他要当家长。有一次争论一个作战方案，我不同意，他就在我头上敲一螺蛳，痛得我要命。我喊'打倒家长作风'，把大家逗乐了。"

"你还是那么淘气。"

"又在讲我什么怪话？"毛泽东一步一步也登上塔顶了。

毛泽民把话岔开："大哥，这瑞金的风景真不错。"

"登高望远，居高临下。来，吃了重阳米果再慢慢看。"毛泽东打开房东送的一包油炸米果，"来，吃，吃。"

三个人坐在楼板上，你一个我一个吃起来。

三兄弟一母所生，长大了，人各有性，人各有貌。毛泽东长脸蛋，眼睛大而有神，下巴上的胡茬稀近似无，平时很少戴帽子，长头发大披头，像个不修边幅的书生。他除了行军，平时从不背挎包，所用的文件、本子都鼓囊囊塞在四个荷包里。讲话喜欢做手势、比动作，黄黄的脸上总是带笑，当他一严肃起来，使你感到他的威严。当你听他讲话，会感到他是一位既敏锐又豁达的哲人。

毛泽覃长得跟大哥一样像母亲，眉清目秀。他是个发育抽条的后生，军装合身整洁；折着"人"字花绑腿，裹近膝，使他显得更细长苗条。坦率果敢的性格，表明他是典型的将才。

据说毛泽民长得像父亲，魁梧，头大，前额略凸、天庭饱满，鼻子高，眼睛比兄弟俩的都大，略厚的嘴唇显示了他的憨厚、纯朴，富有典型的中国农民气质。

毛泽覃发问："大哥，修这么高的塔，有什么用？这么多砖石，拿来造座大房子多实用。"

毛泽东说："这里离县城五里，岭下是绵江。这龙珠塔是把水口用的。"

毛泽民："有这座塔守住水口，瑞金城的好风水就跑不掉了。"

毛泽覃凑上前："二哥，我听人说，你懂得看风水，爸爸、妈妈的坟地就是你选的，葬到了风水宝地，所以我们三兄弟都出来了。听说一苏大会要选大哥当中华苏维埃共和国的主席。主席，就是一国之君主。"

毛泽东哈哈一笑："当主席，英文的主席是 Chairman，意思是男人坐椅子。可我只喜欢坐板凳。板凳应坐十年冷嘛，坐硬板凳睡硬板床，才踏实稳当。"

毛泽民："当主席责任大，也惹人注目。"

毛泽东："那怕什么？这把椅谁要坐谁端去。"

毛泽覃："没那么容易。大哥，老辈子说你下巴上的痣长得好，大概也是龙珠把水口吧。"

这一句把泽民都说笑了。

毛泽东并不笑："龙珠把水口，葬了好风水，好什么？三年前，泽建妹子在衡山被敌人杀了，去年开慧又遇难，留下岸英、岸青、岸龙3个小毛，在上海打流浪，生死下落不明。我们3兄弟3个家都在苏区，要努力工作，处处谦虚谨慎，各人的担子都很重。"

毛泽民："从现在情况看，中央机关在上海扎不住，敌人利用叛徒翻我们的底，好多中央干部都要来瑞金的。到那时力量就强了。"

毛泽覃："那不一定，他们又没打过游击，没爬过大山，从国外吃惯了洋面包，还不一定服这里的水土呢。有时人多了，反倒碍事。"

毛泽东站起来引开话题："来，好好看看风景吧。"

远处一景："笔架凌霄"：城郊南片山之龙峰塔、鹏图塔和凤鸣塔，三座塔好似笔架凌霄。

毛泽东拊掌叫绝："三支巨笔，以天当纸，将绘出绵绣江山，写出万古文章。"

毛泽覃："生花妙笔，我们一人分一支。"

毛泽民："不用了。我看是大哥提笔，你驭枪，我嘛，还是拿锄头。"

毛泽覃兴致极高："瑞金真是金银宝地，山好、水好，当革命成功了，我就在这里建座房子，安家养老。"

谁知4年后，果然应了这句话。红军主力长征之后，毛泽覃留在瑞金战斗，战死在凤鸣塔下的大山中。50 年后，就在这龙珠塔边盖了革命烈士纪念堂。白塔下，绵江畔，铸了一座毛泽覃铜像。他永远在这里安家，为瑞金革命圣地的好风水站岗把水口。

（参见舒龙、凌步机：《岁岁重阳》，海南出版社 1995 年版）

大胡子现在不会接收我们的

二万五千里长征开始后的一天，中央军委和一、三军团的负责人聚集在总司令部驻地，研究成立军事指挥小组。

三人军事小组名单刚刚通过，四合院的上空突然响起"嗡嗡嗡嗡"的敌机声。毛泽东笑着对大家说："敌人的铁老鸦要下蛋喽，快走呀，别让蛋黄落洒在头上了。"

开会的人赶紧跑出屋子，毛泽东拉着叶剑英的手，大步流星地直朝山脚边的一间茅屋跑去。

"轰轰——"一声巨响，敌人的一颗炸弹丢在牟家嘴，炸到离总司令部驻地不远的石桥门口，留下一个深坑。

毛泽东躲在茅屋里悠然地抽着香烟对叶剑英说："老蒋太客气了，放了个这么大的鞭炮来祝贺我们的军事小组。"

叶剑英搭讪道："不知是谁报的信？"

毛泽东笑了："要我们去见马克思，可能早了一点，大胡子现在不会接收我们的。"

满屋子的人注意力都被吸引过来了。毛泽东用大胡子戏称马克思，视敌人的炮弹为爆竹，开了一次玩笑。

（参见谭逻松、张其俊编：《毛泽东的幽默
故事》，同心出版社 1993 年版）

捉虱子也有学问

四渡赤水，东奔西突，南转北进，毛泽东主要也是靠两条腿走路，他也跟战士们一样风餐露宿、日晒雨淋，行军途中也是蹲在田埂地坎啃冷饭团，他也长满了一身虱子，一头长发。

已经接替邓小平当了中央队秘书长的刘英，最操心最无奈的就是毛泽东那一头长发。跋涉途中，时常连喝的水都没有，更不要说烧水洗澡洗头了。经常不洗澡不洗头，身上、头发里就会长虱子。所以，有人自嘲地把虱子叫做"革命虫"，它是长征路上特有的一种现象，长征战士身上没有一个不长虱子的，没有一个人不被虱子咬得痒疼钻心的煎熬。

人人都剪短了头发，连女红军都剃成了"尼姑头"，让虱子无法在头上肆虐。唯独毛泽东个别，偏偏不肯剃头，越留越长，变成了披肩发。管生活的刘英催促了几次，毛泽东总推说没有时间。

刘英打毛泽东头发的主意已不止一天。这一天天气晴朗，休息时间长，刘英让中央队理发员烧好一锅热水，便跑去找毛泽东，她下决心今天无论如何要"消灭"他的长发——虱子的巢穴。

毛泽东住在一座草家小竹楼上，刘英刚要上楼，警卫员小吴拦住了："秘书长，你莫上去！"

刘英大声说："我是来叫毛主席理发的，你看他的头发有多长！"她是嚷给楼上的毛泽东听的。

小吴还是拦住不让上："请你小点声，秘书长。今天吃完早饭，主席就把自己关在房子里，还特别交代，谁来也不许上楼呢。"

毛泽东下了命令，刘英也不能违抗，只得耐着性子坐在院子的土墩上与小吴聊天，等毛泽东下楼来。等了一个多小时，刘英急得不行，那锅热水都快变凉了，她征得小吴同意上楼去探问一下。

刘英轻手轻脚地上了楼，循着门缝往里一看，不由得乐了。毛泽东正坐在火塘边的小凳子上，披着棉衣，捉脱下来的衣衫上的虱子，慢条斯理地捉一个，向火塘里丢一个，"哔剥"一声烧死一个。他捉一会儿，又抬头盯视一会儿墙上的地图，一副若有所思的专注神情。原来他正在思考四渡赤水的战略部署哩。捉虱子只是忙里偷闲的副业。

刘英不敢惊动专心致志的毛泽东，又轻手轻脚地走下竹梯，她不甘心让毛泽东的头发疯长下去，又坐在院子里耐心等待。

又过了很长时间，楼上还没有动静，刘英看看没有希望了，叹了一口气，正站起来要走，忽然听到楼上的咳嗽声，接着听见毛泽东的发问："小鬼，谁在下面哪?"

"是刘英大姐，她等你半天了。"小吴回答。

"我就下来。"毛泽东说着已经走下楼梯。

刘英看见毛泽东，未曾开口先抿嘴笑个不停。

把毛泽东笑愣了，他问："笑么子嘛，我有什么好笑的?"

刘英停住笑，说道："我是笑你捉虱子也与众不同，特有意思。"

毛泽东诧异地问："噢? 捉虱子就是捉虱子嘛，有么子讲究?"

刘英："我们捉虱子，捉住了，就用指甲挤死它。可你呢，捉住一个，往火塘里丢一个，倒省事。"

毛泽东乐了："我这是虱道主义，实行火葬。"

刘英反应快，由"火葬"跳到"水葬"，扯到本题上来："我看，火葬不如水葬。我已经让理发员烧了一锅热水，我专门来请你理发，把你头上的虱子消灭掉。"

毛泽东风趣起来："水葬不是彻底的办法，烫一次，不久它们又卷土重来。虱子很反动，好像故意与革命作对，每次我静下来动脑筋，它们便出来捣乱。跟敌人作战，可以乘敌人疲劳骚扰他；敌人退却时，我们就进攻。可现在反过来了，是我疲劳的时候，敌人来骚扰，你说反动不反动？所以，不能手软，只有一次又一次地对它们实施火葬。"

刘英不忘自己的使命："所以，我才一次又一次地动员你理发，只有水葬才是治本之法呢。"

毛泽东大摇其头，固执地说："不打一个漂亮仗，就是白发三千尺，我也不理。"

毛泽东就是这样忍受着行军的疲劳、虱子的煎熬，日夜思考部署四渡赤水战役的，而且，不打胜仗绝不理发！毛泽东把捉虱子同四渡赤水战役联系起来，固守自己的道理。

（参见李庆山：《大长征》，中共党史出版社2006年版）

"水壶"和"仁锅"

毛泽东同志对他自己的学习总是抓得很紧。他在长征途中，有一次因随身带的书看完了，到一个村子驻扎后，他对警卫员讲："你去给我弄部《水浒》和《三国》来。"警卫员愉快地接受了任务，高高兴兴地进了村，找到一户读书人，说要借个"水壶"和"仁锅"用。老先生看了看他，知道他是为穷人打天下的红军，就把自己正用的水壶借给了他，并说家中没有三口锅，只有一口，自家每天都得用，实在腾不出来。警卫员谢过老先生，提起借来的水壶兴奋地去见毛泽东，一进门就说："主席，水壶拿来了，仁锅没找到。"毛泽东抬头一看，禁不住笑了。他把警卫员叫到身边，耐心地告诉他："我要的不是烧水的水壶，也不是烧饭的大锅，而是中国的古代名著《水浒》和《三国演义》。这是两部古书。"说罢，又拿来一片纸在上面写出来，交给了警卫员，告诫他今后注意抓紧时间学习，干革命可不能老闹笑话呀！那天因警卫员没有借到书，主席晚上自然看不到了，只好做其他事去，要不然又得熬到大半夜。

（参见喜民：《魂系中南海》，中国文联出版社1990年版）

毛主席摔跤了

长征中红军离开桐梓向土城行进。天空淅淅沥沥地下着雨夹雪，道路泥泞不堪。毛泽东拄着棍子沿着泥浆路爬山，不小心摔了一跤。陈云在他化名廉臣大夫的《伟大的远征》里描写了这个细节：这是长征途中他所见过的最糟糕的一条路。他看见毛泽东拄着棍子爬山。天下着雪，泥浆没过他的双脚。他显然滑倒过，因为他从头到脚都沾满了泥巴。

在遵义参军的女学生李小霞回忆说，她那时还穿着旗袍，就跟在毛泽东的后面行走。爬一个小坡，毛泽东脚下一滑，摔坐在地下，头在山坡上磕了一下，渗出了血，李小霞赶紧走上去扶起毛泽东。后面已经传开了："毛主席摔跤了，毛主席摔跤了！"走在后面的周恩来赶紧招呼卫生员上去包扎。

毛泽东问李小霞："我的头磕破了没有？"

李小霞摸了摸，照实说："主席，没有磕破，只出了点血。"

毛泽东乐了："你真蠢，出了血还没有破？要脑袋开花才算破呀。"

周恩来赶上来见伤势不重，便用拉拉腔开起玩笑来："摔得好不好？"

前后都是中央领导同志和蔡畅等老大姐们，平时随便惯了，便呼应道："摔得好！"

"摔得妙不妙？"

"摔得妙!"

"再来一个要不要?"

"要!"

已包扎好的毛泽东笑道:"一次足矣,岂可再焉! 恩来,你莫幸灾乐祸,小心自己来一个。"

大家又说又笑地爬坡,嘻嘻哈哈地摔跤。

（参见郭晨:《万水千山只等闲》,军事科学出版社 1995 年版）

你们这是人回来了呢，还是鬼回来了？

一场恶战冲散了毛泽东和贺子珍,贺子珍担心毛泽东的安全正引颈眺望。忽然发现一架敌机向自己所在的山头俯冲下来,贺子珍一看不好,赶忙招呼同伴卧倒在一棵树下。树的旁边是一个一人多高的土丘,他们趴在那里,只听得四面八方传来炸弹的爆炸声,一颗炸弹就在他们的附近爆炸了,炸弹声震耳欲聋,炸弹的气浪把土丘都掀起来,泥土铺天盖地地落在她们身上、头上,把她们横埋住了,两人失去了知觉。

炸弹声使毛泽东猛地一颤,他实在分不出身,只好派警卫战士赶去营救。

等到她们清醒过来时,天已经全黑了,战场上一片沉寂。她们几乎是同时从泥土堆里伸出头来,互相看了看,发现谁都没有死,也没有受伤,高兴地从土堆里爬了出来拥抱到一块儿。她们顾不得拍打满身的尘土,马上去找文件箱。文件箱也埋在土堆里了。她们用手把土扒开,发现文件箱完整无损,这才松了口气,而挑夫却不在了,显然他是被这场激烈的战斗吓跑了。

她们四处张望，既看不见敌人，也没有红军的影子。两人估计，部队一定在战斗结束后，迅速转移了。于是，两个人一前一后，抬着两个文件箱，摸黑下山了。战场还没有来得及打扫，一路上不时碰到敌人的尸体。她们翻山越岭，寻找红军的踪迹。在群众的指点下，她们终于找到自己的队伍，这已经是第二天的黎明了。

毛泽东看到她们平安归来，又惊又喜，诙谐地说：

"通讯员向我报告说，亲眼看到你们被炸弹炸死了。我还打算战斗结束后，为你们开个追悼会。你们这是人回来了呢，还是鬼回来了？"

在场的人听了，都哈哈大笑起来。庆幸她们平安归来。

（参见谭逻松、张其俊编：《毛泽东的幽默故事》，同心出版社 1993 年版）

金 脚 寺

1935 年 10 月 5 日，毛泽东率领中央红军主力来到了回族聚居的单家集。毛泽东对身边的警卫人员说："回民有许多规矩，比如他们不吃猪肉，不说'猪'字。我们到了回族地区，买牛羊肉吃可以，对猪肉提都不要提，这叫尊重少数民族习惯。你遵守这些规矩，他们就欢迎你，搞得不好，就会出问题。"毛泽东的话很快传遍了整个部队。5 日后半晌，毛泽东兴致勃勃地走在单家集的街道上，他边走边向街旁的回族群众招手致意。当晚，他就住在单家集一户姓张的人家里。

毛泽东这次到单家集住下后，清真寺的阿訇和寺管会商定，要用回族最隆重的仪式——摆"中合"，欢迎红军的到来。

第二天天刚亮，寺里的老阿訇和马云清、马进山等九人来到毛泽东住的张家院子。起初警卫挡住不让进，毛泽东听到了外头有动静便走了出来，老阿訇上前一步，朝毛泽东拱起双手道了声："色俩目（阿拉伯语，致敬意）！"毛泽东笑容满面迎上去，也拱起手，操着浓重的湖南口音答道："回族人民好！"接着，毛泽东又笑着问："你们怕不怕红军呀？"老阿訇忙答道："红军曾来过单家集，我们从那以后知道红军是仁义之师，也就不怕了。"众人听了都笑了起来。

老阿訇手指"中合"——用各种油炸食品及核桃仁、瓜子摆成的宴席，请毛泽东食用。毛泽东拈了一撮白糖放进嘴里，又随手拿起一块回族风味的糕点，递给警卫员陈昌奉，这时人们欢呼起来了。

欢迎仪式结束后，老阿訇把毛泽东让进了清真大寺的院内。院中央是座花园，老阿訇撷一束芍药花献给毛泽东。毛泽东立刻将花凑到鼻子跟前闻闻，并连声说："感谢，感谢！"在进入大殿之前，毛泽东先到水房用"汤瓶"净了手、脸，然后脱去了鞋，净脚步入殿内。大殿的柱子上、廊檐上都雕有各种花卉图案和阿拉伯文字，毛泽东对此称赞道："雕得真好，回族人民有智慧。"

毛泽东为人朴实、真诚、可亲。他在大殿里兴味很浓地给大家讲了个"金脚寺"的故事。他说：南京有一座清真寺，别名叫"金脚寺"。据说，朱元璋当了皇帝后，有一次特意去观览清真寺，由回族将军常遇春、胡大海保驾。这位皇帝下轿后直往清真寺大殿，待他刚要迈进一脚时，就被常、胡二将给拉住："万岁，进大殿内要脱鞋。"朱元璋一听，赶紧退出。他一边脱鞋一边说："来呀，把这个鞋印挖掉，用金子镶上。"从此，这座清真寺就定名曰：金脚寺。

老阿訇听了这个故事万分感动，紧紧握住毛泽东的手不放，增进了回汉民族之间的感情。

（参见郭晨：《万水千山只等闲》，军事科学出版社 1993 年版）

"志民，志民，立志为民，好嘛！"

1936 年 5 月 5 日凌晨 1 点多钟，红十一团担任掩护部队西渡黄河的李志民，突然接到电话，说毛泽东就在离李志民团驻地十余华里的山顶大庙里，要李志民马上赶到那里去领受任务。

当李志民赶到大庙厢房时，只见毛泽东身边的秘书、参谋还在忙着收拾文件和炕上的书籍、铺盖，毛泽东安然地站在一张长方桌前，聚精会神地看着军用地图，像是正在思考着什么问题。他那魁伟的身材、沉着冷静的神态，显得那么从容不迫，李志民那颗悬着的心才算平静下来。

李志民急匆匆地在门口喊了一声："报告！"向毛泽东敬了个军礼。毛泽东抬起头来，和蔼地对李志民笑了笑，招呼他坐下，然后亲切地说："我们主力部队已经过河，估计敌人八九点钟才能赶到这里。现在还有点时间，你们后卫团过河之前，要在沿途行军路上，仔细检查一下前头各部队执行纪律的情况，借的东西还了没有，房子打扫得干净没有，门板上好了没有，损坏的东西或踏坏的青苗赔偿了没有，买的东西给钱了没有？真正做到秋毫无犯。"

"请主席放心，我们一定做到秋毫无犯！"

李志民立即表示。

毛泽东笑了笑说：

"志民，志民，立志为民，好嘛！"

说到这里，毛泽东用手弹了弹旧报纸卷的纸烟的烟灰，又交代说：

"同时，还要检查一下，在村庄里，在行军路上，有没有丢下东西，留下路标？发现破布、碎纸、纸烟头、破草鞋等等，都要统统毁掉，不要留下任何痕迹。我们长征过金沙江的时候，敌人还捡了我们一只破草鞋，这次过黄河，连一只破鞋也不要给敌人捡去。"

李志民按照毛泽东"立志为民"的要求，出色地完成了这次任务。

（参见孙宝义、邹桂兰、孙吾文、孙月辰编
著：《毛泽东的衍名艺术》，中央文献出版社
2006 年版）

生了，生了，生了个大鸡蛋

1936 年冬，毛主席率领红军到达陕北的保安县。保安是个小县城，全城不到四百人，房屋也不多。当时，贺子珍是在国家银行担任发行科长工作，毛泽东和贺子珍就住在保安县小石山的一个窑洞里，窑洞很破旧，顶上不时滴水，地上湿得很，里面没有床，只好盘了个土炕代替。没有炉子，没有灶，便在洞外用三块砖头支起水壶烧开水。贺子珍带着负伤的身子生下了孩子。曾和贺子珍一起长征过来的女战友邓颖超、康克清、刘英、钟月林等闻讯都来窑洞庆贺。毛泽东笑眯眯地招呼她们屋里坐，她们脚还未进门就急着问：

"子珍生了没有？"

"生了，生了，生了个大鸡蛋。"毛泽东风趣地说，一边做了个手势。

邓颖超等老战友走进窑洞，见依偎在贺子珍怀里的孩子哇哇地哭，便把孩子抱了起来。邓颖超见孩子又瘦又小，有一种特殊的怜爱之情，便风趣地说："真是个小姣姣啊。"

其他女战士忙问站在一边的毛泽东："这娃儿，你们给她取了个什么名字？"

毛泽东笑着说："邓大姐喊小姣姣，《西京杂记》中有句'文君姣好，眉

色如望远山，脸际常如芙蓉'。我们就取其意，叫她毛姣姣吧。"大家相视大笑。

知识渊博的毛泽东为自己的孩子，从古籍中找到了名字。

（参见谭逻松、张其俊编：《毛泽东的幽默故事》，同心出版社 1993 年版）

与斯诺谈"狼桃"

1936 年下半年的一天，毛泽东在保安窑洞里请斯诺吃饭时，谈及"狼桃"——西红柿。

斯诺看到这顿晚饭除了有一碗炒白菜，还有一碟西红柿炒辣椒，感到惊奇："保安还有西红柿?"主席告诉斯诺，东北军的同志送给周恩来几个西红柿，"恩来没有舍得吃，又给我送来了。"主席把西红柿夹起放到客人碗里说："你应该多吃一些。""主席应该多吃一些，西红柿的营养是很丰富的，我在北平倒是不难吃到西红柿。"客人谦让着。他们边吃边谈。主席说："西红柿从欧洲传入我们中国才有几十年时间，在民间还没有开始大量栽种……""听说西红柿原来有个很可怕的名字，叫'狼桃'，是吗?"斯诺说："西红柿的老家在南美洲秘鲁的森林里。它是 16 世纪才被一个英国公爵从南美洲带到欧洲的。""西红柿未被人们发现能食用之前，就是叫'狼桃'。"接着，主席讲起西红柿变为蔬菜的历史："由于西红柿的枝叶分泌出来的汁液气味难闻，一直被人们视为有毒之果。直到 18 世纪末，法国的一名画家在为西红柿写生时，被西红柿艳丽的色泽，诱人的浆果所感悟，产生了品尝的欲念，决定品尝这个又可爱又可怕的'狼桃'。他品尝之前，穿好了入殓的衣服。接着就吃了一个。他觉得甜滋滋、酸溜溜的，十分清爽可口，并无难受之感。这可口的滋味，反而使他更加神经紧张。他便干脆躺在床上，等着死神的召唤。可是一个小时又一个小时过去了，他没有死。西红柿的食用之谜被揭开了，立即风靡世界，成为人们竞相食用的最佳蔬菜。这个名气不大的法国画家也因此成了传奇式的人物。"斯诺听了，对主席丰富的知识和巧用寓意的才能十分敬佩。他风趣地对主席说："我准备到红区来的时候，也是下了和那个品尝西红柿的法国画家一样的决心！"主席诙谐地笑着说："你也是下了死的决心来我们红区，准备'品尝'我们共产党领导的中国革命喽。"斯诺介绍了白区流传的对红区的各种攻击。毛主席风趣地说："蒋介石老兄把我们说得比'狼桃'还可怕呀！"

哈哈哈……话题又回到斯诺讲的到中国来是为了"撞大运"，"想写一本畅销世界的书，成为一个作家"上来，主席鼓励斯诺说："你将我们红区的一切，我们党的抗日民族统一战线，向全世界如实报道出来，就是一本世界上最畅销的书，这不就是撞上大运了么。"毛泽东把"狼桃"和"撞大运"联系起来了。

（参见王伯福主编：《毛泽东轶事大观》，山东人民出版社 1997 年版）

"保安，真是保证安全呀"

1936 年 7 月，中华苏维埃政府主席毛泽东率中央首脑机关进驻保安。

1936 年 12 月 7 日，蒋介石下令轰炸保安。

敌机找到目标后，轮番俯冲、扫射、投弹，火花四起，弹片飞溅，尘土硝烟滚滚，窑洞被震得直掉砂土。警卫战士见毛泽东安然批阅文件，焦急地说："主席，太危险了，赶快避一避。"毛泽东说："它投它的弹，我办我的公。"敌人的第二轮轰炸又开始了。毛泽东的窑洞被震得发出隆隆响声，砂石泥土掉满了桌子。毛泽东拂去桌上的泥土，照样批阅电文。警卫人员再次劝说："主席，请到窑洞里面去，前面有危险。"毛泽东笑着说："不要怕，保安的石窑洞，敌人的飞机对它没办法。"敌机扔完炸弹后溜走了。

毛泽东看着来看他的中央其他领导同志，听到各机关及当地群众没有伤亡的报告，高兴地说："我们的祖先为我们挖下这么多这么好的防空洞。保安，真是保证安全呀！"一句话安定了大家的心情。

（参见孙宝义、邹桂兰、孙吾文、孙月辰：《毛泽东的衍名艺术》，中央文献出版社 2006 年版）

"你们过的是石器时代的生活"

1936 年红军到达保安后，毛泽东早有预见，看到了抗日高潮的来临，将需要大批的干部去完成这一伟大的战略转变。于是，他决定成立一所红军大学。在保安城外有几十个黑黝黝的石洞，这些石洞是哪个朝代开凿的，已无从考证，据说是供奉"元始天尊"的，没人居住，有的做过羊圈，有的是兔窟狼窝。这些石洞便成了"红大"的校舍。

红大的教室选在一个最大的石洞里。它原是一个羊圈，学员们把羊粪、杂草清除掉，打扫干净，用石灰水把洞壁刷白，在石壁上凿出一块大石板，用石头砌成了桌子和凳子，还选了一些石头当做粉笔，又给老师用石头砌成了一个挺像样的讲台。在洞口用石块垒成墙和门，用茅草编成厚厚的草门帘。平整了操场和道路。这样，一座以石洞为教室，以石壁为黑板，以石头为桌凳和讲台的大学课堂建成了。这也是世界上独一无二的大学课堂。

一天，毛泽东和张闻天、秦邦宪、徐特立等来到红大，毛泽东向学员们介绍了跟随来的几位领导。他说:"我今天帮你们请来几位教员,有洋的,也有土的,我就是土的一个。"当介绍到徐特立时,说:"他不仅是你们的老师,也是我的老师。"接着又说:"我们前一段时间,用两只脚走了两万五千里。孙悟空会腾云驾雾,一个跟头能翻十万八千里。我们不会腾云驾雾,也走了两万五千里。现在,我们红军从过去几十万减为两万人,要不是刘志丹帮我们安排好这个落脚点。我们不知道要到哪里去呢!中国的地方大得很,东方不亮西方亮,黑了南方还有北方。当前,党中央建立抗日民族统一战线,决定把反蒋抗日的口号改为逼蒋抗日。就是要逼蒋介石走抗日的道路。"毛泽东又诙谐地说:"你们过的是石器时代的生活,学习的却是最先进的科学——马列主义。你们是'元始天尊弟子',在洞中修炼,什么时候下山呢?天下大乱你们就下山。"毛泽东借元始天尊的话深入浅出,学员们听了很受鼓舞,增强了精神力量。

(参见孙宝义、刘春增、邹桂兰、李凯旗编著《毛泽东谈读书学习》,中央文献出版社 2008 年版)

"你是人中最美丽的啰!"

早在延安时,毛泽东对新来的保健医生朱仲丽开玩笑说:"你是人中最美丽的啰!"

朱仲丽连忙摆手:"哪里!"

毛泽东笑着说:"哪里?就在你的名字上啊!仲丽嘛,自称人中之丽呀!"

朱仲丽惊奇地解释说:"啊,不是有意这样叫的。我原来叫朱慧,来延安后，随便起个名字代替原来的名字。"

毛泽东马上说："朱慧，很好嘛，人是智慧的。"

毛泽东沉吟片刻，又说："仲丽，不如重理。"

"那就改了吧！"朱仲丽赶紧说。

"不，不要改了，我是和你说着玩的。"

毛泽东笑着说。

从此朱仲丽的名字伴随她一生。

（参见孙宝义、邹桂兰、孙吾文、孙月辰：《毛泽东的衍名艺术》，中央文献出版社 2006 年版）

为李敏定名

姣姣该上中学了。上学注册得有个学名，不能老叫姣姣呀！一天晚饭后，毛主席叫来姣姣说："爸爸再给你起个名字。"

"爸爸，我有名字，我的名字叫毛姣姣。"

毛主席微笑地说："姣姣是你在陕北保安刚生下来时取的小名，现在长大了，进中学了，我要给你取一个正式学名。而且这个名字要有深刻的意义。"

姣姣听了毛主席的话，高兴地伏在椅子上，看爸爸究竟怎样为自己取名。

毛主席打开《论语》中的《里仁》篇，指着其中的一句话，子曰："君子欲讷于言而敏于行"对姣姣解释说．讷，就是语言迟钝的意思。敏，则解释很多。毛主席讲到这里又打开了《辞源》，指着敏字解释道：敏字有好几种解释，如敏捷，聪敏。《论语·公冶长》："敏而好学，不耻下问。"敏捷而通达事理。敏，还可作"灵敏迅速"、"敏捷多智"等解释。杜甫《不见》诗："敏捷诗千首，飘零酒一杯。"

娇娇听得入了迷，深深感到爸爸学识渊博，心里暗暗想，在爸爸身边，一定要好好向爸爸学习，做爸爸的好女儿。

"你的名字就叫敏，不一定叫毛敏，可以叫李敏。"毛主席对娇娇说。

"为什么？大哥叫毛岸英，二哥叫毛岸青，他们都跟爸爸姓毛，我为什么不姓毛。"娇娇睁大眼睛，十分不解地问。

毛主席爱抚地用手拍拍娇娇的头说："娇娇，爸爸姓毛，这是不错的，但是为了革命工作需要，爸爸曾经用过毛润之、子任、李德胜等十多个名字，爸爸特别喜欢李德胜这个名字。"

"爸爸，您给我讲讲李德胜这个名字是怎么来的？"

毛主席点着了一支烟，告诉娇娇：那是1947年3月，蒋介石命令胡宗南调集20万军队重点进攻延安，进而达到消灭我军的卑鄙目的。毛主席考虑敌我双方力量的对比，决定主动放弃延安，并要求大家不要计较一城一地的得失，暂时放弃延安，是为了以后永久地解放延安，进而解放全中国。后来，毛主席的预言实现了，我军在运动中不断寻机歼灭了大量敌人，而胡宗南匪帮却损兵折将，最后老老实实地退出了延安……

就在这段转战陕北的途中，毛主席就用李德胜（离得胜的谐音）的代名同周恩来副主席一起指挥作战。从此李德胜这个名字就出现在作战电报和命令上。

听了毛主席的这番话，李敏明白了爸爸给她取名的真正用意，是勉励她认真学习马列主义，注重理论联系实际，做一个对革命有用的人才。她会心地笑了，意识到爸爸对自己寄予多大的期望啊！

（参见裴之倬：《毛泽东与李敏》，《中国青年》1986年第9期）

喜从天降

1937 年 11 月，陈云等 3 位党中央领导人，从苏联乘大型客机飞回延安，受到在延安的中央首长毛泽东、周恩来、张闻天（洛甫）和秦邦宪（博古）等，还有党、政、军各部门负责人、机关、学校、部队及延安各界群众的热烈欢迎。

当时，曹慕尧在抗日军政大学第三期三大队第八队工作。率本队一百多名学员，参加了这次气氛热烈、规模盛大的欢迎集会。陕甘宁边区政府主席林伯渠主持了这次欢迎大会，毛主席致欢迎词，题目是"喜从天降"。他说："今天是我党大喜的日子，中央 3 位领导，在日本发动侵略战争，国难当头的关键时刻，骑着仙鹤，腾云驾雾从昆仑山那边飞回来了。久别重逢，家人团聚，共商抗日救国大计，这不是喜从天降吗？"同志们会问，他们去昆仑山那边做什么呢？我的回答是："到西天取经。你们都知道中国有一部著名小说，叫做《西游记》，里面讲唐僧师徒四人，历尽艰苦，克服困难去西天取过经，却不知中国共产党也派人去西天取经，唐僧去的西天叫天竺国，就是现在的印度，他们取的经是佛经。咱们去的西天是苏联，取来的经是马克思列宁主义。这本经可比唐僧的经用处大，它告诉全世界无产者和一切被压迫民族联合起来，推翻旧的社会制度，建立没有压迫、没有剥削的共产主义美好新社会。我们要好好学习这本经，认真贯彻这本经，根据这本经的精神去干工作、闹革命。真正精通了这本经，革命就一定能胜利，新社会就一定能建成。当然，精通可不是死记条条，而是会用，用经上讲的立场、观点、方法，去解决中国的实际问题，就是说，马列主义要中国化。……"

"喜从天降"这一富有诗意的新鲜标题，极其形象化地表达了当时当地的情景，比喻十分恰当，永远留在脑海里，使曹慕尧终生难忘。

（参见曹慕尧：《记毛主席在延安的 5 次讲话》，
《毛泽东思想研究》1993 年第 4 期）

"不管是'先'，还是'光'，反正挺有名气"

1937 年年底，陈先瑞在抗日军政大学学习不久，有一天，校长办公室通知让他到毛泽东家里去做客。

下午 3 点，陈先瑞准时来到毛泽东的驻地。刚进门，毛泽东便迎上来，握住他的手，从籍贯、年龄到家庭等情况，详细作了询问，毛泽东说："你叫陈先瑞，国民党的报纸把你的名字写成'陈光瑞'，不管是'先'还是'光'，反正你在陕南坚持斗争挺有点名气，在国民党那里是挂了号的。人家动用几万军队围攻你们，就是没搞倒你们，这说明国民党不行。你的名字，我早就从报纸上知道了，人家还要活捉你，赏一万大洋，你知道吗？一万大洋可不少啊！"毛泽东如数家珍，使陈先瑞感到吃惊。

毛泽东妙趣横生的谈话，使陈先瑞很受教育，从人类进化到天文地理，从社会科学到自然科学，旁征博引，纵论古今。毛泽东一边抽烟一边说："鄂豫皖边区闹革命是比较早的，出了一大批红军干部，你 15 岁就当红军了，也是一个红小鬼呀。你们在陕南干得好，国民党动用大量军队进攻你们，你们不但没垮，反而发展壮大了。主力红军在西边行动，你们在东边闹华山，配合得好啊！你们保存了 2000 多人的力量，这是一个了不起的胜利。我们过去天天行军打仗，没有时间总结。现在有了陕甘宁这块根据地，可以很好地总结一下过去的经验。"

谈话过后，毛泽东留陈先瑞一起进餐，一荤三素，外加一盘辣椒。饭菜虽然简单，却给陈先瑞以无比的兴奋和力量。

（参见孙宝义、邹桂兰、孙吾文、孙月辰编
著：《毛泽东的衍名艺术》，中央文献出版社
2006 年版）

我的耳朵根子硬！

毛泽东在写作《抗日游击战争的战略问题》、《论持久战》等著作时，由于长时间伏在书桌上写作，以至患上了慢性肩关节炎。朱仲丽负责每天为毛泽东的肩膀和手臂按摩。

这天，朱仲丽照例按时到毛泽东那里为他治疗。毛泽东正在埋头写作，一见朱仲丽走进去，马上放下笔，坐到另一把椅子上。朱仲丽连忙走过去，站在他的背后，开始给他按摩。

"真要感谢你。治病救人，消灾除难，阿弥陀佛！"毛泽东像往日一样谈笑着。

"这很好。不过，还有事哪。"朱仲丽走到毛泽东面前，一边说，"你自己要一天活动两次，把发痛的右手抬高，从右边头顶上绕过去，摸左边的耳朵根。"一边慢慢地给毛泽东示范了一遍。

"噢？又出新名堂了！治关节病要一天摸两次耳朵根子，只怕又是你的新花招吧。"

朱仲丽用心给他按摩，肯定地说："嗯。你的右手什么时候能自如地从头顶上绕过去，摸到了左耳朵根，就达到理想的治疗效果了。"

毛泽东听了她的话，用左手指了指自己的耳朵根，幽默地说："本人的耳朵根子，自己早已摸过，是很硬的，那些花言巧语、阿谀奉承、口蜜腹

剑、流言蜚语、哗众取宠等，这一类的话，我一概听不进，就是因为我的耳朵根子硬！"

朱仲丽也真的去摸了摸毛泽东的耳朵根，然后一本正经地说："嗯。的确很硬。"

两个人都忍俊不禁，哈哈哈哈地大笑起来。

毛泽东开玩笑，也会独出心裁。

（参见谭逻松、张其俊编：《毛泽东的幽默
故事》，同心出版社 1993 年版）

前有鲁智深，今有聂荣臻

白求恩是加拿大共产党员，世界著名的胸外科医生。他 1938 年 6 月来到晋察冀，聂荣臻在山西省五台山金刚庙迎接了他。白求恩见了聂荣臻，不住地打量着，随后他笑着说，他离开延安的时候，毛泽东曾专门同他谈了话。毛泽东说："中国有一部很著名的古典小说，叫做《水浒传》。《水浒传》写了鲁智深大闹五台山的故事，五台山就在晋察冀。"毛泽东还风趣地对他说："五台山，前有鲁智深，今有聂荣臻，聂荣臻就是新的鲁智深。"白求恩与聂荣臻接触了一段，然后对他说："你这个鲁智深，同那个鲁智深可不一样哟！鲁智深醉打山门，把寺庙破坏了，你却保护了五台山的庙宇。"毛泽东巧借鲁智深来比喻聂荣臻，给白求恩留下了深刻的印象。

（参见《聂荣臻回忆录》，见东方骥编：《落日
余晖》，河北人民出版社 1989 年版）

用"肚先生"卖关子

1938 年 8 月下旬的一天，毛泽东又到"抗大"来讲课了。这次讲课，在未进入正式授课前，毛泽东微笑着对大家讲了一段"开场白"：

"同学们，上课之前，我先给大家讲一件'小事'……"说着，毛泽东从他灰色上装的衣袋中取出几张纸条，看一眼放在他面前的白木桌子上，用桌子上的搪瓷缸子压住，接着说，"最近几天，有不少同学给中央和我写信、递条子，说我们是历尽千辛万苦才到延安来的，来到党中央身边，为什么不几天就要叫我们离开呢？我说对呀！中央的许多同志也很同情这些同志的想法。但是，就有那么一个人不同意，整天叽哩咕噜地在那里发牢骚。可这个人是哪一个呢？姓什名谁？"

毛泽东故意话到嘴边留半句，听课的人们被说得面面相觑，猜不出毛泽东在讲谁；稍停片刻，毛泽东这才风趣地对大家说："这个人就是'肚先生'，也就是大家的肚子！"

一句话，说得大家都笑起来。笑声中，毛泽东继续说："大家不要笑么，不相信可以试一试，你们哪一个敢同这位'肚先生'较量较量？"

听讲的人们没有一个表示要"较量"，毛泽东又说："中国古代有一位名叫老子的道学家，他是非常信这个邪的。他说'民以食为天'，我说是'吃饭第一'！"

湖南人习惯把"吃"字说成"掐"，好在大家都习惯了、都能听得懂——毛泽东见大家听得入了神，便把讲话引上了正题："我要讲的'小事'，就是动员大家去洛川'就食'，先要吃饱饭，解决'肚先生'的问题。所谓'就食'呢，就是古人所说的'就粮'，也就是把人带到产粮、积粮多的地方去找饭吃。《后汉书》上说，'吾且休兵北道，就粮养，以观其弊。'今日，我们党中央也学点古人的做法，动员你们去洛川'就食'；其目的只有一个，就是让大家吃饱肚子，学习好、训练好、做好抗日的准备！大家说，该去不该去呀？"

听讲的人们纷纷说："该去！该去！我们都去！一定去！"毛泽东听了也笑了。

（参见邸延生：《历史的真迹——毛泽东风雨沉浮五十年》，新华出版社 1994 年版）

爬山主义和劳动大学

毛泽东对抗大学员十分爱护，同时也要求严格。1938 年，毛泽东针对抗大学员中存在的思想问题，亲自给他们上思想修养课。

抗大的早操，有一个科目是爬山，有的学生不愿爬，就发牢骚："我们来延安，为的是学习马列主义，懂得怎样革命，你们为什么老搞爬山主义呢？可不可以把马列主义增加点，把爬山主义减少一点？"

毛泽东说：爬山是作战的需要。我军在华北的作战方针是"独立自主的山地游击战"，山地是我们的依托，指战员都应该成为爬山的能手。侵占华北的日军穿着大皮鞋，爬山相当快，就是平时练出来的，动作慢了就要吃亏。练习爬山，决不是无关紧要的小事，

毛泽东左手叉腰，挥动一下右手，继续说：红军长征时，依靠爬山速度快，打了许多胜仗，甩掉了前堵后追的数十万敌人，胜利到达了陕北。身体弱要量力而行，循序渐进。开始时掉队，不算丢面子。慢慢来，追上去，需要一段艰苦锻炼的过程。山还是要爬，不能说成是什么主义。

还有的学生发牢骚说："什么军政大学，干脆叫劳动大学更名副其实。"

对此，毛泽东说："抗大不断扩大，学员数量成倍地增加，学校要办，又缺少经费，我们有什么办法呢？只有一个办法，叫做'艰苦奋斗'。不得已而为之呀！你们吃的、穿的、住的、烧的、用的东西很多，大量的服务性工作由谁承担呢？可以不可以调一些战斗部队回延安，代替抗大的学生担负这些日常的劳动？如果那样去做，是增加抗战的力量呢？还是减少了抗战的力量？办抗大是为了抗战，减少抗战力量的事情，咱们能不能办？"

毛泽东入情入理的分析，深得人心，很快解开了一些抗大学员思想上的疙瘩。抗战八年中，抗大先后办了八期，总校和分校共培养出 20 多万干部，大多在各条战线上成为骨干力量，对争取抗战胜利，对以后的革命和建设事业，做出了重要贡献。

（参见何明编：《伟人毛泽东》，中央文献出版社 2003 年版）

最后一条

在延安的一次演讲会上，当演讲快结束时，毛泽东掏出一盒香烟，用手指在里面慢慢地摸，但掏了半天也不见掏出一只烟来，显然是抽光了。有关人员十分着急，因为毛泽东的烟瘾很大，于是有人立即动身去取烟。就在他们还没有回来时，毛泽东仍然是一边讲着，一边继续摸着烟盒。好一会儿，毛泽东笑嘻嘻地掏出仅有的一支烟，夹在手指上举起来，对着大家说："最后一条！"

话音刚落，会场上就响起了一阵笑声和掌声。

在这里毛泽东所说的"最后一条！"，既是指他讲的最后一个问题，又是指这是最后的一只烟。毛泽东将演讲与即席讲话要抽的烟结合起来，妙趣横生，将会场上听众的倦意一扫而光，收到了独特的效果。

（参见高伟杰：《跟毛泽东学习幽默智慧》，
上海辞书出版社 2011 年版）

"谁不看完这三部小说，不算中国人"

1938 年 10 月，在党的六届六中全体会议的一次休息时，毛泽东对贺龙说："中国三部小说《三国演义》、《水浒传》、《红楼梦》，谁不看完这三部小说，不算中国人。"贺龙说："没看过，不过我不是外国人。"毛泽东又问徐海东："海东，你看过这三部小说没有？"徐海东说："《三国演义》看过，《水浒传》也看过，这《红楼梦》嘛，不知是什么意思，没看过。"毛泽东笑着说："那你算半个中国人！"在读古典小说过程中，毛泽东善于将小说与现实结合起来。诸如武松打虎同斗争精神，周瑜挂帅同干部政策，西天取经同目标一致，贾府衰败同美苏困境，刘备取川同团结地方干部，等等。当他如数家珍地谈起这些人物和情节时，他同古典小说的联系是自由的，是借小说喻政治，取其一点，不及其余。毛泽东以他特有的灵气、敏感和记忆，把小说读活了、用活了，读出了新道理，也用出了新效果。在说古论今中，颂扬具有五千年历史的传统文化。

（参见孙宝义、刘春增、邹桂兰、李凯旗编
著：《毛泽东谈读书学习》，中央文献出版社
2008 年版）

"以县名作人名，永远不忘家乡"

1938 年，黄春圃从延安去山东敌后工作，考虑到敌后复杂环境，行前请示毛泽东想改一下名字。

"你是江华县人?"毛泽东问。

黄春圃笑着点头。

"那你会说瑶语啦?"

"我就是瑶族人呀!"

"好啊，那我就来考考你。"毛泽东问黄春圃，"父亲""母亲""吃饭""睡觉"用瑶语怎么说。黄春圃像小学生回答老师提问一样一一作答。当问到"汽车""飞机"怎样说时，黄春圃被难住了，当年他离开家乡时，见都未见过汽车、飞机，瑶语怎么说他当然答不出了。

"那你就叫江华吧。以县名作人名，永远不忘家乡，不忘家乡人民。"毛泽东就这样给黄春圃改了这个名。

江华还记得他这次改名后曾闹出一个小插曲。那是 1940 年在延安，刘少奇主持一个会议，江华的名字报上去后，许多人疑惑地问："江华是谁?怎么从来没听说过?"

知根知底的毛泽东说："其实，他是我们大家都熟悉的人。"

大家睁大着眼睛等待下文。毛泽东把江华改名一事如此这般说了一遍。

"原来江华就是延安城防司令部政委、中革军委四局局长黄春圃呀!"大家恍然大悟。

（参见孙宝义、邹桂兰、孙吾文、孙月辰编著：《毛泽东的衍名艺术》，中央文献出版社 2006 年版）

"今晚我们差点吃到鬼肉咧!"

1938 年冬的一个夜晚,刚吃过晚饭,毛泽东兴致勃勃地叫喊:"王能坤,李长培,走,我们去看看林老的新居吧!"

"主席,天色已晚,又在刮风,是骑马驱车还是改日……"没等警卫员说完,毛泽东打趣地说:"鼻孔换眼睛,何须骑马乘车咧!父母给了我们两只腿,不能让它失业呀!"

于是,几名警卫员只好跟着主席上路。

当时,林伯渠同志是陕甘宁边区政府主席。边区政府刚搬进延安城南西山上新挖的一排窑洞。地点很偏僻,窑洞前山脚下尽是乱坟堆,只有一条弯弯曲曲的羊肠小路可以通上山的窑洞。当天夜里,寒风刺骨,漆黑一团,几个人只带了一只光亮微弱的手电筒。大家高一脚低一脚地走着。刚走到西山脚下,突然听到"哇……哇"的几声怪叫,一个什么东西"噗"地从李长培身边窜过,他禁不住打了个寒颤,惊慌地朝前跑了几步。这时,毛泽东回过头来,"呵呵"地笑出了声:"你们怕鬼啦。"毛泽东一步退到大家后边,接过手电筒说:"有人传说这里出鬼,今晚我倒想看看鬼像什么样子!"大家顺着他的手电光望去,只见一只野兔子惊断了魂似的,一溜烟地朝着坟堆草丛里钻。毛泽东跟踪过去,差点儿一脚踩到了。毛泽东转身走近大家,又风趣地说:"太可惜了,今晚我们差点吃到鬼肉咧!"大家这才松了一口气。一路上说说笑笑,穿过坟堆,又走过一条荒无人烟的山沟,东拐西拐,沿着那条小路,到了边区政府。

（参见彬子编:《毛泽东的感情世界》,吉林人民出版社 1990 年版）

你愿不愿去开一个牛皮公司

朱仲丽要感谢毛主席的一件事，是朱仲丽和王稼祥结为伉俪，是毛主席在无意之间牵的红线。那是1938年党的六届六中全会刚胜利闭幕，中央领导和各地区代表举行了聚餐，朱仲丽有幸参加了这次难忘的活动。朱仲丽先吃完了，一人走出门外，晚霞抹亮了这饭厅，朱仲丽昂头欣赏这彩色的时候，听到一阵阵笑声临近，魁梧的毛主席身后，跟着朱德、周恩来、张闻天、王稼祥、陈云等人，他们一起走出门外。毛主席一眼见到朱仲丽笑道："啊！这是我们的朱医生啊！……哈……来！我问你。"

朱仲丽红脸快步向前："毛主席！你好。"

毛主席笑嘻嘻地看着朱仲丽："朱医生呀！我来问你，你愿不愿去开一个牛皮公司，你来当经理？"

朱仲丽怔住了，牛皮公司经理？

毛主席伸出右手，掰着大拇指、食指、中指、无名指、小指不断地说道："第一，当牛皮公司的经理要有厚脸皮；第二，当牛皮公司的经理要能夸夸其谈，要会阿谀奉承；第三，当牛皮公司经理必须拉拢一批人为他出力办事；第四，当牛皮公司经理还要会宣传，印小册子，画广告，……第五，还要……"

王稼祥连忙近前一步笑说："还不能红脸害羞。"

毛主席也笑："是，是，不能脸红。"

朱仲丽这时满脸通红傻笑。

这时候，警卫员都陆续把马牵来了，各首长都一个个上了马，英姿勃勃地逐渐远去。

隔不久，王稼祥打听了朱仲丽是萧劲光的姨妹子，写了一个便条给萧劲光："你可不可带你的姨妹子到我家来坐一坐？"

朱仲丽和王稼祥认识半年之后，结为夫妇。

毛主席作了红娘。

几十年之后，毛主席笑着向朱仲丽说："你把王稼祥的身体照顾得如此结实，这是你的功劳，你们可算延安的模范夫妻，假如，没有那次我和你说牛皮公司的话，王稼祥就没有机会见到你，至少会推迟时间……"

啊！他们是多么幸福！毛主席作了朱仲丽夫妇俩的媒人。

（参见朱仲丽：《激励与内疚——思念毛主席》，
见《缅怀毛泽东》，中央文献出版社1993年版）

"我们用延安作风打败西安作风"

1939年的初秋，毛泽东去延安马列学院作报告。学院领导派4个学员去杨家岭接毛泽东。在半路上，这4个学员遇到了毛泽东。其中一位学员对毛泽东说："学院领导派我们来接主席。"毛泽东一听，心里就有些不高兴了，但是，他没有板起脸批评来接他的学员，笑着说："哦，四个人，轿子呢？你们不是抬轿子来接我呀？"毛泽东故意认真地说："下回呀，跟你们领导说，再加四个人，来个八抬大轿，又体面，又威风。要是还有人，再来几个鸣锣开道的，派几个摇旗呐喊的，你们说好不好？"大家都笑了，毛泽东自己也忍不住笑了。接着，毛泽东严肃地说："那才不像话？对不对？皇帝出朝，要乘龙车凤辇，官僚出阁，要坐八抬大轿，前呼后拥，浩浩荡荡，摆威风。我们是共产党人，是讲革命的，要革皇帝官僚的命，把旧世界打它个落花流水。我们既要革命，既要和旧制度决裂，就万万不能沾染官僚习气。从杨家岭到马列学院，十里八里路，二万五千里长征都走过来了，这几步路算什么？我又不是不知道路，不要接接送送的嘛！我们要养成一种新风气，延安作风。我们用延安作风打败西安作风。"

毛泽东喜怒哀乐皆成文章。毛泽东的这种语言情趣，产生了意想不到的向心力和凝聚力，自然而然，他成为众人目光注视的焦点。

（参见雷国珍、吴珏编著：《毛泽东大成智慧》，
当代中国出版社 2001 年版）

毛泽东的（度）量和反讥艺术

1945 年 10 月，在重庆谈判的日子里，有一次毛泽东与蒋介石共进午餐，毛泽东饮酒甚少，但饭却吃得很多，蒋介石见了，有意讥笑地说道："你的肚子真大啊。"

毛泽东随口答道："是啊，我的肚（度）量大。"

蒋介石听了此话，不得不尴尬地付之一笑。

对蒋介石不怀好意的讥笑，毛泽东用"肚"与"度"一字之差，表达了共产党人的宏大气量，暗含蒋介石小肚鸡肠。讽刺并回击了蒋介石的挑衅。

1949 年 12 月 16 日，毛泽东访问苏联。但是在中苏两国会谈时，一度陷入了僵局。斯大林干脆不露面了，把毛泽东冷落在那里。驻苏大使馆大使王稼祥的夫人朱仲丽回忆：

我见毛主席和费德林一起到餐厅进餐，便拿着小小玻璃杯，走到毛主席和费德林坐的餐桌旁边，说："毛主席，这是药，请你吃完饭就服用。"然后，我礼貌地向费德林道声好。

"这是我们的大使夫人，又是我们的医生。"毛主席指着我说。

"我早就认识夫人了。"费德林说。

"请坐下，和我一起用餐。"毛主席笑着对我说。费德林向招待员示意，招待员马上又摆上一份餐具。

我回道："不，主席，我已吃过了。"说完，我就准备要走。费德林目瞪口呆地望着我，又回头侦察毛主席的神态。大概他认为，一位大使夫人，竟敢不听国家元首的命令，可能要吃苦头吧。可我还是离开了，回到了工作人员的房间。

"请朱大夫和我们一起再吃一点儿。"毛主席向身边站着的工作人员说。

"请你去吃早饭。"工作人员来传话了。

"不，我已经吃过了，不陪了！"我执拗地回答。

过一会儿，工作人员回去又返回来说："朱大夫，主席第三次叫你！快去吧！"

我勉强地走了过去。毛主席用不寻常的眼光看着我。我对毛主席说："我已经吃饱了。""你这个人，真是闺房里的小姐，三催四请，千呼万唤不肯走出绣楼。"毛主席这番话，说得费德林一阵大笑。他恭维毛主席说："毛主席，你真是出口成章，宽宏大量。"

"我就是宽宏大量，大量又宽宏。宰相肚里能撑船嘛。"毛主席见我坐下，立即夹了一块火腿放在我的盘子里，又挑了一点黑鱼籽，放在我面前的一块面包上。

我吃了一口，看一眼毛主席。毛主席也意味深长地看着我，我点了点头。是啊，我明白了，毛主席明在说我，实际上醉翁之意不在酒。他在回击斯大林的不礼貌的做法。毛主席旁敲侧击的语言给我留下了深刻的印象。

（参见高维杰：《跟毛泽东学习幽默智慧》，
上海辞书出版社 2011 年版）

"申公豹"

1940年2月20日，延安各界成立了宪政促进会。会上毛泽东做了重要讲话，他说：我们今天开的会叫做"宪政促进会"，为什么要促呢？因为不经过人民的大力督促，国民政府就不会实行宪法政治。国民党里面有一种人十分顽固，别人浴血抗战，他们专门捣乱，发国难财，吃摩擦饭，以反共为职业，主张专制独裁，鼓吹一个主义、一个政党、一个领袖。他们顽固不化，躺着不动，不但不肯进步，而且向后倒退。这种人好有一比，就像是《封神演义》里面的申公豹。据说申公豹这个人真是奇形怪状，他的后脑勺朝前，脸面朝后，专门向后看，走路时向后倒退。

毛泽东说到这里，故意模仿申公豹的动作，自己在台上后退了几步，做了做样子，形象逼真，逗得大家哄堂大笑，有的人笑得前仰后合，有的人笑得肚子疼。毛泽东继续说下去，申公豹为什么脑袋长这种样子呢？据说他有割头还颈的本领，向姜子牙吹嘘自己如何如何，并且劝姜子牙保商灭周，投奔纣王。姜子牙不信那一套，申公豹当场做表演，把自己的头割下来抛在空中，他那种法术只能在很短时间内完成，过期就安不上了。恰巧一只仙鹤飞来，把申公豹的头抓住不放，急得他束手无策，苦苦哀求，等限定时间到了，仙鹤把头放下来，在慌忙急迫之下，脑袋被安反了，前后颠倒，才变成如此怪状。

今天的"申公豹"，死抱着"正统"观念，时时刻刻想消灭共产党和八路军、新四军、说是"异党"、"异军"，必须置于死地而后快。国民党内的反共顽固派，是申公豹的化身，他们反对中国人民的正义事业，反对我们坚持抗战，坚持团结，坚持进步的主张。他们从来不把人民放在眼里，从来不给一点权力，口头上喊几句口号，实际上坚持过去一党专政的老办法。我们的任务，就是发动全国人民起来争取民主，要求实行新民主主义的宪政，延安召开宪政促进会，目的就是这样，事情虽然困难，却是大有希望。

毛泽东借古讽今，通过神话中一个反面人物申公豹，把国民党内反共顽固派的嘴脸，形容得惟妙惟肖，活灵活现，刻画得细致入微，使参加会议的同志深受教育。把古神话中的申公豹引申到现实的"申公豹"身上，起到了揭露敌人，教育人民的作用。

（参见孙宝义、邹桂兰、孙吾文、孙月辰：《毛泽
东的衍名艺术》，中央文献出版社 2006 年版）

枣园摆宴征稿

1942 年，毛泽东为《解放日报》拟定征稿办法。随后，中央办公厅按名单发出毛泽东设宴的通知。柯仲平、舒群和博古结伴而行。毛泽东一见面就高兴地说："诸公驾到，非常感谢。今在枣园摆宴，必有所求。"毛泽东宣读一遍《〈解放日报〉第四版征稿办法》后，又说："俗语说，吃人口短，吃人一口，报人一斗。吃亏只这一回，但不许哪个口上抹石灰。办好党报人人有责，党内同志人人有责，责无旁贷。我想，诸位专家、学者必然乐于为第四版负责，当仁不让，有求必应，全力以赴，取之不尽，用之不竭。"一席话，说得大家放声大笑，笑声中大家的拘谨消失了。

1943 年秋，毛泽东邀请柯仲平、杨醉乡、马健翎到枣园一见。他们三个见到毛泽东，毛泽东迎上前去握手说："请来'三贤'，有两位'美髯公'，一位'佘太君'。你们是苏区的文艺先驱，一个抗战剧团，一个民众剧团，好像两个深受群众欢迎的播种队，走到哪里就把抗日的种子撒到哪里。"文

艺工作者在毛泽东的幽默风趣中得到了信任和理解。

（参见许祖范、姚佩莲编著：《毛泽东幽默
趣谈》，中共党史出版社 2013 年版）

九五翰林

　　1942 年 12 月，毛泽东在延安枣园接见范明（中共地下党三十八军统战部长、组织部长）时，知道他念过大学国学系，就与他谈到了《易经》。据范明回忆：

　　当主席就《干部政策》标准提问，给了个90分后，主席接着问："学过《易经》吗？""学过，虽能背诵如流，但理解不深。"我坦然地回答。"你会唱秦腔吗？"主席忽然把话题一转，神秘地发问。"爱唱，唱不好，常走板！"我回答。"你们秦腔里的皇帝出场白上，常常把他的登极说成'九五之位'，这是什么意思？""那是他们根据《易经》的阳刚阴极则损的忌讳之词。"这时，我才意识到主席是拿这个命题考我。"说的对。其理何论，说说看。"主席在继续考问。"阳刚为十减一为九，阴极为六减一为五，满招损，谦受益，阳极则衰，阴极则损，孙吴兵法上所说的求万全者无一全，骄兵必败，哀兵必胜，等等，都是依据这一阴阳盛衰大道来发挥的！""对了！再给你加5分，算个95分的九五翰林。"

　　毛泽东满意地笑了。

（参见范明：《枣园初见毛主席》，《党的文献》
1995 年第 3 期）

"气死蒋介石"

1943 年春天，延安的劳动竞赛搞得热火朝天。中央警卫团的战士杜林森在一次开荒比赛中，创造了一天开荒六亩三分的个人最高成绩。毛泽东听到这个消息十分高兴，第二天下午接见了他。毛泽东望着杜林森那腼腆样儿，含笑说道："你的功劳很大，一天开了六亩多地，称得起劳动英雄！大家叫你'气死牛'嘛，我说你还会气死人哩！气死国民党蒋介石啊！"毛泽东说着乐呵呵地笑了起来。"他不给我们发饷，还四面包围、封锁我们，企图把我们困死，饿死，消灭掉。可是他们这些阴谋诡计，却叫你们搞生产的劳动英雄给粉碎了。这不是要气死蒋介石吗？气不死，也要气他个半死啊！"毛泽东亲切的话语里充满了对一个普通战士的赞扬和爱护。

（参见高凯、于玲主编：《毛泽东大观》，中国人民大学出版社 1993 年版）

"一排龙，一排明，老贺老明坐当中"

1944 年 9 月，贺龙的长子在延安医院呱呱落地。之后，薛明又生下了两个女孩，且都是旭日东升朝霞满天之际出生的，便分别取名为贺晓明和贺黎明，这个"明"，不仅是天明，也是继承了其母亲薛明的"明"。

毛泽东由陕北赴西柏坡，途经晋绥司令部时，见贺龙和薛明带着3个孩子，便幽默地将大手在他们一家人中间划过，说："老总啊，你家里是一排龙，一排明。"说着他换成京剧的腔调，摇晃着肩膀和身躯，得意地迈开了京剧台步："一排龙，一排明，老贺老明坐当中，你们好得意啊，哈哈哈……"

1953年，贺龙带着贺晓明到北京去见毛泽东。在菊香书屋，贺晓明拉着父亲的手不放，眼睛盯着毛泽东，小声说："毛主席，您好!""哦，这不是一排明吗?"毛泽东笑着站起身，过来抱起她："长这么大了。""我叫贺晓明。""你妈妈叫薛明，你妹妹也叫明，叫……""贺黎明"，贺龙在旁边说。"对，你妈妈明，你也明，你妹妹又明，这不是一排明吗?"毛泽东的话逗得大家都笑了起来。经毛泽东这么一说，从此贺黎明又有了另一个名字：贺又明。

（参见孙宝义、邹桂兰、孙吾文、孙月辰：《毛泽东的行名艺术》，中央文献出版社2006年版）

打麻将治疗肩周炎

延安时期，毛泽东日理万机，极少有时间娱乐。后来，他突然右肩疼痛，有时疼得不能握笔、不能睡觉，医生诊断为肩周炎。经过一段时间的治疗，毛泽东的肩周炎不仅不见好转，反而转为慢性。

当时，卫生处领导很着急，召集医务人员想办法，最后，领导交给朱仲丽一个任务，要她说服毛泽东打麻将。

有一天，朱仲丽趁毛泽东心情好时，走进办公室，毛泽东叫她坐下。朱仲丽说："想不想陪我打麻将？"毛泽东无可奈何地说："你的嘴就是厉害。好嘛，医院开来处方一个，打麻将四圈，目的是帮助肩关节的功能恢复。"朱仲丽马上吩咐卫生员拿来麻将，就在毛泽东窑洞里的小方桌上打起来，大家有说有笑，在紧张的战斗生活中平添了不少情趣。

叶子龙也是毛泽东牌桌上的常客，常常要和毛泽东争个输赢。朱仲丽总是想法让毛泽东玩得开心，以便多玩几圈，达到活动关节的效果。因此，她常常坐在毛泽东上手，故意出一些好牌让他"吃"。毛泽东连连"和牌"，气得叶子龙直瞪眼。

有一次，毛泽东"和牌"后，笑着对大家说："如果是开赌场，只要朱仲丽坐在我的上家，我敢下赌万万元，必成大富翁。你这个同志是不是在收买我？给我金钱炮弹，叫我当资本家呀？"满屋子人顿时大笑不止。在笑声中大家都很开心，既治疗了肩周炎，又欢愉了心情。

（参见于方提：《延安时期毛泽东打麻将治肩周炎》，《快乐老人报》2011 年 12 月 8 日）

不要乱给人戴帽子

1945 年年初，毛泽东在延安中央党校作报告，讲到审干运动中出现的错误时，严以律己，主动承担责任。

毛泽东说："我是党校的校长，这个党校犯了许多错误，谁人负责？我负责。整个延安犯了许多错误，谁负责？我负责。"毛泽东要求，"要从错误中总结经验……不要乱给别人戴帽子……"说着说着，毛泽东把手举到帽檐下："现在，我把戴错了的帽子给你们取下来，向你们行个礼，赔个不是……你该还我一个礼吧，你不还礼，我这手就放不下来了。"

会场上，同志们热泪盈眶，热烈鼓掌。中央军委总参三局的 10 多名青年男女来找毛泽东，问为什么要"抢救"他们。看到这群年轻人，毛泽东十分激动和不安，说道："'抢救运动'搞错了。'抢救'到你们头上就更不对了。"

年轻人们一下子怔住了，他们原本想找毛泽东反映情况，没想到，毛泽东开宗明义，一句话便把"抢救运动"否定了。

大家屏住呼吸，静听着毛泽东讲话："好像是打夜仗，谁也看不清谁，自己人打起来了。"他环顾大家，抬起手在胸前擦了两下，"高锰酸钾洗澡，伤了皮肉喽！"

这两个比喻既形象又生动，年轻人不由得发出一阵唏嘘。

说着，毛泽东摘下头上的帽子，朝大家深鞠一躬，语气沉痛地说："我请大家原谅。"

毛泽东的窑洞前，不，应当说整个枣园一下子沸腾了。许多年轻人激动得流下了眼泪，有的拥抱在一起，有的振臂高呼："共产党万岁！"

毛泽东鞠躬赔礼的消息，像一阵春风，传遍了整个延安，人们额手称庆，奔走相告。长时间笼罩在人们心头的阴霾一扫而尽。

第二天，毛泽东又在中央党校、行政学院召开大会，向大家赔礼道歉，他把手举到帽檐，说道："大水冲了龙王庙，自家人不认自家人了，党中央相信大家都是好同志。我请大家原谅，如果不原谅，我的手就不放下。"

掌声、欢呼声、哭声、口号声，响彻礼堂。人们用一切可以表达感情的方式来表达心中的喜悦。

延安，雪化冰消……

由于延安审干运动中出现了左的倾向，伤及了一些革命同志，毛泽东本着实事求是的态度，给这些同志平反。及时纠正了扩大化的错误，并且主动承担责任，使他们放下包袱，增强了革命队伍内部的团结。

（参见王伯福主编：《毛泽东轶事大观》，山东人民出版社 1997 年版）

"一虎二龙三鼠"

1945 年日本投降，中国人民八年的艰苦抗战，终于迎来了伟大胜利的时刻。

为了应付瞬息万变的形势，毛泽东等人来不及享受胜利的愉悦，就投入了更加紧张而繁忙的工作。为此，他把办公地点搬到了枣园的小礼堂。

警卫班的战士们也跟随毛泽东，日夜守在小礼堂里。不久，蒋介石向延安发出电报——邀请毛泽东赴重庆"谈判"。短短 10 日之内，蒋介石三请毛泽东，大有毛泽东不去，"国是"就没法办了之意。

毛泽东决定去。去重庆的安全自然是党中央必须认真考虑的问题。

经过多次研究，周恩来和康生决定指定龙飞虎和陈龙负责，另派颜太龙去。两人都是久经考验的革命战士，对重庆的情况也很熟悉，又长期负责保卫工作，政治上也可靠，是毛泽东去重庆的最佳警卫人选。

于是，李克农亲自开车把龙飞虎和颜太龙从中央党校接到了枣园，又叫来枣园保卫科长陈龙，然后，领着他们，一起来到了康生的部长办公室。

康生表情严肃地对他们交代了一番。

李克农也说："主席的安全事关全党的命运，你们责任重大啊！"

"龙飞虎和陈龙分工协作，龙飞虎对重庆情况比较熟悉，负责对外；陈龙枪法好，负责对内。陈龙对外称秘书。"康生说，"其他人听你们的安排。"

"陈龙，既然改当秘书，我看也改个名字，化名陈振东吧。"李克农说。

"不仅要改名，"康生狠狠地说，"记住，你们就是抛头颅，洒热血，也要保护好主席。这是党中央交给你们的任务！"

李克农解下自已佩戴的一支精致手枪，送给陈龙，嘱托说："主席的安危，全靠你们了！"

随后，周恩来和康生等人对毛泽东在重庆的保卫工作又专门召开了一次会议。经过仔细考虑，决定除龙飞虎、陈龙、颜太龙外，还增派蒋泽民等人为保卫人员；毛泽东的警卫班派齐吉树去照料生活，另派枪法不错的警卫员舒光才、戚继恕等人随行。

同时，周恩来对尚在重庆各单位的保卫工作也进行了安排，曾家岩50号周公馆的保卫，由武全奎负责；红岩村八路军办事处的保卫，由办事处主任钱之光负责，何谦、吴宗汉等人协助；谈判期间代表团对外办公地点的保卫，由朱友学负责。

散会后，周恩来、康生、李克农等人，来到毛泽东住处。

康生拿着李克农写好的随从名单琢磨着，边踱步，边咬文嚼字地念着他们的名字："陈龙、龙飞虎、颜太龙……"突然拍节叫好，"好，二龙一虎护驾，主席这次去重庆肯定平安无事！"

二龙自然是指陈龙、颜太龙，一虎则是指龙飞虎。

李克农笑道："康老，除了二龙一虎外，还有'三鼠'呢！"

"哪三鼠？"康生问道。

"齐吉树、舒光才、戚继恕三人，不是'三鼠'（树、舒、恕与鼠同音）吗？"

在旁边的周恩来一听，也不禁连连叫好："一虎二龙三鼠，为毛主席护驾，凑得这么好，真是无巧不成书呀！"

毛泽东听到这个"一虎二龙三鼠"的说法，也哈哈大笑："龙、虎、鼠，都给他们当了，那我当什么呢？当不了龙虎，当钻地洞的老鼠吧，哈哈，也没份儿了呀！"

说得大家又都笑了起来。

（参见《中国故事》杂志2013年总第402期）

重庆解名

　　毛泽东很喜欢在对方的名字上作文章，特别善于望名生义。他常以特有的想象力和理解力以及渊博知识，给对方的名字十分自然贴切地赋予连本人也想不到的含义。或耐人寻味，给人启迪；或妙趣横生、寓庄于谐，令人拍案叫绝。1945年重庆谈判期间，毛泽东向文艺界的部分名流做了一次生动的演讲。演讲结束后，有人问毛泽东："假如谈判失败，国共全面开战，毛先生有没有信心战胜蒋先生？"毛泽东回答：

　　"国共两党的矛盾，是代表着两党利益的矛盾。至于我和蒋先生嘛……""蒋先生的蒋，是将军的'将'字头上加一棵草，他不过是一个草头将军而已。"说完，毛泽东豪迈地笑了笑。有人不怀好意地问："那毛……"不等那人说完，毛泽东不加思索地说："我的毛字不是毛手毛脚的毛字，而是一个'反手'。意思是说，代表大多数中国人民根本利益的中国共产党，要战胜代表少数人利益的国民党，易如反掌。"毛泽东的绝妙解释，一语中的，恰到好处，顿时博得满堂喝彩。

（参见孙宝义、邹桂兰、孙吾文、孙月辰：《毛泽东的衍名艺术》，中央文献出版社 2006 年版）

我这个人是逼上梁山的

重庆谈判时，毛泽东抽空去看国民党内一向反共的陈立夫，他用回忆往事的口气，谈起大革命初期国共合作的情景，自然免不了要讲到后来的国共分手。毛泽东以轻松幽默的语调说："我们上山打游击，是国民党剿共逼出来的，是逼上梁山。就像孙悟空大闹天宫，玉皇大帝封他为弼马温，孙悟空不服气，自己鉴定是齐天大圣。可是你们却连弼马温也不给我们做，我们只好扛枪上山了。"说得陈立夫无辞以对。这个陈立夫，原是极力反对国共谈判的，认为谈判"只会助长共产党的声势"。这会儿也不得不表示，要对国共和谈"尽心效力"。在重庆时，有人要共产党"不要另起炉灶"，毛泽东针锋相对地回答："'不要另起炉灶'的话我很赞成，但是蒋介石得要管饭，他不管我们的饭，我不另起炉灶怎么办？"

（参见王炳南：《阳光普照雾山城》，《人民文学》1977 年第 9 期）

"七大"上的脱稿报告

1945 年 4 月 23 日，七大开幕典礼在延安杨家岭举行。

第二天，七大举行全体会议，毛泽东向大会作政治报告。他写了《论联合政府》的书面报告会前发给代表。不过在会上毛泽东没有照本宣科，而是就其中的一些问题及其他问题作了口头报告。

主要涉及三个方面：

第一，路线问题。毛泽东说"放手发动群众，壮大人民力量，在我党的领导下打败日本侵略者，解放全国人民，建立一个新民主主义的中国"。这就是我们党的路线，我们党的政治路线。他特别强调农民问题的重要性，告诫说：忘记了农民，"就是读一百万册马克思主义的书，也是没有用处的"。

第二，政策方面的几个问题。毛泽东讲了 11 个问题。如战略转变的问题，即由游击战转变到运动战，由乡村转变到城市。他满怀激情地说："像北平、天津这样大的三五个中心城市，我们八路军就要到那里去。我们一定要在那里开八大，有人说这是机会主义，恰恰相反，八大如果还要在延安开，那就近乎机会主义了。"他说："我们要做好准备，由小麻雀变成大鹏鸟，一个翅膀扫遍全中国，让日本帝国主义滚蛋。"毛泽东既充满了革命乐观主义精神，又充分估计到可能的困难和曲折。他提醒说："要转变，但不能希望一切皆在一个早上改变。"

第三，党的建设问题。如毛泽东提出"讲真话"问题，就是"不偷、不装、不吹"，懂得就是懂得，不懂得就是不懂得，懂得一寸，就讲懂得一寸，不讲多了。

毛泽东的口头报告内容丰富，深入浅出，诙谐幽默，不时引起阵阵笑声和掌声，使大家加深了对《论联合政府》报告精神的理解。这个报告给在场的代表们留下了深刻的印象。有代表回忆说在七大上大家喊"毛主席万岁"，毛主席接着说"我 52 岁"，不同意喊万岁，那时毛泽东还是很谦虚的。

（参见《党代会现场——99 个历史深处的细节》，《书刊报》2012 年 9 月 10 日）

一切反动派都是纸老虎

1946 年 8 月 6 日斯特朗访问延安，同毛泽东谈话，话题是由原子弹引起的。毛泽东阐明美国是在侵略中间地带的观点后，斯特朗想到今天正好是广岛遭原子弹轰炸一周年的日子，便问道："如果美国使用原子炸弹呢？如果美国从冰岛、冲绳岛以及中国的基地轰炸苏联呢？"

"原子弹是美国反动派用来吓人的一只……"毛泽东在寻找恰当的词，"纸老虎，它看样子可怕，实际上并不可怕。"

"Straw man（稻草人）。"陆定一用一个对称的词把"纸老虎"翻译成英文。

毛泽东问斯特朗是否真正明白它的准确含义。

她有点迷惑，问："是指 scarecrow（吓鸟的草人）？"

"不，不对！"马海德领会到了二者的区别："不是稻草人，是纸老虎（paper tiger）。"

毛泽东说：是"paper tiger"。他用英语说出"纸老虎"这个词，并对自己的发音感到好笑。他解释说："纸老虎不是插在田里的死的东西，它吓唬的是孩子而不是乌鸦。它做得看起来像一只危险的猛兽，但实际上是纸糊的，一遇潮就软了。"

毛泽东笑着说："蒋介石是纸老虎。"

夜幕即将降临，毛泽东请斯特朗吃饭。晚餐不丰盛却很可口，有西红柿、青豆和辣椒。还有一道甜食"八宝饭"，尽管只有李子、核桃、枣和花生米四种配料，却表示了对客人的敬意。

晚饭后，重新沏上茶，继续中断了的谈话。

斯特朗问："我是一个记者，我能够报道说毛泽东称蒋是一只纸老虎吗？"

"不要只是那么说。"毛泽东笑着回答。然后像一个力求把话说得十分准确而恰当的孩子一样慢条斯理地说："你可以说如果蒋介石拥护人民的利益，他就是一只铁老虎。如果他背叛人民并向人民发动战争，他现在正在做，就是一只纸老虎，雨水就会把它冲走。"

"一切反动派都是纸老虎。看起来，反动派的样子是可怕的，但是实际上并没有什么了不起的力量。从长远的观点看问题，真正强大的力量不是属于反动派，而是属于人民。"

毛泽东的思绪在中外历史的舞台上驰骋。他说到了沙皇、希特勒、墨索里尼、日本帝国主义，说到了俄国二月革命、刚刚结束的世界反法西斯战争和中国的抗日战争。"历史的暴风雨把他们都冲走了，他们都是纸老虎。"

"蒋介石和他的支持者美国反动派都是纸老虎，"毛泽东又回到了现实。他要以入木三分的宏论回答那些拿着美国的强大来吓唬中国人的人和那些被美国强大吓唬住的中国人，将失败主义论调从中国清除出去。"中国人民在美国帝国主义和中国反动派的联合进攻之下，将要受到长时间的苦难，但是这些反动派总有一天要失败，我们总有一天要胜利。这原因不是别的，就在于反动派代表反动，而我们代表进步。"

毛泽东对斯特朗说："共产党之所以有力量是因为他们唤醒了人民的觉悟。在中国，我们共产党人只有小米加步枪，但最后将证明，我们的小米加步枪要比蒋介石的飞机加大炮更为强大。"

斯特朗想起了毛泽东那套深蓝色的棉布制服和裤膝上缝有大块的补丁；想起了就在通往毛泽东住所的山道两旁种满了玉米和西红柿；想起了"延河就在共产党的首府，竟没有桥"。她相信毛泽东的话，因为这一切一切使边区政府的税收单上的数字正在逐步下降。毛泽东的力量正是从中国共产党的这三大政治战略之中来的。

斯特朗觉得有必要再次提醒毛泽东：不要忘记"还有原子弹！"

"当然，原子弹是一种大规模屠杀的武器，但是决定战争胜败的是人民，而不是一两件新式武器。"毛泽东怀疑原子弹是否还能再次用于战争，他停顿了一下说："原子弹的诞生是美帝国主义死亡的开始，而人民却要消灭原子弹。"他调侃地说："原子弹算完了，无知的人们却还在谈论它，但从此以后是再也不会使用原子弹了。它在广岛的大爆炸毁灭了它自己，因为全世界人民都反对它，原子能交给人民使用，但原子弹已经寿终正寝了。"

斯特朗折服了："毛的直率的谈吐、渊博的知识和诗意的描述使他的这次谈话成为我所经历过的最激动人心的谈话。我从未遇见过有人使用比喻如此贴切而充满诗意。"一个月后，她把谈话的记录整理出来，给陆定一留下一份，以便就政治准确性方面加以核对。半年多以后，斯特朗把这篇谈话在《美亚》杂志1947年4月号上发表；6月，我党在香港办的《群众》杂志予以转载。

谈话结束时已接近午夜。山路不平，毛泽东提着一盏马灯把斯特朗送到停靠卡车的小路旁，互相告别，注视汽车颠簸着驶向延河的方向。

漆黑的延安夜空，星星显得特别明亮。一首诗文萦绕在斯特朗的心头：

> 他们是延安的巨人，
> 他们已在震撼大地。
> 夕阳西下，
> 大地干硬，
> 毛拨弄着桌上的茶杯，
> 把乾坤扭转。
> ……

（参见《和美国记者安娜·路易斯·斯特朗的谈话》，见《毛泽东选集》第四卷，人民出版社1991年版，第1191—1195页；特雷西·斯特朗：《纯正的心灵》，世界知识出版社1986年版，第十一章"山城延安"）

隐 身 法

　　毛泽东让身边的保卫参谋蒋泽民给警卫战士讲课。他很重视，有时傍晚散步就悄悄地来到上课的窑洞，侧着身子从门缝向里面看望，认真地听讲课。后来他在散步时，给蒋泽民讲上课的内容时，蒋说："主席，您怎么知道的？难道您听过我讲的课？不对呀，我怎么没看见您呢？"毛泽东幽默地说："哦，我是不请自来呦，还不止一次呢！也当当你的听众嘛。我用了隐身法（"隐身法"，《封神演义》所写道家常用的一种法术，如第十二回《陈塘关哪吒出世》，写哪吒在南天门外打龙王敖光，"哪吒看见敖光，敖光看不见哪吒。哪吒是太乙真人在他前心书了符篆，名曰'隐身符'。"），对于你这位聚精会神讲课的'先生'，当然是看不清我的了，怎么，你不欢迎?"说完，他微微一笑。

　　　　　　　　　　　　　　（参见巽昌编著:《毛泽东与西游记、封神
　　　　　　　　　　　　　　　　演义》，广西人民出版社 1997 年版）

炭还没卖就大撤退

　　为了提高卫士的文化水平，毛泽东从自己的稿费里掏钱给卫士办文化补习班，并经常检查他们的作业本。

一次，毛泽东看了卫士封耀松作业本上的分数，喜形于色："嗯，好！又进步了。"

封耀松心里很高兴，美滋滋的，作业本上老师用红笔打了个大大的"5"分。

可是，毛泽东看得很仔细，笑容渐渐消失，"嘿"了一声说："你们那个老师也是个马大哈呀。"

封耀松紧张了，把脸凑过去看。那是他默写的白居易诗《卖炭翁》，毛泽东用手指甲在其中一行的下边划道："这句怎么念？"

"心忧炭贱愿天寒。"

"你写的是忧吗？哪里伸出一只手来？你写的是扰，怪不得炭贱卖不出价钱，有你扰乱么。"

卫士脸上发烧，抓挠头皮窘笑。

"这句怎么念？"

"晓驾炭车碾冰辙。"

"这是辙吗？到处插手，炭还没卖就大撤退，逃跑主义。是撤退的撤。"毛泽东抓起笔给他改作业，"虚有 5 分，名不实。"

看来毛泽东办什么事都很认真，决不马虎了事。

（参见谭逻松、张其俊编：《毛泽东的幽默故事》，同心出版社 1993 年版）

搬　缸

1947 年沙家店战役获胜后，在一次会议上，毛泽东扳着手指头说："青化砭、羊马河、蟠龙、沙家店……整个凑起来我们吃掉他六七个旅。胡宗南说他有四大金刚。"毛泽东略一停,摇摇头:"我看他们的'金缸'不如老百姓的腌菜缸。"

同志们一阵哄堂大笑。

"他们四口缸被我们搬来三口:何奇、刘子奇、李昆岗。只剩下一口缸,叫什么……"会场活跃起来,后面有人喊:"叫李日基!"

毛泽东吮吮下唇:"对了,叫李二吉。这次没抓住他,算他一吉;下次也许还抓不住,再算一吉;第三次可就跑不了啦!"

毛泽东站在台上,就像一名幽默大师,大家越笑,他越是忍住不笑;他越忍住不笑,就越将更多的笑送给大家。

(参见孙宝义、邹桂兰、孙吾文、孙月辰:《毛泽东的衍名艺术》,中央文献出版社2006年版)

你"儒"在手心就够了,天下无敌!

毛泽东在党内同志中一般不拘礼节,几位老总在他面前也很随便。一次,他和彭德怀、贺龙一起谈话,陈毅远道赶来,他不让值班卫士报告,而是自己跑到门口推开门喊:"报告主席,陈毅前来报到!"

毛泽东看看陈毅,又抬头认真打量着窑洞,足足停了五六秒钟才吁了口气说:"哟,幸亏我这窑洞还结实。"逗得大家哈哈大笑。

彭德怀说:"胖子到哪儿哪儿就热闹,你坐下喘口气吧。"

陈毅没有坐,他走到毛泽东跟前,握着他的手说:"主席,你比延安时瘦了。"

毛泽东笑了，很随和地说："转过十几个县搬了三十七次家，瘦点正常么。"

"吃得好么?"陈毅问。

毛泽东转身指着贺龙说："有贺老总在，我的日子就好过。今天中午我要借花献佛，有腊肉和鲤鱼。"

大家谈起战局，毛泽东说："这叫老总见老总，老蒋头发懵，他打我的两翼，重点进攻，打来打去打出一个我们的大反攻，我们有几位老总，他的日子长得了?"

陈毅说："全靠主席运筹帷幄。"

毛泽东笑道："还仗将军决胜千里。"

彭德怀对旁边的贺总笑道："这两人到一起就转文。"

贺总忙说："我们'儒'不进去哟。"

毛泽东看看贺龙笑道："你呀，'儒'在手心就够了，天下无敌!"

老总们一听，开怀大笑起来。原来贺龙打仗时，常把名字写在传令战士的手心里，战士传达命令时，举手出示贺龙的亲笔签名，经毛泽东这么一点，引来一阵大笑。

（参见谭逻松、张其俊编著：《毛泽东的幽默故事》，同心出版社 1993 年版）

巧喻神像

在一次延安干部会上，毛泽东讲到反对官僚主义问题时说，官僚主义的特点主要是脱离群众。他随口念了一首旧辞书上咏泥神的诗，用泥塑木雕的神像来比喻官僚主义者。他说，除了三餐不食这一点不像外，官僚主义者的其他方面都很像神像：一声不响，二目无光，三餐不食，四肢无力，五官不正，六亲不靠，七窍不通，八面威风，久（九）坐不动，十分无用。

毛泽东用咏泥神的诗，来讽刺官僚主义者的特点，既形象又生动，使干部们听了以后很受教育。仔细琢磨还真有点相似，这比用一大套理论去说教还有效。

（参见许祖范、姚佩莲、胡东编著：《毛泽东幽默趣谈》，中共党史出版社 2013 年版）

戴 毡 帽

在延安革命博物馆里，有好几张毛主席头戴毡帽做报告、参加会议的照片，勾起了人们的回忆。

陕北的冬天很冷，没有过冬的帽子是不行的。但在国民党的严密封锁下，延安的物资极端匮乏。延安军民在毛主席号召大生产运动中，部队自己动手赶做了一批毡帽。在那种条件下，原料不好，做工又差，做出来的毡帽，可想而知是什么样子了。帽壳平塌塌的，帽檐往下吊，样子不好看，没有人愿意戴它。

有一天，警卫员从外面拿回来一顶这种帽子，一边给毛主席看，一边把大家的意见告诉毛主席，并说："这帽子戴着倒挺暖和的，可就是样子不好，一戴上就惹人发笑，所以没人肯戴。"

毛主席听后，把毡帽子接过去，拿在手里看了看，然后笑着说："这帽子不错呀，没人戴我戴！"说着说着，就把这顶帽子戴到了自己的头上，还故意到院子里走了一圈，让同志们看，惹得大家都笑了。以后，毛主席外出开会、作报告，还常常戴着这顶毡帽子去。毛主席带头戴毡帽的事，很快传开了，大家也就乐于戴这种毡帽子了。后来，边区人民编了一段顺口溜，说："八路军，土包子，头上戴着毡帽子，打仗就像钢炮子，敌人见了像龟孙子。"

毛泽东首戴毡帽，起到了无声的号召作用。

（参见竞鸿、吴华编著：《毛泽东生平实录》，
吉林人民出版社 1992 年版）

浑水摸鱼

在西柏坡，一次，毛泽东带几位警卫员到野外散步，来到一个小水塘的边上。水塘里的水比较清。毛泽东问王振海："你说，这池塘里有没有鱼？"王振海说："这土水塘里没有鱼，滹沱河拐弯处有石头的水塘里有鱼，鱼喜欢在水中的石头缝里生活。"毛泽东要打赌："咱俩个下去捞鱼，如果捞出鱼来，说明你的经验不全面。如果真的这个水塘里没有鱼，说明你的经验还有普遍性。"警卫员不同意毛泽东下水，怕衣服湿了不好换。孙勇见毛泽东为此事打赌，就脱下外衣跳下水塘，他说："我只要走一走，就知道里面有没有鱼。"接着，王振海等几个警卫员也跳下水塘。有人突然叫了一声，说是有鱼碰到腿了。孙勇抓住一条一斤多重的鱼，王振海也抓住一条。可是，再摸，就没有摸到了。

毛泽东在岸上指挥："你们现在用劲把水搅浑，这叫浑水摸鱼嘛！"于是，几个警卫员在水里手脚齐动，扑腾了不大会儿，一个清水塘就被搅成了浑水塘，鱼呛得浮出水面张口吸气。这样，一会儿功夫就抓了十几条鱼。毛泽东说："好了，够你们美餐一顿了。你们看，进水的渠道水深，鱼容易顺水而来，水塘向稻田分灌水，出水道浅，鱼不容易随水流出，时间长了，一个夏

季鱼就长大了。"毛泽东说的还真有道理。

（参见高凯、于玲主编：《毛泽东大观》，中国人民大学出版社1993年版）

现在每天行军打仗，脚比脸辛苦多了

转战陕北时，毛泽东身体发胖，许多补了又补的旧衣服显小不能穿了。他便送给儿子毛岸英穿。所以毛岸英身上也总是补丁摞补丁，没有光鲜闪亮的时候。江青也是照此办理，能补的补，变小不能穿的就送给李敏穿。生活十分艰苦。

李银桥第一次来到毛泽东身边，发现他只有一条毛巾。洗脸、擦脚都用那条毛巾。而且那毛巾也没有什么"毛"了，像个麻布片。

李银桥说："主席，再领条新毛巾吧？这条旧的擦脚用。擦脚、擦脸应该分开嘛。"

毛泽东想了想，说："分开就不平等了。现在每天行军打仗，脚比脸辛苦多了。我看不要分了，分开脚会有意见。"

李银桥扑哧一声笑了，说："那就新毛巾擦脚，旧毛巾擦脸。"

毛泽东摇头："账还不能这么算。我领一条新毛巾好像不值多少钱，如果我们的干部、战士每人节约一条毛巾，你给我算这个加法，一共多少钱？"停了一下他接着说："铺开来就是一个'沙家店战役'啰！"

毛泽东用这种计算方法，教育李银桥要艰苦奋斗。

（参见谭逻松、张其俊编：《毛泽东的幽默故事》，同心出版社1993年版）

响雷就要变天了

转战陕北时期，生活十分艰苦，天天吃黑豆，天天胀肚，没完没了地放屁。

一天，在梁家岔，警卫战士比赛放屁，响声不断，笑声不断。毛泽东听见笑声，走出窑洞，立刻被同志们的笑声感染了，也跟着笑，大声问："黑豆好吃吗?"

没等回答，有人响亮地放了一个屁。毛泽东问："这是哪个说'不'呢?"

同志们哄声大笑，毛泽东也大笑起来。笑过，他慢条斯理地说："吃黑豆是个暂时的困难，陕北就是这么大个地方，每年打的粮食只够自己吃。现在敌人来了20多万，又吃又毁，粮食就更困难了。我们要渡过这一关，再过几个月，就不在这里吃了，到敌人那边作客去。"

同志们激动，不知谁又放响一屁，真是可以用"惊雷"一般来形容了，热烈的笑声中毛泽东说："响雷就要变天了，看来胡宗南的末日不远了啰。"

毛泽东用响屁来预示胡宗南的末日，在笑话中调节了气氛。

（参见谭逻松、张其俊编：《毛泽东的幽默故事》，同心出版社1993年版）

我这一刀是捅得太重了

转战陕北时，毛泽东与敌人遭遇，前面白龙庙方向枪炮齐鸣，警卫部队与敌人接火了，陡壁悬崖从四面八方将轰隆隆的爆炸声回击出去，气势犹如天崩地裂，确实骇人心胆，机关人马全部汇集到河滩上，焦急地朝河里张望，几十名精壮的战士赤条条地奋战在洪水中，试图用绳索和门板架起一座浮桥。

毛泽东点点头，向刘秘书做了个手势，轻快地说："看来我们能有段时间架电台吧。"

刘秘书望望战斗更加猛烈的山头，没敢多看，马上布置架设电台。也怪，电台架设好，河滩里人们的情绪安定下来，不再坐立不安地团团转，出现了抽烟聊天和顶着雨衣看书的人。

天空又出现了马达的隆隆声，是敌机！"德胜同志，敌机！"警卫排长焦急地催促，"隐蔽一下吧。"

毛泽东没有抬头，只把一根手指朝大雨倾落的天空竖起："它想撞山吗？我看它比你聪明。"接着把指头一顺，指住刘秘书，"拿电报来。"

李银桥不等吩咐，忙展开一张油布，与张天义左右扯开，遮在毛泽东头上。毛泽东对第一份电报看了三遍，大手在膝头不轻不重拍了一下。这是晋冀豫野战军发来的。根据他的命令，刘邓大军6月30日在鲁西南强渡黄河。

周恩来高兴地说："主席，刘邓大军一过黄河，蒋介石就没有安宁的日子了。"

毛泽东停住笔，不再翻阅电报，抬头凝视远方，像对弈时打量穷途末路的对象，煞有介事地说："老朋友啊老朋友，我这一刀是捅得太重了，你想怎么办？你还能怎么办？我真有点对不住你哟！"讽刺蒋介石愚蠢无能。

（参见谭逻松、张其俊编：《毛泽东的幽默故事》，同心出版社 1993 年版）

我们的队伍太多了

转战陕北时，胡宗南部队利用电台测向仪，能较为准确地判断出我军的运动方向和所处位置，而对我军穷追不舍，常常是我军前头走，敌军后脚跟上。因而只有当敌军停止追击安营扎寨后，我军才能休息。

一天深夜，天下着蒙蒙细雨。毛泽东所率领的昆仑纵队来到了一个叫田次湾的小村庄。一下子涌进来这么多人，田次湾的地方负责人赶紧为中央首长和战士们安排住房。

毛泽东和十几个战士一起被安排到一间不太大的窑洞睡。说是不太大，的确真不大，这十几个人站进去，就好像要把这个窑洞填满似的。大家有的睡炕上，有的只好躺在地板上。毛泽东被战士们硬拉到了炕上，和几个战士一起挤着睡。可真是够挤的，晚上他们翻身之前都要先与旁边的人打个招呼，以免将别人挤下炕去。

第二天一大早，毛泽东和战士们就起床了，正遇上房东大嫂走了进来。她看到这么多的战士或站或坐在窑洞里，就料定他们昨晚上必定是挤了一宿，没能休息好。她怀着歉意，不安地对毛泽东说："这窑洞太小了，地方太小了，对不住首长了！"

毛泽东依照着房东大嫂说话的速度、口吻、神态和道："我们队伍太多了，人马太多了，对不住大嫂了！"

顿时，窑洞里"哄"的一声，大嫂和战士们全都大笑起来。

毛泽东利用谐音的回话，别有一番风趣。

（参见谭逻松、张其俊编：《毛泽东的幽默故事》，同心出版社 1993 年版）

你的名字叫程（沉）默

1947 年春天，党中央和毛泽东作出主动撤离延安的决策后，电影团的同志们跟随毛泽东撤出了延安。在撤离延安和转战陕北期间，他们拍下了很多毛泽东、周恩来、任弼时等老一辈无产阶级革命家伟大革命实践活动的珍贵历史资料。而毛泽东总是非常谦虚，不肯让大家多拍他的镜头。

部队到达朱官寨时，徐肖冰等几次要拍毛泽东办公镜头，毛泽东都摆摆手说："不要拍我了，多拍一些战士和群众的镜头不是更好吗！"

徐肖冰没法，拖来周恩来说情。毛泽东才勉强答应："那就拍一点，不要拍得太多，把胶片留给战士们。"

在杨家园子的一天，毛泽东正在窑洞聚精会神地看地图，电影团的同志看到是个好机会，想拍摄又怕毛泽东不同意，就悄悄躲在窗外偷拍。

毛泽东听到窗外一阵"沙沙"声，走出窑洞，看到是程默在拍摄，笑着说："你们在干什么？想搞偷袭呀？"

大家一见毛泽东走了出来，就笑着埋怨别人手脚太重，让一次好端端的偷拍绝场了。

毛泽东风趣地对程默说：

"你的名字叫程（沉）默，可是电影机一响起来就不沉默了哟。"

（参见谭逻松、张其俊编：《毛泽东的幽默故事》，同心出版社 1993 年版）

葭芦河边施"走计"

毛泽东转战陕北中最惊险的一幕,莫过于1947年8月的一天在葭芦河边施"走计"了。

跟着毛泽东转而又连续扑空的刘戡,率7个旅,依旧紧追我中央机关的几百人。暴雨中,毛泽东、周恩来、任弼时来到曹庄,敌人便从北路、南路、西路包围过来。这里距东面的黄河只有十几里路,弼时说:"看来只有向东走了。毛主席严肃地说:"我有言在先,决不过黄河!"周恩来说:"前面就是葭芦河,过了这条河就有周旋的余地了。"

雨夜,毛泽东一行来到了水急浪高的葭芦河边,先安排试渡,这时,侦察兵飞马报告:"敌人已到曹庄!"试渡的十几名水性好的战士连人带羊皮筏转眼失踪,过葭芦河办不到了。敌人逼近,出现在后面的山头上,枪声不断,几名战士牺牲在飞弹下,已到了十万火急的关头。

毛泽东轻声说:"给我拿支烟来!"马夫侯登科递过装烟的小油布包。毛泽东吸着烟静静地站着。猛地,毛泽东再次作出惊人之举。他扔掉烟头,说:"决不过黄河,放心跟我走,老子不怕邪!"毛泽东迈开大步,沿河堤大踏步地向西北方走去,周恩来走在毛主席左侧,身后跟着几百人……

刘戡众多的人马竟被这军事上从无有过的壮举吓呆了:敌人的枪声停了,只是呆呆地看着毛泽东一行在河堤上走了300多米,不敢轻举妄动。待毛泽东爬上山岗,走远了,敌人仍不敢追,只是连放冷枪。胡宗南的计划又落空了。

在转战陕北的过程中,胡宗南部队有好几次几乎追上毛泽东。每次都在毛泽东的大智大勇面前,不敢再往前逼进……

后来,毛泽东与任弼时谈起无可奈何地在葭芦河边上施"走计"一事,

93

毛泽东轻松地笑着说："当时要过河的话，不被打死也会被淹死；要逃退的话，是跑不赢子弹的，当然也就只有大摇大摆地走这一计！"谁知这一走竟吓得敌人不敢追赶了。

（参见王佰福主编：《毛泽东轶事大观》，山东人民出版社 1997 年版）

"写上毛泽东由此上山"

1947 年，毛泽东率中央机关几百人转战陕北期间，发生过三四次奇迹：敌人几万追兵追得狂，枪炮打得凶。但追上了，看见了，又忽然枪炮齐停，变哑了，甚至敌人绕开走。在这只距几百米远的情况下，万一敌人追击，或乱枪齐射，都会造成震撼历史和世界的严重后果，给中国革命带来极大损失。

1947 年 8 月 18 日，刘戡的七个旅追我们中央机关的几百人，一直把我们的中央机关追到黄河边上。敌人的枪声不断，但毛泽东却镇定自若，不予理睬，坐下来休息，还唱了几句京剧《空城计》。休息后，中央机关跟着毛泽东朝白龙庙的山上走时，任弼时吩咐刘参谋："让后面部队把上山的痕迹擦掉！"毛泽东回身说："擦什么？就在这里竖块牌子，写上毛泽东由此上山。"同志们劝："还是擦掉吧，敌人跟脚就会追来。"毛泽东厉声道："怕什么？给我竖！我看他到底有多大本事！"走了一段路，山下响了几枪，毛泽东立住脚问："是敌人来了吗？"又索性坐在一块石头上休息。自言自语地说："好吧，我等着，我倒要看看刘戡是个什么鬼样子！"直到侦察员上来报告："是对岸民兵打枪，误会搞清了。"毛泽东这才站起身说："没有事？没有事咱们再走！"来到半山腰，进入一个七八十户人家的小村子。村里有个白龙庙，是供群众烧香祈雨的。毛泽东来到这里,下起了大雨,一夜没停。毛泽东在山上睡了一夜,时而发出甜蜜的鼾声。

就在毛泽东夜宿山上时,刘戡的几万追兵在山下不远处扎营,篝火望不到头。真是敌军围困万千重,我自巍然不动。

（参见王佰福主编:《毛泽东轶事大观》,山东人民出版社 1997 年版）

毛泽东斟酒

1947 年 3 月 22 日毛主席为中共中央起草了一份《关于情况的通报》文稿。机要秘书李智盛回忆:

1947 年 3 月 22 日下午 3 时许,毛主席把我叫到他的办公室,一页一页地告诉我他修改过的那些地方,应该怎样抄写。我拿着稿子迅即回到自己的办公室,正在铺纸要开始抄写的时候,我的直接领导,即毛主席的秘书叶子龙通知我,明天就要离开陕北杨家沟东渡黄河了,西北局和西北野战军的几位主要领导来给毛主席等中央领导同志送行,晚上的宴席我也可以参加。

当我把文稿抄到剩下最后一段的时候,丁农同志（任弼时的秘书）敲我的门了,叫我快些起来,宴席快要开始,只等主席了。我说,马上就去。我把文稿的最后一段抄完后,没有校对,急忙走到餐厅。我推开门一看,在一个两间大的平房里,共摆了三桌,东南角一桌,以任弼时为主,还有西北野战军的张宗逊、王震等几位负责同志以及随中央前委工作的陆定一、胡乔木等几位负责同志,西南角一桌是江青、叶子龙、刘长明、吕诚华等同志。毫无疑问,我的位子应该是在叶子龙、江青为主的这张桌子上的。我正准备迈步向这一桌走的时候，江青指着我说："小李，这桌已坐满了，你就坐在你眼前那个位子上吧。"江青这样说了，我才将目光转到眼前的这一桌上，我首先看到的是坐在我对面的满头银发的林老林伯渠。然后从右到左，坐的是周恩来、习仲勋，我的右手边就是毛主席。当时我既激动兴奋，又拘谨自然。

事后有人对我说，当时我坐在那里，完全像一尊泥胎、木偶，呆若木鸡，十分可笑。毛主席看出来我很不自然，边拿起酒壶边说："宴席开始，好，我来给大家斟酒。就先给这个年轻人满上吧。"当酒斟到满杯四分之一位置的时候，毛主席停下来，看着我，我也看着他。他看我时没有说话，我看他时他也没有说话，他又看看我，我也又看看他。这时我仍没有说话，而且连个谢谢的动作也没有。就在两个人相对的时刻，毛主席说话了，他说："看来你们年轻人的酒量很大哟，好，给你斟得满满的。"眼看着酒满得溢出了酒杯，毛主席才依次给习仲勋、周恩来、林伯渠等满上酒，最后再给自己满上。此时，毛主席把酒杯举起，面向三个桌子的人，十分高兴地说："在这全国形势大好的时候，我和恩来同志、弼时同志以及其他部分同志，明天就要胜利离开陕北这块根据地了。今天我们喝的是走向全国胜利的酒。好，我们干杯！"我看到毛主席和大家举起酒杯干杯，我也干杯，接着大家边吃菜边听毛主席精彩的讲话。他谈话的基本内容，也就是我刚刚抄完的那份文稿的内容。当然还有一些讽刺、奚落、挖苦蒋介石、胡宗南在陕北战场如何指挥愚蠢，如何吃败仗的话。他说："我们主动撤离延安，把一座空城让给蒋介石、胡宗南。我以为他们进驻延安后暂时就不会、也不敢向延安以北进军了。哪个想到他们继续北上清河、绥德，如此愚蠢，把乌龟头伸得长长的，那我就把他的乌龟头斩断！"

毛主席谈话告一段落时，他又开始第二轮斟酒。他发现其他人的酒杯里还有酒，唯独我的酒杯里空空的，这时他把话题又转到我的身上。他提着酒壶说："看，别人的酒杯里还有酒，就是你的酒杯里是干的，事实证明，你的酒量真的大哟！再满上。"毛主席依次又把大家的酒杯满上。他坐定后说："再干杯！"这时我想，原来干杯并不是真的把酒杯里的酒喝光，我本来就不会喝酒，更谈不上酒量大，所以我打定主意，第二杯酒决不喝干，结果因为我的注意力完全被毛主席的幽默和精辟的谈话以及他那潇洒豁达的动作吸引，第二杯酒到嘴边后就又下肚了。更可笑的是第三杯酒我也一饮而尽。三杯酒进到我肚里后，脸红了，头也晕了，我可害怕毛主席再说干杯了。在这个时候，毛主席以关怀而又亲切的口吻，问我是什么地方的人，叫什么名字。我说是陕北神木县人，叫李智盛。毛主席听到我的名字后朗声大笑，说："啊！原来你是我的弟弟，我是你的哥哥呀。李德胜，李智盛，不是兄弟吗？"毛主席的话，把三个桌子的人都逗笑了。宴席在欢快声中达到了高潮。

（参见王震宇主编：《在毛泽东身边》，人民出版社 2009 年版）

笑解"蜘蛛迷"

1947 年年初蒋介石命令胡宗南所属部队进犯延安。毛泽东和中央机关转战陕北，于 4 月 13 日来到安塞县王家湾。毛泽东住在老贫农薛儒宪家的土窑。

5 月的一天中午，天上乌云滚滚，电闪雷鸣，可就是不见雨点。一会儿，只听见毛泽东的警卫员猛地惊叫一声："妈呀好大的蜘蛛！"大家奔进去一看，毛泽东正坐在前窗炕上看书，后窑掌的土崖上爬着一只大蜘蛛，有拳头那么大，浑身灰褐色的，跑来跑去忙着织网。

在场的人无不感到奇怪：毛泽东住的窑洞几乎是一天清扫一次，非常干净，哪来这东西。况且已织成网？警卫员拿了铁锹、木棍，要往死里打。正巧庄里有个上了年纪的老头，识几个字，爱看古书，又很迷信。他听说后，连忙奔过来劝说："快不要打，这是神物。你们这伙公家人，有一个人将来要当皇帝。这是老天显灵，暗示哩！"几位首长都笑了。这时毛泽东站了起来，说："这蜘蛛不是神物，它没有暗示我们这伙人里谁要当皇帝。几千年的封建社会已经结束，再不会出现皇帝。我看，它给了我们很大的启示。整个西北战场就像这个蜘蛛的网，我们共产党人和人民解放军就是个织网的蜘蛛，人民群众就是蜘蛛织起的这张网。胡宗南的匪兵被网住了，就跑不掉，像苍蝇粘在蜘蛛网上一样。咱共产党领导的解放军，会轻而易举地把他们吃掉的。如果说它有预示的话，就是预示人民解放战争一定会胜利。"大家听了，都是心服口服，舒心地笑了。

"这是吉祥的动物，送走它就对了。"毛泽东温和而风趣地说。警卫员们把蜘蛛从网上拿下，恭恭敬敬送到屋外沟里去了。

（参见蓝立青：《毛泽东笑解"蜘蛛迷"》）

豪情逸致嘲司马

1947 年 5 月，陕北的气候开始转暖，但一早一晚还是有不小的寒意。

撤出延安后的三战三捷，令跟在毛泽东身边的这些人心情较转战开始时振奋多了。

5 月 12 日，晋南战场传来捷报。

接到陈赓和王新亭发来的电报，毛泽东和周恩来、任弼时一起离开窑洞，兴致勃勃地招呼了好几个人，一起到不远处的一座土山坡上去"透透空气"。

走在山坡上，李银桥紧紧跟在周恩来的身后，听毛泽东情不自禁地唱出了几句京剧："我正在城楼观山景，耳听得城外乱纷纷；旌旗招展空翻影，原来是司马发来的兵。我也曾差人去打听，打听得司马领兵就往西行……"

听着毛泽东那充满湖南乡音的京剧唱腔，周恩来笑了："主席，我们面前的'司马'现在可不是往西行呦!"

毛泽东止住了唱,风趣地说:"刘戡?他不配当司马懿!"

任弼时在一旁说:"我们面前的司马懿是胡宗南、蒋介石。"

毛泽东边走边说:"蒋介石和胡宗南都不是我们的对手,我们面前没有司马懿,只有司马师呦!"

"哈哈哈……"周恩来大笑,"主席说得对,胡宗南只配当司马师!"

李银桥有些纳闷,悄悄问周恩来:"胡宗南什么时候变成'死马尸'了?"

周恩来一时没听明白,沉静片刻才恍然大悟了李银桥的问话,不禁又笑起来:"你说得对,死马一匹——胡宗南就要变成死马尸了!"

毛泽东和任弼时听了周恩来对李银桥的解释,也禁不住一同仰天大笑不止……

5月16日,毛泽东在王家湾又收到了陈毅、粟裕从鲁南发来的电报:

在沂蒙山区的孟良崮全歼了蒋介石的这支"王牌"军32000余人,击毙中将师长张灵甫。

高兴!这期间,没有什么事情能比得上捷报频传更令毛泽东高兴的了!

他用刘戡不配当司马懿来评价胡宗南的军队只配当司马师。借谐音"死马尸"嘲讽胡宗南的无能可笑。

(参见孙宝义、刘春增、邹桂兰编著:《毛泽东品三国用三国》,国际文化出版公司 2011 年版)

"可别砸了烧火"

1947 年夏天,为摆脱胡宗南的三面进攻,毛泽东率中央机关转移到陕北靖边县王家湾,住在一个老赤卫队员薛老汉的窑洞里。薛老汉日夜想念毛

99

主席，可他并不知道经常与自己亲切聊天的首长"李得胜"就是毛主席。

真武洞祝捷大会后，周恩来回到王家湾。正好，遇上毛泽东、任弼时、陆定一几个人在院里的小棚子乘凉，周恩来讲了真武洞大会的盛况，大家都很高兴。毛泽东兴奋地说："蟠龙大捷，不但拔了他的据点，还给他开了个几万人的群众大会，看胡宗南怎么向他的委员长交代！"

一句话把大家都逗乐了。

几位首长说了会儿话，陆定一打开了他的干电池收音机。陕北新华广播电台，此时正好在播送蟠龙大捷、真武洞祝捷大会的消息和评论。女播音员感情洋溢，讲到蒋介石背信弃义、发动内战时，严词痛斥，慷慨激昂；讲到真武洞万民欢腾，庆祝胜利的时候，又是那样热情奔放，令人鼓舞。

毛泽东显然被播音员充满情感的播音感染了，兴奋地站起来踱了几步，靠在门口仔细地听，神情是那样专注、认真。陆定一见状把音量又放大了一些，播音员激越的声音，立刻响遍了整个院子。广播结束后，毛泽东十分赞赏地说："这个女同志好厉害！骂起敌人来真是义正辞严，讲到我们的胜利也很能鼓舞人心，真是爱憎分明。这样的播音员要多培养几个！"

正说着，房东薛老汉光着膀子笑嘻嘻地走过来，毛泽东招呼他坐下。老汉从来没见过收音机，非常惊奇，左看右看了半晌，奇怪地问："这是啥东西？里头有人？"

警卫人员们哄然大笑。

毛泽东说："你们不要笑。谁要知道其中的原理，给老人家讲一讲嘛！"

大伙儿一下子被"将"住了。

毛泽东递给薛老汉一支烟，随后，就像聊天似地讲起收音机是怎么一回事。他从山谷的回声，讲到空气的震动，又归结到电波的各种原理……薛老汉惊叹地说："哎呀！这小匣匣学问大哩。今天我算开了眼，长了见识。要是你们不住这儿，我一辈子也见不着这物件，就是在路上拾了回来，兴许叫我砸了烧火哩！"

老汉的话使大伙忍俊不禁。毛泽东也给逗笑了，说："你以后捡了这个东西，可别砸了烧火哟！"

"不烧了，不烧了！留着还要听毛主席讲话呢！"薛老汉说到这里，神秘地凑到毛泽东耳边，小声地说："你知道吗？毛主席还在咱陕北哩，胡匪军待不长的!"

毛泽东颇有意味地和周恩来交换了一下眼色,两人都微笑不语。大家伙想笑却没有敢笑出声来。

（参见陈四长、郭洛夫:《艰难的转战》,军事科学出版社1995年版）

"大娃娃"与"小爸爸"

在毛泽东的儿女中,他最疼爱、最着意培养、寄予厚望的有两个,一个是长子毛岸英,一个是次女李讷。李讷是毛泽东与江青所生,出生于1940年,那是毛泽东与江青结婚后两年,当时他47岁,她也26岁了。1947年3月,撤出延安后,毛泽东留在陕北,江青也留下了,李讷随中央后委机关到黄河东岸去了。1947年底,陕北战场形势已根本好转,江青去黄河东岸把李讷接了回来。

"娃娃,我的大娃娃,乖娃娃,爸爸可想坏你了!"毛泽东一见李讷,便喊起来,也不顾身边还有工作人员在场,也不顾身份不身份,上去从江青膝下抱起李讷,举到空中,颠一颠,又落下来,搂在怀里,拍打着后背,在小脸上亲一下,嘴里不停地说:"大娃娃!乖娃娃!""小爸爸,乖爸爸,我也想你呢!"李讷搂着父亲的脖子,拍打着毛泽东的后颈,撒起娇来。负责照顾李讷的阿姨在一旁制止她:"李讷,不能对爸爸这样。对主席要讲礼貌。"毛泽东不以为然,哈哈大笑,很开心地说:"大娃娃就是大娃娃,小爸爸就是小爸爸。我们家里的主席是大娃娃,不是小爸爸。"他又转向怀里的李讷:"大娃娃,你哪儿想爸爸了?"李讷指着脑门:"这儿想。""还有哪儿想?""这儿想。"小手按在心口窝上。"还有哪儿想?""嗯……这儿想。""脸蛋怎么会想?""想叫爸爸亲我。""哈哈哈!"毛泽东开怀大笑,在"大娃娃"的脸上甜甜地连亲了几下。

(参见高凯、于玲主编:《毛泽东大观》,中国
人民大学出版社 1993 年版)

高丽参不能只补自己哟

这天上午,毛泽东在贺龙、陆定一的陪同下,来到了晋绥军区司令部的接待室。他要在这里接见《晋绥日报》的编辑人员。

毛泽东兴致勃勃,一见到报社的编辑人员,便高兴地向大家说:"办报,你们是先生,我只是一个读报的学生,今天,是学生来拜先生的。"

于是,毛泽东说笑着同编辑人员一一握着手,并询问每一个人的姓名。当听到一个姓阮的同志时,毛泽东风趣地说:"啊,今天遇到了梁山泊的阮氏英雄,你是阮老几啊?"当听到一个叫水江的名字时,他幽默地说开了:"那你可不缺水喽。怪不得你们的报纸办得这么好,原来有你这个高水平。"而后,握住了一个叫高丽生的编辑的手,毛泽东诙谐地笑了:"高丽参?哈哈,是朝鲜人,还是朝鲜产的高级补品,你可要给读者多补一补,不要只补自己哟。"接待室里笑声阵阵。

在这里,毛泽东发表了《对晋绥日报编辑人员的谈话》。

毛泽东幽默的谈话,给大家留下了久久的回声。

(参见谭逻松、张其俊编:《毛泽东的幽默
故事》,同心出版社 1993 年版)

城南庄遇险

1948 年的春天好像来得特别早。到 5 月初的时候，大地已经换上了春装。杨柳枝头的新绿已经不再是刚刚返青时的鹅黄。那天的天气很好，蔚蓝的天空没有一丝浮云。没有风，也没有露水。勤劳的庄稼人赶着牲口、迎着朝日，甚至唱着小调往田里走……

忽然，天空出现了两架飞机，一下子破坏了这里和平、宁静的气氛。

飞机呼啸着朝城南庄扑来，在村庄上空兜了两个圈子便飞走了。正在山路上行走的几只毛驴惊慌地在路上狂奔。

这时候，毛泽东刚睡下不久，还在梦乡。飞机的轰鸣和机枪扫射的声音，他都没有听见，他依然睡得很沉。

毛泽东是在 4 月中旬来城南庄的，虽然他身体不大好，乘坐一辆中吉普颠簸到这里，但他一到便开始了紧张的工作：

听华北的同志汇报土地改革情况，同他们一起研究有关政策问题；思考人民解放战争的进程，运筹统一战线的方针，起草召开全国政治协商会议的通知等。他不顾身体虚弱，依旧坚持通宵工作。人们看到他屋内的灯光都是在天将破晓时才熄灭。

敌机前来侦察时，聂荣臻司令员正在吃早饭。飞机的声音使他十分警惕，因为毛泽东主席住在这里，他必须对毛主席的安全负责。

这时司令部也向聂总报告了飞机来侦察的情况。他丢下饭碗，直奔主席住的北房。

江青没有睡觉，她尖着嗓子问："怎么回事？"

聂荣臻同志顾不上回答她，进了主席的寝室。毛泽东身穿蓝条毛巾睡衣，躺在床上。

"主席，刚才敌机来侦察过，很可能会来轰炸，请你赶快进防空洞去!"

毛泽东坐起来，若无其事地问:"是吗?"

跟聂荣臻进来的人都说:"情况紧急，这里太危险了!"

毛泽东穿上鞋，很幽默地说:"不要紧，没什么了不起，无非是投下一点钢铁，正好打几把锄头开荒。"

参谋长赵尔陆也进来了。他见毛泽东不肯离开，还说玩笑话，更是着急。他说:"主席，敌人的飞机来了，快走!"

毛泽东还是不肯走，他好像觉得没那么可怕。

"主席，飞机过来了!"

"不能再等了!"

这时，飞机的轰轰声已经传来。聂荣臻急令警卫人员取来一副担架。

毛泽东却不肯上。聂荣臻急了，他对毛泽东说:"你必须立刻离开这里，我要对你的安全负责。"

据在聂荣臻身边工作过多年的同志回忆，他们很少看到聂帅发脾气。

这次，他是真的急了，脸红脖子粗，额头的青筋突突直跳。

聂荣臻给赵尔陆使个眼色，两人把毛泽东扶上担架，抬起就走。警卫人员赶快接过担架往房后的防空洞跑。

抬毛泽东的担架刚刚拐过厕所，快到防空洞口时，敌机开始俯冲。他们一进防空洞，敌机就投下炸弹。毛泽东、聂荣臻住的小院里腾起一片烟尘。

"好险! 好险!"

人们连声说。

这件事情，说起来很后怕。当聂荣臻等回到小院里，看到院里、屋里的情景之后，顿时惊呆了。一枚炸弹落在小院的东南方向，炸弹一头扎进了土里，尾翼留在外面——这是一颗没炸的弹。而另一颗炸了的弹，偏偏炸到了毛泽东住的那两间房子。门窗上的玻璃全部打碎，飞进去的弹片把放在桌上的暖水瓶打爆了，水流了一桌一地。放在外屋里的一些鸡蛋，也被崩碎了，蛋黄蛋清溅满了墙……

人们不约而同地重复着两个字:"好险!"

人们惊魂未定，毛泽东却好像无所谓。他甚至到那颗未炸的弹前面，蹲下来研究露在外面的尾翼。

"这东西蛮有意思,打锄头一定很好用。"

他还在说风趣话。

这就是毛泽东。

聂荣臻见了,赶忙跑过去把他拉走。谁知道这颗炸弹是不是定时的,说不定哪会儿突然爆炸了。

毛泽东很不以为然,仍旧回头看着那颗炸弹,对他的将领们说:"没关系的!"

聂荣臻对身边的秘书说:"赶快叫工兵把炸弹给弄走!"毛泽东临危不惧,还在开玩笑。

(参见董保存:《走进怀仁堂》下卷,中共党史出版社 2005 年版)

"菩萨"与"龙王"

1948 年 3 月下旬,中央一行东渡黄河后,经临县、兴县、宁武,出雁门关南下,再经代县、繁峙县,于 4 月 7 日到达五台山北麓的坝强村,遇大雪,暂停前进。

在这里,毛泽东写了《再克洛阳后给洛阳前线指挥部的电报》等文件。

天气略有好转,毛泽东决定于 4 月 11 日由坝强村起程,强行通过五台山。但是上山后不久,气候骤变,下起鹅毛大雪,道路、山沟、山坡全被覆盖,道路无法辨认,毛泽东只好下车步行。过了五台山主峰,到了台怀镇,决定休息,住进中台山的寺院前院。

次日,毛泽东用一整天时间到各处看看。

在寺院的贮藏室,毛泽东看见许多经卷和各种贡品,他叮嘱当地干部要好好保护这些文物，不可丢失。

到了一座大庙，毛泽东看见中间一尊菩萨胸前被挖了一个大洞，问当地干部："这是怎么回事？"

当地干部回答说："这是土改时翻身农民同寺庙清算，听人说神像胸膛里藏有黄金，就挖开找金子。"

毛泽东听后幽默地说："原来是菩萨得了心脏病，群众来给它施行手术医疗的。你们要把它好好保护起来，原封不动，以便对日后来参观的群众作解释，说它害了什么病，为什么给它施行手术。"

毛泽东来到了台怀附近的一座龙王庙前，只见庙内灯火辉煌，香烟缭绕，比起别处颇为萧条的庙宇来，似乎显得隆盛。

毛泽东问庙里的住持："这座庙宇遭到过破坏么？"

回答说："没有！不仅没有破坏，农民还派来专人护庙，秋毫无犯。"

毛泽东笑着对大家说："你们看，从这里应得到的结论是多么明显！群众对山上的菩萨和山下的这位龙王的态度是多么的不同。山上的那位菩萨同农民群众的利益距离太远了，而龙王管着天雨，对农民的关系太密切了。群众就是这样认为，这样对待问题的。"

毛泽东用这样的事例来说明群众利益的重要性。

（参见许祖范、姚佩莲、胡东编著：《毛泽东幽默趣谈》，中共党史出版社 2013 年版）

给蒋介石留个肥缺当运输大队长

1928 年 5 月初，蒋介石命江西省主席，原北伐军第三军军长朱培德，进攻井冈山剿灭"朱毛赤匪"，再令雄居两湖的原北伐军第八军军长唐生智派兵会剿。

朱德接到情报，急匆匆来找毛泽东商议退兵之策。当时，毛泽东正和警卫员龙开富在草地上晒报纸。毛泽东被一张展开的报纸吸引住了，趴着看得正入迷哩，连朱德走到了身边也没有发觉。朱德俯下身，一条消息映入眼帘："国民革命军第一集团军攻克台儿庄……"

"呵，老蒋倒还真有两下子嘛。"朱德的四川口音，和陈毅一样，一点儿也改不了。

毛泽东仰起头，扭着脸望朱德一眼，说："他不就是这两下子吗？第三下第四下就不灵喽！你想想，如今蒋、桂、冯、阎共同对付张作霖，下一步北伐成功，还不又要狗咬狗？到时内战爆发，你就等着看热闹吧！"

"嘿，如今倒想咬到我们脚脖子上来了。"

朱德笑着说："看来不给他当头一棒是不行喽。"接着就把朱培德、唐生智进攻井冈山的情报转告给毛泽东。

"唔，来的正好，"毛泽东拢拢乱蓬蓬的长发说："我们正要弄一批枪呢，蒋介石倒还真不错，又给我们送武器来了。将来革命成功了，一定留个肥缺，让他当运输大队长。"

1948年5月的一天，毛泽东住在花山村时，李银桥、阎长林等随毛主席爬山聊天。

当李银桥谈到"到苏联可以让斯大林多援助我们一些武器，早点打倒蒋介石，建立新中国"时，毛主席哈哈地笑着说："叫斯大林援助武器就不如叫美国多援助蒋介石了，蒋介石是我们的运输大队长，给我们送武器不要收条，也不要钱，那多好呀。"

大家听了毛主席这句话，都开心地笑了。

蒋介石确实是运输大队长。在国内战争和解放战争中，蒋介石无偿地提供给人民军队大量的武器弹药，成为毛泽东所说的不要收条的运输大队长。

（参见王伯福主编：《毛泽东轶事大观》，山东人民出版社1997年版）

五台山上讲佛道

  1948 年 7 月 9 日，毛泽东一行登上中国四大佛教名山之一——五台山。毛泽东在塔院寺，翻阅一本经书。方丈惊问："怎么，贵人也读经书?"

  毛泽东详细询问了五台山寺庙的建筑史，对任弼时感叹道："古人的灿烂文化，都是和宗教紧密相连哟!"

  参观大殿里的弥勒佛时，进殿的毛泽东端详着弥勒佛的慈笑憨态，打趣道："胖师傅，久违了……"引得众人哈哈大笑。

  刚从殿外进来的任弼时，见众人大笑，说道："笑么子哟! 莫非要和弥勒佛比个高低!"

  毛泽东面对方丈道："讲得好! 等革命成功那一天，老师傅可给我们公证，看谁笑得最好，笑得最响。"

  方丈垂头念佛："阿弥陀佛……出家人不敢嬉笑佛爷，罪过罪过。"

  毛泽东赶忙表示道歉："噢，是我们的不是了。方丈若能明白我们说革命成功是什么意思，恐怕就不见怪了。"毛泽东不无感慨地说："所谓革命成功之日，便是消灭剥削，消灭压迫，天下老百姓耕者有其田，万民乐业安居时。"

  任弼时插话："用佛教的话说，就是人无贵贱，众生平等，行善慈悲，福极无涯的境界。"

  毛泽东反问方丈："弥勒佛的像义不就是如此吗?"

  方丈点头："贵人所言即是，但愿此话弥勒佛爷知晓，谢罪!"

  毛泽东笑道："信仰自由嘛。你们可以信佛教，我们信马列主义，你们讲修行，我们讲革命，讲造反，用枪杆子推翻旧世界，创造一个新世界。"

  毛泽东边说边走上钟楼，细细品读着巨钟铸刻的经文时，时而抬头对周恩来说："佛教文化传入中国近两千年，它和儒、道学说相融，成为了中华民族灿烂的文化遗产，我们要加以保护和研究。"

周恩来点头："是啊，历史是不断向前发展的。今人成就是在历史的基础上取得的。我们信仰马列主义，也是在历史发展的过程中逐渐形成的。"

毛泽东又说："几千年来，佛教在哲学、建筑、美术、音乐上取得的成就是不可忽视的，这是全人类也是中华民族文明和灿烂文化的重要部分。"

毛泽东以手虚指任弼时，请任弼时发表意见。任弼时笑道："佛学的教义从根本上讲，也是一种献身于拯救民众的精神。佛教的创始人释迦牟尼就是看到人世间百姓遭受生离死别、病患贫困、自然灾害的痛苦，才下决心抛弃荣华富贵、儿女情长，献身于佛教事业，舍生取义嘛！"

任弼时的话引得毛泽东一阵情绪激昂，随口而出："好呀！共产党就是信仰马列主义这个'佛'，高举无产阶级革命的旗帜，拯救天下穷人脱离苦海，团结起来闹革命，求解放，当家作主人。"

方丈和小沙弥神情专注地听几位讲佛论禅，深感精深博大，一时难以找到适当的词句对答，慌忙说道："岂敢！岂敢！施主真人，大义参天，老衲受教匪浅。"

毛泽东回视周、任二人，目光转向方丈自谦道："长老谬赞了，我们共产党从献身精神上来讲，与佛教有相同之处，但本质不同，最大的区别便是共产主义讲现实，向一切不合理的封建剥削制度发动革命，推翻蒋家王朝，让天下穷人都过上实实在在的美满幸福生活。来世如何？空怀一种美好的信念，不去斗争。一切子虚乌有。"这时，任弼时又插话："还有佛门戒条颇多，第一戒'杀'，共产党可不守佛戒，当然这不是我们好战，是为了长久的和平，为了人民的幸福，不得不打败日寇，打败国民党军队，取得民族彻底解放的胜利。"毛泽东问方丈："你看，我们能胜利吗？"方丈回答："能！一定能！天遂人愿嘛。"

毛泽东一乐，两掌合拍道："好！好一个天遂人愿。"

1955 年 3 月，毛泽东同达赖喇嘛谈话时说："我们再把眼光放大，要把中国、把世界搞好。佛教教义就是这个思想。佛教的创始人释迦牟尼主张普度众生，是代表当时印度受压迫的人讲话。为了免除众生的痛苦，他不当王子，出家创立佛教，因此，信佛教的人和我们共产党合作，在为众生即人民群众解除压迫的痛苦这一点上是共同的。"

毛泽东还在"八大"会议上说过:"我曾经问过身边一些同志几个问题,我们住在哪里? 在天上还是在地上? 同志们说是在地上,我说是在天上。我们看到的星球是在天上,别的星球说我们是在天上。我说我们既在天上又在地上。又问:中国人信神仙,我们能不能算神仙? 回答说不算,我说不对。我们既住在天上可以叫神仙,也可能是唯一的神仙。我还问过同志们,中国人算不算洋人? 大家说不算,外国鬼子才算洋人,我说不对。我们看外国人是洋人,我看外国人看我们也叫洋人。"一下子把人与神,地球与星球拉近了距离,辩证的思维得到了升华。使人们的视线扩展了,由地球一下子伸展到太空。

(参见王兴国:《毛泽东与佛教》,中共党史
出版社 2009 年版)

又是宝又是金

1948 年张宝金调到中央警卫营,10 月 14 日,他第一次到毛泽东屋里去送茶,心情很紧张,因此放茶缸时响声大了点。

毛泽东的视线从报纸上移向张宝金,发现是一个新面孔,就问:

"你是新来这儿工作的吗?"

张宝金点点头说是,毛泽东又问:

"你叫什么名字?"

此时张宝金心跳加快,胆怯的回答:

"我叫张宝金。"

"怎么写?"

"弓长张,宝贝的宝,金银钢铁的金。"

这时，毛泽东爽朗地笑道：

"嗷，这个名字真好，又是宝，又是金，这样我们就一定能打败蒋介石，因为我们有了宝贝，有了金子，不愁没钱用了。"

张宝金一直很紧张的神经逐渐松弛下来。毛泽东进一步关切地问：

"你家是哪里的，在家干什么，为什么要参军？"

"我是山西晋城人，父亲是铁匠，饥荒年饿死在逃荒的路上，我逃荒到沁县给地主放羊，当长工。"

张宝金刚说到这里，毛泽东风趣地笑着说：

"你过去给地主家当长工，现在又来给我当长工，是不是？"

张宝金急了，忙说：

"不是，现在不是长工，现在是打蒋介石，因为共产党领导我们穷人翻了身，分到了房子和土地，但蒋介石领着那帮狗地主又想夺回去，我们不干。我们穷人只有打倒了蒋介石才能过好日子，我就参军了。"

张宝金也不知道这样回答对不对，当时只是将心里话一股脑说出来。

毛泽东一直笑着听他把话说完，"是呀，我们现在就是打蒋介石，打老蒋就是干革命工作，你我都是搞革命工作，只是工作分工不同，你们帮助我工作，我非常感谢。"

（参见孙宝义、邹桂兰、孙吾文、孙月辰：《毛泽东的衍名艺术》，中央文献出版社 2006 年版）

"陪着婆婆妈妈上街赶集划不来"

1948 年，中国人民银行领导小组成立。由董必武、南汉宸、何松亭、石雷组成，董必武任组长。在人行筹建过程中，大家对许多急待办理的关键性事宜认识一致，但对在票面上是否印毛泽东肖像出现了分歧。董必武认为事关重大，便安排工作人员向党中央发电报请示。

电报送到毛泽东手中。主席看了，十分慎重，在办公室里踱来踱去，思考着如何回复的问题。正如不准以伟人名字给街道、工厂、学校等命名一样，主席这次也不同意在票面上印自己的肖像。于是，主席自言自语起来："我南征北战、风风雨雨几十年，如今进城了，还要陪着婆婆妈妈上街赶集，划不来，划不来。"主席的这句幽默话把在场的同志逗笑了。

后来，任弼时同志将毛主席的意见转告给了筹建中国人民银行的同志。这就是原来的人民币上没印伟人像的原因。

（参见王伯福主编：《毛泽东轶事大观》，山东人民出版社 1997 年版）

酒桌上的"方圆"

新中国成立前，苏共政治局委员米高扬到延安访问，毛泽东设宴款待。不料，米高扬看见桌上摆的鱼，皱着眉头问："这鱼是活鱼做的还是死鱼做的？"得知是活鱼，他才动筷子，毛泽东心里有点不快。宴会开始后，米高扬仗着自己酒量大，要和毛泽东较量酒量。论酒量，毛泽东当然比不过米高扬，但面对米高扬高傲的姿态，他又不愿甘拜下风。毛泽东灵机一动，说："中国人有句俗话叫'吃香的，喝辣的'，这个'辣的'就是指白酒，今天咱们喝酒，每喝一杯，就吃一个辣子，谁不行就认输。"米高扬觉得自己一定没有问题，就同意了。于是毛泽东先喝干一杯酒，又吃了一个红辣椒。轮到米高扬，他笑眯眯地喝干了杯中酒，但刚吃一口红辣椒，立刻面红耳赤。毛泽东斟上第二杯，喝干，吃辣椒，很享受。米高扬战战兢兢再喝第二杯酒，没等第二个红辣椒吃完，就开始龇牙咧嘴。毛泽东倒满第三杯酒，米高扬连忙说："不行，不行，这样喝不行。"双方经过协商，改为毛泽东吃一个辣椒，米高扬喝一杯酒，比赛重新开始。结果，那晚米高扬喝得烂醉如泥，毛泽东却吃得有滋有味，最重要的是，既保全了米高扬的面子，又折了他的威风。毛泽东的这一招确实很厉害。

（参见朱晖：《毛泽东酒场显方圆》，《讲述》《新传奇》合订本第 16 期）

争　画

1949 年 1 月 31 日北平和平解放。白石老人收到毛泽东写给他的那封真挚亲切、谦逊有礼、尊老崇文的亲笔信后，感动得热泪盈眶。

为了表达对毛泽东主席的一片崇敬之情，他精心选出了两方名贵的寿山石章料，操起刻刀，精心镌刻了"毛泽东"朱、白两方印章，并用宣纸包好，托诗人艾青呈献给毛泽东。

毛泽东收到白石老人赠送的两方印章后，看了又看，同时发现包印章的是一幅画作，便让秘书田家英将此画保存起来，裱好。于是几天后，便出现了一场"争画"的有趣场面。

酷爱书法艺术的毛泽东收到白石老人赠送的两枚印章，深为喜爱。为了答谢白石老人，毛泽东在中南海设宴，请郭沫若作陪。

入席后，一位伟大领袖、一位文坛巨匠、一位画坛宗师，三人谈诗论画，不亦乐乎。毛泽东端起酒杯，向白石老人敬酒，感谢他赠送印章和国画。白石老人一怔，问道："主席，吾什么时候为您作过画？"

毛泽东听后，笑着对田家英说："把画拿来吧，请齐老亲自验证。"

　　这是一幅国画，上面画着一棵郁郁葱葱的李子树，树上有一群毛绒绒的小鸟，树下有一头憨厚的老牛侧着脑袋望着小鸟出神，颇有意境。白石老人见画后恍然大悟，这是他练笔的"废品"，没注意用来给毛主席包印章了。没料到，毛主席竟然请人用全绫装裱起来，成了一件珍品。

　　白石老人不好意思地说："主席，都怪我疏忽大意，这废作说什么也不能给您，您若喜欢这种笔墨，我回去马上给您画。"

　　"我喜欢的就是这一幅嘛！"毛泽东固执地说。白石老人听罢站起身来，一甩长髯，说："若主席再不允许，我可要抢了！"

　　郭沫若见势忙走过来，用身体挡住画说："这件墨宝是送给郭沫若的，要想带走，应当问我！"随后又解释说："这不，画上还标着我的名字嘛！"

　　白石老人看看画，没发现一个字，便摇摇头，猜不透其中的含意。

　　郭沫若笑了起来，指着画说："齐老，您看这树上画了几只鸟？"

　　"5只。"

　　"树上5只鸟，这不就是我的名字吗？"郭沫若把"上五"两个字的语气说得很重。

　　白石老人手捋长髯大笑起来："好！郭老大号正是'尚武'，您真是诗人的头脑哇！"

　　毛泽东见此笑道："你们快快与我松手，没看见画上标有本人的名字吗？"

　　"您的名字？"郭沫若和白石老人都愣住了。

　　看着两人发愣的样子，毛泽东不禁大笑起来，怡然自得地说："请问，齐老您画的是什么树呀？"

　　"是李子树呗。"

　　"画得茂盛吗？"

　　"茂盛。"

　　"李树画得很茂盛——这不就是敝人的名字吗？"

　　"李得盛"与毛泽东转战陕北时的化名"李得胜"同音，所以毛泽东说此画是白石老人赠给他的。

　　白石老人乐了："如此说来，拙画还小有意思。那么，劳驾二位在卷上赏赐几个字，如何？

二人欣然应允。毛泽东挥笔题书"丹青意造本无法",郭沫若接对"画圣胸中常有诗"。

白石老人得此墨宝,喜出望外:"两位这样夸奖老朽,吾可把它带走啦。"伟大领袖、文坛巨匠斗不过画坛宗师,三人相视,哈哈大笑起来。

（参见罗永常:《毛泽东与白石老人的翰墨情》,
《党史纵横》2008 年第 11 期）

看中旱鸭子当海军司令

1949 年 2 月,毛主席把萧劲光从前线叫到北京来。

毛泽东一见萧劲光走进屋子,便说道:"正等你来哩。路上好走吗?铁路全通了没有?"

萧劲光作了回答,但他急于知道召他进京,所为何来?便急着问道:"主席,叫我来,有什么任务?"

毛泽东笑笑说:"莫急,歇口气,我就跟你讲。"

萧劲光只好沉下来,目不转睛地望着毛泽东。

毛泽东点燃一支烟,悠悠地吐出一口烟团,这才开口说:"中央议过组建空军、组建海军的事情。空军的筹建工作基本就绪,中央决定刘亚楼去当司令员。现在要着手海军的组建,要有个人抓总,我们想让你来当这个海军司令。找你来,一来是先打个招呼;二来是听听你个人有什么意见。"

萧劲光毫无思想准备,直不笼统地说:"主席呀,我是个旱鸭子,下不得水的,根本不懂海军,当么子海军司令哟!"

毛泽东没有作声,等着萧劲光往下说。

萧劲光继续说："主席，我一坐船就晕，天旋地转。不是搞海军的材料。"他想起先后两次去苏联，乘坐海船的滋味，更加着急地说："我去苏联，从上海坐船，晕得一塌糊涂，晕得四肢无力，晕的呀，手脚动弹不得。"接着又盯了一句："当海军，搞不来！"

毛泽东笑着说："曾经沧海难为水哟！不要'谈虎色变'。告诉你说吧，就是看中你这个旱鸭子。叫你去组织指挥，又不是叫你一天到晚坐船出海。"

萧劲光变得认真起来，仔细听毛泽东讲话了。

毛泽东说："过去，我们在陆地上打仗，主要钻山沟，开动两只脚板。今天，没有空军不行，没有海军不行，都要建设起来，靠什么，还是靠我们的传统。但是还不够，还要向苏联学习，争取苏联援助。你和刘亚楼懂得我军传统，又都在苏联学习过，懂得俄语，有这个方便条件。我看你们两个是合适的。"

萧劲光认真地听着。

毛泽东继续说："蒋介石在大陆存身不住，往台湾跑。解放台湾，跨海作战，没有海军不行。帝国主义也不会甘心，我们准备它从海上来，封锁我们，甚至在沿海登陆，占领我们几个城市。现在这种可能性比较小了，但是，还是应该有备无患。这需要海军。建设一支海军是一个长期的任务，要有个统筹规划。"

萧劲光点头称是。

毛泽东说："从鸦片战争算起，一百来年，所有侵略都从海上来，帝国主义还会走老路。要打中国，主要从海上来，我们不能不防。"

萧劲光再也不能有二话、提出异议了。

毛泽东继续说："我找来一些材料看了，中国历朝历代，总的说还是重视海洋，注重海防建设的，汉、唐不去说了，看看宋史、明史，很有启发。清朝初年，也还是注意的。道光以后，也不完全是不想搞海军，是国力不行，加上腐败，这才溃不成军，帝国主义才得以从海上长驱直入。在我们手里，一定要结束有海无防的历史。"

毛泽东继续说："海军是新事物，要军舰，要大炮。这方面要学习外国。英国搞了两个世纪，美国也有一百多年。我们搞海军，要了解他们。不过，不要指望他们会帮助我们。我们只有一边倒，依靠苏联。我们要很注意学习苏联，学习苏联海军先进的东西。至于我们军队的一套看家本领，自然是丢不得的。我们还是要靠人民军队的传统，建设人民解放军的海军！"

萧劲光虽说来时毫无思想准备，一点也没往这方面想，但听了毛泽东讲话，他既激动，又感到担子很重。

毛泽东说："你来当海军司令，再给你配一个得力的助手，刘道生。他从 13 兵团到 12 兵团当副政委，你也熟悉了，再一起调到海军来。你回去后继续把湖南的事抓好，调海军的事，等中央讨论决定了才算数，再通知你。"

（参见杨肇林：《建立强大的海军》，江苏文艺出版社 1995 年版）

阿斗很有自知之明

1949 年 3 月，党中央从河北西柏坡移驻北平，途经河北涿州县城，这里是刘备的老家。毛泽东与周围警卫人员谈起刘备、刘禅父子，卫士李银桥说："主席，那刘备的儿子阿斗也太窝囊了，被司马昭俘虏了还'乐不思蜀'呢！"

"你还有些知识么！"毛泽东笑了。

卫士张天义接着说："刘备就是不死也没用，光他那个不争气的儿子，也得把他老子打下来的江山给断送掉！"

毛泽东摇摇头对大家说：

"书中讲了，话说天下大事，合久必分、分久必合，三国统一是大势所趋呢！再说刘备的儿子阿斗，都说他是扶不上墙的，但看问题不要太片面了，我看阿斗很有自知之明哩！"

李银桥不解地问："阿斗有什么'自知之明'啊?"

毛泽东认真解释说："阿斗的自知之明，就在于他身处帝位，明知自己的知识浅薄，事事俯首听命于诸葛亮，依从诸葛亮，才使得诸葛亮能够在四川大展才华，励精图治，六出祁山；如果阿斗不听诸葛亮的，像孙权的后代孙亮那样，自己当了皇帝就谁的话也听不进去了，不是垮台得更快么！"

毛泽东的一席话，说得人们心服口服。

毛泽东又对大家讲："我们就要进城了，将来全国解放了，我们也要认真教育后代人，要认真汲取历史和前辈人的教训；做人要有自知之明，做事情要留有充分余地，莫感情用事，才可永远立于不败之地啊！"

平心而论，刘禅在信任和依靠诸葛亮上，确实有他的特点：内政外事，全权托付给诸葛亮丞相，言听计从，毫不掣肘，为诸葛亮施展才华实现抱负创造了有利的条件。如果与吴主孙亮比，孙亮信谗任奸，拒谏饰非来比较，确实算作有自知之明。在三国的国君中，刘禅在位 41 年，是在位时间最长的。在激烈动荡的年代里能安稳做皇帝，客观的条件是因为有三国对峙，有诸葛亮、蒋琬、费祎三位贤相的辅佐，主观上则是刘禅具有自知之明和用人之长（当然也有用过小人佞臣之误）。

如果不是这样，他就不会当那么长时间的皇帝。不能因他是亡国之君便否定了一切。

（参见《毛泽东文集》第二卷，人民出版社1993 年版；郦延生：《历史的真言》，新华出版社 2000 年版；董志新：《毛泽东读〈三国演义〉》，上海人民出版社 2001 年版）

"这个老虎屁股我们非摸不可！"

1949 年 9 月 28 日，毛泽东在宴会厅接见了意大利记者斯巴诺。

斯巴诺基于美国对蒋介石的支持，又考虑美国手中有原子弹，就单刀直入地问毛泽东："你们即将成立中华人民共和国，美国也被你们从大陆上赶出去了，他们是不会善罢甘休的，如果他们寻找借口，进行干涉，你们会怎么办？"

毛泽东稍加思索，不无谐趣地说："他们要干涉，就叫他们来吧！他们将要捅一个马蜂窝，马蜂被惹怒了，就会飞起来蜇他们的。"

毛泽东一口湖南话，把"蜂"和"烘"读成一个音，翻译一时听不懂，不好翻译，只好转过脸来问身边的同志，"马烘是什么东西？"经过一番解释，顿时，翻译笑了，大伙笑了。斯巴诺也笑了，他连连点头，被这种通俗易懂，巧妙生动的回答给逗乐了。

一年以后，捅马蜂窝的事终于发生了。刚成立不久的新中国，面临着一场被扼杀在摇篮中的危险。以美国为首的 16 个国家的军队组成了所谓的"联合国军"出兵朝鲜，把战火一直烧到了鸭绿江边。

在这生死攸关，何去何从的关键时刻，毛泽东坚定果敢地站了出来。那天，他来到中南海颐年堂的会议室，在主席台上缓缓落座。然后以他沉雄浑厚的声音，代表新生的中国讲话了：

"有人说，我们不能出兵，因为，我们刚刚经历了八年抗战，三年解放战争，破坏太大，损失太多；有人又说，我们建国不久，灾害频繁，水利失修，百废待兴，民力薄弱；还有人说，我们的工业落后，武器装备很差，小米加步枪无法抗击世界第一强国……"

毛泽东略微停顿了几秒钟，扫视了一下会场。会场上鸦雀无声。

"总之，我们可以列出九十九条理由，说明我们不能出兵。但是抵不过一条理由，那就是：不能不打。我们不出兵不行。不打不行，这个老虎屁股我们非摸不可！"

毛泽东出语惊人。使在座的人无不感到气氛的紧张和肃穆。

"我们，"毛泽东高高地昂起了头，提高了嗓门："为了维护中华民族的尊严，为了保卫许多烈士用鲜血换来的胜利果实，我们不怕打仗！失败了，无非再上山打它几年游击！……"

最后，毛泽东说："我们准备丢下大半个中国，还准备打烂一些坛坛罐罐……敌人已经把战火烧到了我们的家门口，我们决不屈服！"

毛泽东的讲话赢得一阵阵暴风雨般的掌声。

（参见陈晓东：《神火之光》，中共中央党校出版社 1995 年版）

从对联中引出的故事

1949 年 11 月 13 日是周末，毛泽东和家人共度良宵。刘思齐给毛泽东沏了一杯茶，毛泽东喝了口茶，跟她讲了一个故事。他说：古时候有两个秀才，一个姓刘，一个姓李，两个人都爱作对联，一见面就想对对子。一次，两人又见面了，商定对对子，谁对不出谁就要受罚。李秀才先出上联："骑青牛，过函谷，老子姓李。"刘秀才知道李秀才用了老子李聃骑青牛过函谷的典故，心想："他想占我的便宜，没门！看我非损他一下不可！"于是他略加思索，对了下联："斩白蛇，兴汉室，高祖是刘。"刘秀才以汉高祖刘邦自比，来对"老子"，高过李秀才一筹，李秀才不得服了，连说："高明，高明！你赢了，我服输！"

刘思齐觉得这个故事很有趣，称赞道："爸爸，那个刘秀才真有学问！"

"思齐呀，那个刘秀才是你的祖先，他崇拜汉高祖刘邦。那个李秀才也可算是我的本家，因为我在延安时曾化名李得胜，但我不信老子李聃学说，他提倡出世思想，清静无为。"毛泽东对刘思齐说，"你说得对，人家多有学问，对历史掌故如此熟悉，能运用到实际生活中来，并且一用就活，一下把人家给吓倒了。这就是知识的力量！"

刘思齐和姊妹们听得很认真。

毛泽东又对孩子们说："知识一旦灵活运用，就可以变成武器，用来保卫自己，所以，你们要努力学习．积累丰富的知识。尤其是要学好历史和古典文学。"接着，毛泽东又把学习历史同治国联系起来。他说："刘邦出身贫苦，没有多少兵力，没有万贯家财，却能称霸一方，统一天下，并且使汉朝长治久安。其原因主要是他善于用人。他手下两个重要的谋士，一个是张良，另一个是韩信，这两个人都能够为他所用。刘邦的对手楚霸王项羽却是个孤家寡人。当初，他的势力比刘邦大了，拥有庞大的军队，统治着楚国这块富庶之地，兵强马壮不可一世。但他有勇无谋，刚愎自用，不听谋士的进言，鸿门宴放走了刘邦。当然，项羽心肠好。鸿门宴项庄舞剑，意在沛公，项羽却不肯杀刘邦，刘邦说了几句好话，他就心软了。范增向他进言，他却不杀刘邦，而把刘邦放了，等于放虎归山。项羽没有理睬他的话，结果被范增言中。刘邦逃走后，势力不断扩大，与项羽争雄，结果打败了项羽。项羽被围在垓下，只得别姬自刎。项羽也不善用人，招贤纳士。韩信去拜访项羽，项羽却看不起韩信，结果韩信却为刘邦所用，为建立汉朝立下了汗马功劳。"

毛泽东说到这里，把历史掌故引到现实生活中来，他说："殷鉴不远。前车之覆，后车之鉴。我们要记取项羽的教训，切不可骄傲自满，对敌人更不要心慈手软。'宜将剩勇追穷寇．不可沽名学霸王'。现在新中国刚刚成立，百废待兴，蒋介石逃到了台湾，还想要反攻大陆。我们一定要解放台湾，将革命进行到底！"毛泽东停了停，又说："刘邦的治国之道，任人唯贤，广纳贤才，治理好国家，实现长治久安，也是值得我们借鉴的。"

毛泽东的故事说完了，道理也讲得清清楚楚。孩子们终于带着收获满意地走了。

（参见赵志超：《毛泽东一家人》，中央文献出版社 2000 年版）

"哪里有什么生而知之的圣人呀？"

  1949 年冬的一天下午，天下着鹅毛大雪。毛泽东打电话约刘斐去他那里吃晚饭。刘斐赶到中南海颐年堂时，见章士钊、符定一、仇鳌等人已到了。饭前，大家海阔天空，从瑞雪丰年讲到自己已年过半百，有的已近古稀，又没有学过马列书籍，是老朽无用了。毛泽东听大家如此议论，同他们谈了一段很长的话。他说："我是从农村生长出来的孩子，小时候上过私塾，读过孔孟的书，也信过神，母亲生病也去求过神佛保佑哩，旧社会的东西对我都产生过影响。有段时间受到梁启超办的《新民丛报》的影响，觉得改良派也不错，想向资本主义寻找出路，走西方富国强兵的路子。十月革命一声炮响，马列主义传入中国，我才逐步接受了马列主义。我们青年时代，一批朋友去法国勤工俭学，我没有去，打定主意走自己的路。哪里有什么生而知之的圣人呀？我也是逐步认识社会，走上革命道路的。最重要的是向社会学习、向群众学习哩！"在谈话中，毛泽东转向符定一说："您也是我学生时代的老师哩，我的好多知识就是跟您学的哩！"大概毛泽东知道这位符老师有轻视人的口头禅，爱说别人"他能认几个字"，因此，当谈到魏晋南北朝文学的时候，毛泽东把庾信《谢腾王赉马启》顺口念了一段，然后风趣地问符老："他（指庾信）总能认几个字吧？"符定一悦服地笑了，大家都笑了。言谈话语中毛泽东说了他对社会的认识也是逐步的，而不是生而知之的圣人。是革命实践锻炼磨炼了他的才干。这是他自己总结出来的经验。

    （参见孙宝义、刘春增、邹桂兰、李凯旗编
    著：《毛泽东谈读书学习》，中央文献出版社
    2008 年版）

鄙视皇帝老子

新中国成立伊始，中共中央从各地抽调干部充实各地政权。1949 年 9 月，中共长春市委书记朱光奉调到广州工作，他趁路经北京南下履新之便，特地登门拜访他的老上级朱德总司令。在朱德家里，朱光自由自在，无拘无束，十分潇洒。一天清晨，他正和朱德在庭院中散步，住在隔壁的毛泽东悠闲自得地信步走来，一眼瞥见朱光不觉一怔。未等朱德开口，毛泽东便爽朗地问道：

"你，是哪一个？"

"我，朱光是也。"朱光答道。

"好，你好，朱光，……你还认识我吗？"

"哪个不认识你——中外皆知的伟大人物，鼎鼎大名，谁人不知，哪个不晓。"

"那么，你为何看朱总司令而不看我？"毛泽东又问。

"因为我与朱总司令同宗、同姓，宗派山头。"

"你既然把我划外，难道你不怕我见外，把你忘记吗？！"

"你忘不了我朱光！"

"为何忘不了？"

"因为我还没有给你演出《奥赛罗》呢。"

毛泽东听罢开怀大笑。

朱光自知"理亏"，应毛泽东之邀，来到他的住处。

二人在中南海毛泽东住处畅谈起来。朱光乘兴抒情，书诗一首：

四载风云塞北行，肩钜跋涉愧才浅；
如今身是南归客，回首山川觉有情。

落款署"朱光于 1949 年建国前夕古都中南海书法家之府。"毛泽东看罢提笔对个别单字作了修改,将"法"字改为"癖",把"府"字改为"家"。

朱光见此不以为然地说:"主席,何必如此。过不了几日,你就是一国之主了。我尚且故隐其讳,否则,我不该写'主席府'了吗?"

"你这个朱光上皇,你要给我加冕而称为王霸吗?朱光,我们出身草莽,不可忘本!明天也罢,明年也罢,千万代也罢,你我始终如一,要祸福与共,甘苦共尝,同称同志,同叫背枪的、当兵的。多少年,我们当兵的,来无踪,去无影,行无定所。时至今日,我们的人民、我们党胜利了,有了'家'。我指的不是书法家之类的'家',这个'家'、那个'家',只是说以'府'称'家'的'家',人生一世,保全一'家',足矣、足矣……"

毛泽东说着,百感交集,声色俱厉。朱光感到失言,有些后悔。显然,这是毛泽东特意在表示他的义正辞严,反对称"皇"道"帝"。反对把自己当成封建帝王,在人民头上作威作福,而是甘于做人民群众的孺子牛,为人民鞠躬尽瘁,死而后已,这就是毛泽东的人生本色。难怪登庐山时,不肯坐轿,他认为那是骑在人民头上作威作福。

毛泽东粪土当年万户侯,他鄙视皇帝老子,坚决反对把自己和封建皇帝相提并论。所以解放后他三进紫禁城就是不进金銮殿。

(参见叶心瑜:《毛泽东在 1934—1936》,新华出版社 1993 年版)

"我是小毛主席呀!"

据黄喜民的《魂系中南海》讲述:

全国解放以后，我曾任中央办公厅机要局副局长。盛夏的一个星期六，毛泽东同志让秘书叶子龙同志给我打电话，让我到他那去坐坐，并嘱咐去时最好能带上孩子。去那天，我们全家起得特别早，吃过早饭，换上新衣服，高高兴兴去看望他老人家。我们一家赶到中南海菊香书屋的时候，毛泽东主席外出还没有回来。我的两个女儿便一起在丰泽园院内院外跑着玩儿。当她们玩得正欢快的时候，毛泽东主席回来了。他老人家看到我的两个女儿时，高兴地走到她们跟前，和蔼可亲地说："你们是谁家的娃？叫什么名字呀？"因孩子们玩得正起劲，喊着跳着跑到主席的养鱼缸前，见里面那些美丽可爱的小金鱼正悠哉悠哉地游来游去，小女儿伸手便抓，抓了一只就拿出来玩。等我们发现时，那条可怜的小金鱼已经奄奄一息了。我一看急了，忙上前教训孩子，结果被毛主席制止住了。吃饭的时候到了，我们怕打搅主席，想早点走。他说，难得见一面，一起吃顿饭吧。那次毛泽东主席和江青及他们的女儿与我们一起在丰泽园内的凉棚下面同桌进餐。吃饭的时候，我们的小女孩觉得桌前的毛泽东和我们家里挂的主席像很像，好奇地跑到毛泽东跟前，歪着小脑瓜乖声乖气地说："老爷爷，你是大毛主席呀，还是小毛主席呀？"毛泽东听了，放下碗筷，微笑着伏下身，轻轻地把她搂在怀里，抚摸着她的头，也学着孩子的声调说："你给我唱支歌，我就告诉你。"小女儿半信半疑地看了毛主席一会儿，便放开嗓子唱道：

> 小鸟飞，小鸟飞，
> 你要飞到哪里去？
> 请你飞到我这里。
> 有件事儿告诉你，
> 妈妈给个大苹果，
> 我想送给毛主席。
> 小鸟，小鸟，谢谢你，
> 请你带给毛主席。

小女儿唱毕，毛泽东主席一下子把她抱起来，高兴地告诉她："我是小毛主席呀！"他这么一说，逗得孩子咯咯地笑起来，在场的人也跟着笑了起来。

（参见喜民：《魂系中南海》，中国文联出版社
1990年版）

毛主席出对周总理对

20世纪50年代，毛泽东与周恩来一起到湖南视察。一天，二人同乘一辆小轿车浏览长沙市容。车子行至湘江的橘子洲，毛泽东豪兴勃发，提出与总理对联互娱。他即兴咏出上联：

橘子洲，洲旁舟，舟行洲不行；

该联出得巧妙，即景扣情，将眼前穿梭船只与千古不移的江洲自然地融于一联，而且舟与洲的读音相谐，要想对出下联，难度颇大。周恩来沉吟着，一时没有作声。小车离开橘子洲，往市内各处胜迹驶去。行至天心阁时，周恩来见一群鸽子从阁内飞出，立即口出下联：

天心阁，阁中鸽，鸽飞阁不飞。

这句下联对得工整贴切，天衣无缝，毛泽东听罢，会心地笑了。

（参见何以主编：《毛泽东的情趣》，中央文献
出版社2011年版）

"历史上的事情我们不可能都能经历"

20 世纪 50 年代初，有一次，毛泽东游完泳上岸和工作人员聊天。他问服务员李维信说："你贵姓啊?"李维信露出山东人所特有的那种纯朴的憨笑站到他身边回答："姓李。""姓李的不少啊，赵钱孙李，赵匡胤、孙权、李世民。钱是谁呀? 历史人物纺织女工还够不上人物。"李维信知道，这是毛泽东在讲历史上有作为的英雄人物。

"有姓门的没有? 有姓房的没有?"毛泽东望着李维信问。李维信只是笑，没有说话。毛泽东又接着说："我拿什么都可以作姓。你姓什么呀?"毛泽东明知故问地扭头望望秘书罗光禄。"我姓罗。"秘书笑着答。"你怎么还姓罗呢?""我不姓罗姓什么?""噢，你父亲姓罗你就姓罗，这就是传宗。"毛泽东又望着李维信："你家在哪里?""临沂。""山东人忠诚豪爽，也是传宗接代传下来的。你们那里打过一场大仗知道不知道?"李维信摇摇头。"不知道? 你多大了?""21。""噢，那时还没有你呢，是历史上的一仗。历史上的事情我们不可能都能经历，但是要学习，要懂。过几十年我们也成了历史，过几千年我们也成了古代史，那时的人们再看我们这些人和我们做的这些事，一定觉得很好笑吧。"毛泽东通过对地方志的问答，讲了他对历史唯物主义所持的观点。

（参见孙宝义、刘春增、邹桂兰、李凯旗编著：《毛泽东谈读书学习》，中央文献出版社2008 年版）

闭上眼睛抓一个不就得啦

1950 年毛岸英烈士在朝鲜战场牺牲以后，刘松林（即刘思齐）很悲痛，一连几年绝口不提再嫁之事，毛泽东忍着失子的巨大悲痛关心和爱护她，把她当成自己的女儿一般看待，想劝她改嫁，重新开始自己的生活，可劝儿媳妇改嫁又很难说出口。时间不断流失，毛泽东看在眼里，急在心头。

一天，孩子们都回来了，毛泽东很高兴，特地抽时间陪他们玩，趁着刘松林他们谈得起劲的时候，毛泽东一本正经地对他们说：

"你们整天围着我，吵得不得安宁，俗语说树大分叉，你们哪，可以考虑找对象啰。"

孩子们一听，便故意叫苦不迭，乱嚷一通。

"上哪儿去找呀。"

"我们找不到呀。"

毛泽东风趣地说："你们别说是我毛泽东的女儿嘛，等到天黑到街上去，闭上眼睛抓一个不就得啦。"

刘松林也笑着附和说："万一抓个麻子怎么办哪。"

后来，毛泽东几次托人给她介绍对象，终于了却一桩心事。找到一位满意的夫婿。

（参见谭逻松、张其俊编：《毛泽东的幽默故事》，同心出版社 1993 年版）

亲和的问话

张随枝说无论是在战争年代住延安、西柏坡，还是后来住香山、住进中南海以后，一直如此。我们常随他外出，散步、游泳，或是在他身边放哨，真是亲如一家。有段时间不见谁了，他总是要问谁哪里去了。毛主席同警卫战士谈话，完全没有领袖的架子，非常和蔼可亲。而且常常讲些幽默的话，解除我们的紧张的心情。

有一次，有几个警卫战士，在一起坐着聊天，毛主席工作之余走出来了。

毛主席问王午银："你姓什么？""我叫王午银。"

主席笑着说："你是属虎的，是午间生人。"王午银不明白，日后他问孙连中："毛主席怎么知道我是属虎的，是午间生的？"

孙连忠说："我也不知道。"

毛主席又问耿文喜："你是姓什么的？"

答："我叫耿文喜。"

主席又笑着说："你是三个耳朵呀？"

耿文喜摸了一下耳朵，还认真地回答："主席我是两个耳朵。"

在旁边的人又哈哈大笑。主席解释说："你姓耿，有一个耳字，加上你两个耳朵，不就三个耳朵么？"

警卫队员在活动时间常常一起打扑克牌，下象棋，或者是打克郎棋。有时，主席见队员在打扑克，便走进活动室说："我和你们比赛，打上两盘。"

因时间久了，主席和警卫队员们在一起聊天、活动，又对他们这样亲热，他们对主席也就不拘束了。

（参见张随枝：《红墙内的警卫生涯》，中央文献出版社 1998 年版）

"会说话的木头才叫木奇，对不对？"

1950 年 6 月 20 日，警卫连来到玉泉山，张木奇在连部任通讯员。距天下第一泉"玉泉趵突"100 米左右，有栋大瓦房，那便是当时毛泽东居住的地方之一。

连部住在半山腰。一天中午，张木奇拎个铁水壶去"玉泉趵突"打水。他穿着黄裤子、战士衬衣，刚剃过光头，一蹦一跳地朝山下跑去。走过两排宿舍，忽然看到山下上来几个人，竟是毛泽东一行。进京一年来，他这还是第一次与毛泽东照面，因而不由得呆住了。

毛泽东和江青正朝山上走，身边跟着两个警卫干部。登山小道只有几尺宽，中间方砖，砖旁是卵石，路面都被他们占满了。张木奇发现毛泽东的目光落到他的身上，不由得退向路边杂草丛中，差点摔了一跤，神情十分狼狈。

只见毛泽东猛地加快步伐，直朝着他走来，远远地伸出一只手道："小鬼，你好吗？"

张木奇又不由自主地退了半步。只退得半步，便突然清醒过来，赶忙身体前倾，连冲几步，用双手握住毛泽东的一只手，只觉得这只手很大，很温暖。他脱口喊出一声："毛主席"，便再也说不出话来。

毛泽东用湖南话问："小鬼，叫什么名字啊？"

张木奇仍很紧张，一时答不上来，脸憋得通红。身边的一名警卫干部介绍说："这是警卫连的，小通讯员张木奇。"

"噢，哪几个字呀，你写写看。"毛泽东将大手摊在张木奇面前。张木奇用右手食指在舌头上沾湿，便在毛泽东的左手上写了起来。

毛泽东边看着手心边念叨："弓长张，木头的木，大可奇。噢，张木奇，

难忘的言谈笑语

对不对？"

张木奇用力点点头。毛泽东笑着逗他："说话么，会说话的木头才叫木奇，对不对？"身边的人轰地笑了，张木奇也跟着笑了，紧张的气氛不知不觉地消失了。这一幕给张木奇留下了终身难忘的印象。

（参见孙宝义、邹桂兰、孙吾文、孙月辰：《毛泽东的衍名艺术》，中央文献出版社 2006 年版）

难忘的言谈笑语

据张随枝回忆：

大部分初次和毛主席谈话的人，都不免有些拘束。也许，毛主席也看出了这一点，因此，我们每次去他那里，一开头总要先拉拉家常。问你叫什么名字，多大了，家住哪里，结婚没有，以及各地民情风俗等。直到大家比较随便了，才言归正传。

毛主席那一次手里拿着汇报人员的名单和材料，满面笑容地说：

"李金来这个名字好，金子来了。"

"李好学，好学习。"

毛主席问管楚良："结婚没有？"

管楚良说："没找到。"

"那么多的姑娘找不到？"

管楚良腼腆地笑了，脸也红了。

又问曾文：

"你会耕田吗？"

"会。我还会打铁。"

"重工业人才。"

说得大家一齐笑起来。

岁月流逝，几十年过去了。我们这些常被毛主席称呼为"年轻队员"的，也都步入了老年之列。但是，毛泽东这位伟人的高大形象，却牢牢地活在我们的脑海里。他的言谈笑语，仍清晰地浮现在我们的眼前，直到今天，我们都永远忘不了那些值得怀念的幸福时刻。

（参见张随枝：《红墙内的警卫生涯》，中央文献出版社 1998 年版）

你头上有两根辫子，你是两个封建

新中国成立初期的一天，毛泽东吃过早饭，带上毛岸青和李敏一块到周围去散步，半路上，他们遇见了一位建筑工人在院外做事，那人头上留着一根很长很长的辫子，一副清朝臣民的打扮。

毛泽东向这长辫子工人走去，热情地向他打招呼，又尽力耐心地找他说这说那，可这工人总是不哼不哈，仿佛在他面前根本就没有什么人似的。

无奈，毛泽东只得离开这个长辫子。走在路上，毛泽东若有所思地告诉身边的卫士："这人怕清朝皇帝会再出来，就把辫子留起来。他又不敢和我讲话，怕说错了要杀头的。"

突然，毛泽东把视线转到了毛岸青的头上，摸着岸青的头微笑着："那个人头上留着一根辫子，你头上没有辫子，你不是封建。"说完，又侧过身，用手指着李敏的头，诙谐有趣地笑道："你头上有两根辫子，你是两个封建，我们大家要帮助你呢。"

引逗的大家都笑了。

毛泽东用这样的事例来说明，对清朝的遗老遗少要多加教育。反封建要从小事做起。

（参见谭逻松、张其俊编：《毛泽东的幽默故事》，同心出版社 1993 年版）

罗 瞎 子

1950 年 9 月 25 日，毛泽东接见出席全国工农兵劳动模范代表大会的代表。一位代表双手握着毛泽东的手，重重地抖了抖，大声地和他打招呼："老毛，您略胖呀！"毛泽东微微一愣，周围的人全都吃了一惊。毛泽东很快认出来了："'罗瞎子'，是你呀！"他亲热地朝对方的肩头送去一拳。"老毛，您到底还记得我这个小萝卜头！""罗瞎子"激动得眼泪直往下掉。毛泽东哈哈大笑，操着浓重的湖南口音回答："咯还记不得！'苟富贵，毋相忘'嘛！""罗瞎子"嘿嘿地笑了。

在土地革命时期，一次，毛泽东到苏区的一个乡里搞调查。毛泽东问乡长的名字，对方自报家门叫"罗瞎子"。毛泽东不禁失声笑道："这个名字是绰号，你总得还有一个真名呀！"的确，"罗瞎子"是个绰号。只因他自幼家贫，没上过学，斗大字不认一升，是个名副其实的"睁眼瞎"，才落下了这个绰号。"罗瞎子"连连摇头说："不，就叫罗瞎子，从小就这么叫惯了。如今在乡政府当主席，更不能叫官名。要不，人家会说我摆架子哩！再说，自家人这样称呼我，无拘无束，怪亲热的。"毛泽东赞叹："说得好，'苟富贵，毋相忘'！就是日后革命成功了，我们也不能像陈胜那样忘了自己共过患难的父老兄弟。""罗瞎子"听了，哈哈大笑，摇着毛泽东的手说："要是革命成功了，你管天下，我该怎么称呼你呢?"毛泽东说:"那你照样喊我老毛就是!""我记着你的话了。"新中国成立后,"罗瞎子"被选上出席全国劳模大会的代表,来到了北京。当毛泽东快走近"罗瞎子"时,他抢前一步,说出了自己早就想好了的那句话。

(参见《最好的怀念》,中国青年出版社 1978 年版)

一串朝珠的学问

毛泽东对《三国》研究得很透,他很喜爱《三国》戏。1950 年秋的一天,毛泽东在中南海看完谭富英、裘盛戎合演的《失·空·斩》,向谭富英问起他在台上扮演诸葛亮胸前佩戴朝珠的来历。谭富英向毛泽东介绍道:当年他的祖父谭鑫培有一次进宫演戏,扮演《空城计》里的诸葛亮,由于天气炎热,额头上沁出了汗珠,慈禧见了,吩咐太监把自己佩戴着的一串檀香木佛珠赏赐给他。据说炎热的季节闻到檀香木的香味,能消暑避邪。从此,谭鑫培每演《空城计》,必将佛珠佩戴在身。因谭鑫培是京剧老生行当的一代宗师,在梨园界有广泛的影响,宫外的戏曲艺人见他演诸葛亮时佩戴朝珠,也都纷纷效仿……

毛泽东听后说,朝珠在明朝称佛珠。那时皇帝信佛,拜佛时多把佛珠垂挂胸前,到了清朝,皇帝们以佛珠作奖品,按照官职的品级赏给有功之臣。因为是皇帝所赐获赏的大臣在上朝时都把佛珠佩戴在胸前,一是表示不忘皇上的恩宠;二是借以炫耀身份和殊荣,所以当时又称佛珠为朝珠。

毛泽东讲完有关朝珠的知识,又以商讨的口吻对谭富英说:"诸葛亮是三国时的丞相,他怎么能戴明朝的佛珠或清朝的朝珠呢? 当年令祖演戏佩戴，是他本人表示对慈禧的感念以讨慈禧欢心，并不是剧中人诸葛亮应该佩戴。前人事出有因，情有可原，后人也如法炮制，是不是于理不通？"

毛泽东的一席话，使谭富英茅塞顿开，此后再扮演诸葛亮就不戴朝珠了，同行们知道了其中的原委，也都学着谭富英的样子，扮演诸葛亮时再也不戴朝珠了。纠正了戏剧中的一个谬误。

(参见《老同志之友》2003 年第 4 期)

《捉放宿店》有纰漏

一次，毛泽东指名要看谭富英和裘盛戎合演的《捉放宿店》。演毕，毛泽东向这两位艺术家提出两点疑问：其一，陈宫有一段流水板唱腔，唱词是"休流泪来免悲伤，忠孝二字挂心旁，同心协力把业创，凌烟阁上美名扬"。毛泽东问谭、裘二位知不知道凌烟阁的典故，他们均答不详。毛泽东告诉他们，凌烟阁建于唐朝太宗时候，是纪念开国功臣的地方。问题是，汉朝的陈宫怎么唱出了三四百年后才有的凌烟阁？谭、裘二位一时语塞。毛泽东建议他们只要修改这段唱词的末一句，问题就解决了。其二，陈宫所唱"听他言吓得我心惊胆怕"，这段唱词是陈宫的内心独白，并没有说出口，可是陈宫唱完之后，曹操却指责他"言多语诈"。试问，曹操怎么知道陈宫内心所想而且言多语诈的呢？毛泽东这一问，又使眼前这两位艺术家尴尬得张口结舌。

谭富英回家后，把在中南海演戏的过程告诉了师妹王则昭，并感慨地说："当初学戏是口传心授，师傅怎么教就怎么学、怎么演，很少研究故事的来龙去脉，所以演了这么多年的戏还是知其然不知其所以然。看来真得好好钻研文化和历史，不然在台上难免闹笑话。"

（参见《老同志之友》2003 年第 4 期）

它害羞了，不让我们看

新中国成立后不久，毛泽东即安排了一次出外视察。这天，他和随行同志一道到达南京，去参观紫金山天文台。

抵达山顶，天文台副台长孙克定满面喜悦地迎上来，陪着毛泽东等领导人到达大观测台，观看了天文望远镜和其他几件古代天文仪器。

毛泽东一行从大观测台下来，穿过一片树林，来到最东面的小观测台。那天下午云层比较厚，为了看太阳黑子，等了一段时间。毛泽东抬头看看天，转过身子，风趣地说："我们要看太阳黑子，它害羞了，不让我们看。天公不作美，帮了它的忙。"

在天文台陈列室里，孙克定叫工作人员取来一块褐色的石头，介绍说："这是 1952 年在如皋发现的陨石。"

毛泽东拿起陨石，仔细端详，反复看了好长时间，然后小心翼翼地放回托盘。"哦，地球外面来的客人嘛。"毛泽东充满幽默地说。

陈列室里哄堂大笑。在笑声中大家体会到毛泽东的天文知识，也很丰富。

（参见谭逻松、张其俊编：《毛泽东的幽默故事》，同心出版社 1993 年版）

想请你这位清朝举人解一下

1950 年秋的一天下午，毛主席请邵力子和傅作义到中南海的住处，二人准时到达。当傅作义下车后，前来扶邵力子下车时，毛泽东已经出来迎接他们了。毛泽东神采奕奕地迎上前和二人一一握手说道："欢迎，欢迎，先生和将军都很准时呵！"

邵力子先生说："主席是珍惜时间的人。"

将军说："军人第一是以服从命令为天职，第二是时间的准确为生命。"

毛泽东笑眯眯地说："那我们就只争朝夕地进屋吧。"说着三人来到客厅门口。主人示意客人先进，客人谦让着，毛泽东朗朗一笑，说："客不进，只有主先行了。"边说边领先出走。

主客入座后，邵力子发现书桌上文房四宝还没收拾，写好的字幅上墨迹也没干透。于是就问道："主席正在写字？"毛泽东神秘地笑了一下说："是啊。我刚才做了个谜，想请你这位清朝举人给解一下。"说着站起来，拿起宣纸递给他。只见上边书有两个苍劲有力的大字"治淮"。毛泽东接着说："邵先生，我这可是个续字谜啊！"说完拿起一支烟用火柴慢慢点燃，又悠然地吸了一口，见邵力子一副既认真又纳闷的样子，便又朗声大笑起来："邵先生，我这续字谜只有两个字。"说着用手指着放满文房四宝的书桌。邵力子顿悟，也笑了起来，说道："方案！"一语中的。伟人在工作中也能设谜底来求证。

（参见谭逻松、张其俊编著：《毛泽东的幽默故事》，同心出版社 1993 年版）

说笑声中呼绰号

在日常生活里，毛泽东与熟悉的战友、下级，有时从寻称呼、找绰号、有说有笑中，活跃、丰富生活。

张闻天长期用"洛甫"为名字。当在中央苏区瑞金时，毛泽东有次提着一个萝卜兴冲冲地走进来，对张开玩笑说："萝卜，萝卜"，引得人们哈哈大笑。

有时他也运用古典小说角色，说贾拓夫是"陕北才子"，"拓夫既姓贾，又是宝，是我们党内的'贾宝玉'。"

60年代初，有次在国庆观礼会上，他见到沙千里，风趣地问候："沙僧你好！沙僧你好！沙和尚是不是你的本家。"

20世纪50年代，因有电影古装喜剧片《乔老爷上轿》，就此人们常以"乔老爷"戏称乔冠华。1973年，乔冠华和章含之结婚。周恩来要乔冠华"嫁"到史家胡同51号章士钊家去。毛泽东也表示赞同，他戏对乔冠华说："乔老爷，你可真的上轿啦！"

毛泽东就是通过这些幽默诙谐的话语，来制造欢快的生活气息。

敢拍领袖后脑勺的人

20 世纪 50 年代初，毛泽东有次准备接见外宾。是一位友好国家的新任大使来递交国书。

那时递交国书不像现在，递上即可。那时大使要先宣读，国家主席毛泽东要站着听。宣读完国书再递上，很隆重。

隆重自然礼仪多，毛泽东接见前必须先剃须整容。理发员王惠已经上岁数，光头，白须飘然，面孔清癯，极像电影《少林寺》里的老方丈。只是多戴一副大花镜。他剃了一辈子头，除了再剃几年头，大概不会生出什么其他非分的奢望。

王惠戴了花镜，视力也不济，总是歪侧着头，伸长脖子，眯缝着两条细长眼左瞧右瞧。那把剃刀难得一挥。他左手按着毛泽东头顶，侧脸歪头瞄啊瞄，右手慢慢伸出，剃刀停在毛泽东鬓发下沿，像在威胁领袖似的。就那么刀架头上半天不动，连毛泽东身边的工作人员都有些忍不住了，才"刷"一下。

毛泽东看一眼手表，说："你得快点。"

"别着急，别着急呀。"王惠像一切上了年纪的人那样唠叨着，换个位置，刀又架到毛泽东头上像欣赏什么杰作一样端详个没完。

"哎呀，王师傅，你快一点好么？"毛泽东开始烦躁，欠一欠屁股，却被王惠从头顶上按住了。仍然慢声细气地说："叫你不要着急，不要着急，我不误你去就行么。"

好不容易刮完脸，毛泽东以手擦额，大概是出汗了，便抬屁股想起身，却被王惠及时又按住头："怎么不听话呢？我叫你不要着急，不会误你……"

"我要你快一点！"毛泽东哭笑不得。

"沉住气，听我的，给你刮干净再去。"王惠说着，居然拿手在毛泽东后脑勺拍了两下，像拍孩子一样随随便便！在场的卫士，让这位老先生拍得目瞪口呆！

毛泽东没有发脾气，只无可奈何地叹口长气，王惠得脸似地，边为毛泽东刮后颈，边絮絮叨叨"教训"毛泽东："你是国家主席，主席要有主席的样子。啊，又是我的手艺，剃不好人家会说王惠不行，王惠不光彩么……"

（参见雷云峰、肖东波编著：《毛泽东修身处事风范》，国际炎黄文化出版社 2003 年版）

"零敲牛皮糖"的战术

以"零敲牛皮糖"的战法，小口小吃，一点一点蚕食敌人，积小胜为大胜，是毛泽东对付装备精良之敌的重要战术办法。

在抗美援朝战争中，在中国人民志愿军的沉重打击下，联军总司令麦克阿瑟所谓的"总攻势"彻底失败。

1951 年 1 月，其继任者李奇微又开始采用所谓"磁性战术"。即美军利用志愿军供应困难等弱点，依恃其现代化装备机动快、火力强的优势，始终同志愿军保持接触，试图以消耗战的办法制约志愿军。

对此，志愿军副司令员陈赓曾总结说，美军不像蒋介石那样笨拙地计较一城一地的得失，而是很注意保持战线的连续和完整，必要时不惜放弃汉城，也要发挥其有效的机动性。李奇微的"磁性战术"，就是企图让我军吃不掉他们又甩不掉他们，以达到疲惫和消耗我军的目的。

毛泽东则就此有针对性且生动地阐述了"零敲牛皮糖"的独特战法。他说，"兵无常势，水无常形。"在军事科技手段日新月异的现代化战争中，我们不能抱着老的作战经验不放。我们在国内战场上连续打了20多年的仗,取得的作战经验毕竟来自现代化程度不高的国内战场。我们用老办法打歼灭战就不适应新情况了。李奇微接受了教训,动了脑子,发明什么"磁性战术"来对付我们。我们也要来个魔高一尺,道高一丈。我们湖南家乡用稻米精制的一种黏力很强的传统糖块,一般是几斤或十多斤一块,名叫牛皮糖,糖味很甜,群众很喜欢吃,但必须用铁锤一小块一小块地敲下来,才便于吃。我们是不是可以用零敲牛皮糖的办法,对英美军作战,口不能张得太大,必须采取敲牛皮糖的办法,一点一点地去敲。

毛泽东还在1951年5月26日给彭德怀的电报中指示,对美英军只实行战术的小包围,打小歼灭战,每军每次只精心选择敌军1个营或略多一点为对象而全部地包围歼灭之。

同年7月10日停战谈判开始后,美军企图以军事压力迫我就范。我志愿军则一面抗击敌人进攻,一面对敌实施反击。

"零敲牛皮糖"战法在这一时期产生明显效果。志愿军经连续作战,共歼敌16.8万余人,敌我伤亡对比为27:1。美军虽占领我方646平方公里的土地,但却付出了重大的伤亡代价。美军自己也承认,他们的战法是战略上的失败,哀叹"用这种战法,李奇微至少要用20年的光景才能到达鸭绿江"。可见"零敲牛皮糖"的战法,适应了现代化作战的需要。

（参见孙宝义、周军、邹桂兰编著:《毛泽东兵法战策》,解放军出版社2013年版）

妙语连珠

毛泽东即使在危急时刻,也常常有幽默之举。这时的幽默,表现出领袖的品格，遇险而不惊，从容静定，每逢大事有静气，这对他的部下无疑是一种巨大的鼓励。

胡宗南进攻延安时，几十架飞机轮番轰炸，王家坪被烟尘笼罩。燃烧弹在毛泽东的门前燃烧，炸弹弹片飞撒一地，形势非常危险。卫士们冲进毛泽东的窑洞，看见的是毛泽东依然稳坐在椅子上，聚精会神地查看地图。

"客人走了吗？"毛泽东低头看着地图。

"谁，谁来了？"卫士们愣住了，丈二和尚摸不着头脑，急忙反问。

"飞机呀？"毛泽东手中的笔朝天上一指，"喧宾夺主，讨人嫌。"

于是，窑洞里一片笑声，尽管外面仍然危险。

20世纪50年代毛泽东第一次畅游长江时，卫士长李银桥照顾毛泽东换好游泳裤后，自己也脱下衣裤、换上游泳裤。这时，毛泽东的眼光在打量着他。"银桥啊，你已经比较伟大了，发展下去就比我伟大了。"毛泽东一本正经地说，李银桥则不明白所指何事。这时，毛泽东拍拍他的肚皮说："你肚子大了啊，快跟我媲美了。"

小小的幽默，大大地缩小了领袖与普通战士的距离。

三年自然灾害时，毛泽东也一样忍饥挨饿，七个月没闻肉味，青黄不接时有20多天没吃一粒粮，只吃菠菜、马齿苋等野菜度日，谁劝也不听。结果，身上浮肿，浑身无力。晚上，卫士给他做睡前按摩，脚脖子小腿骨那里，皮肉一按下去一个坑就起不来。卫士忧虑地说："主席，您太缺营养了。您看……"毛泽东随即接过话头说："看什么，脚脖子都长胖了，还说我缺营养？"

在困难时刻，毛泽东表现出充满革命乐观主义精神的幽默。

（参见晓峰、明军主编：《毛泽东之谜》，中国人民大学出版社1992年版）

"梁山伯"演戏

范瑞娟是著名的越剧表演艺术家，浙江嵊县人。她在《梁山伯与祝英台》一剧中扮演的梁山伯这一艺术形象，在观众中享有盛誉。在第一届全国戏曲观摩演出和华东地区的戏曲汇演中，均获演出一等奖。

1951 年 10 月 21 日，范瑞娟被邀为政协委员会第三次会议的特邀代表，出席了会议。会议期间，有一次范瑞娟与评剧演员小白玉霜、天津的河北梆子演员韩俊卿在一起，毛泽东走过来了。范瑞娟有点紧张，想走开，小白玉霜一把拉住她说："干嘛这么紧张？"

这时，毛泽东发觉范瑞娟像是演越剧梁山伯的演员，便亲切地问她："你是《梁山伯与祝英台》中的梁山伯吧？"

范瑞娟有点不好意思地低下了头。

毛泽东知道她有点紧张，便又平易地说："你去年的演出我看过，今年又看过。"

范瑞娟连忙说："请主席多提意见。"

毛泽东鼓励道："你今年比去年演得好。"

1958 年 9 月 27 日晚，毛泽东在上海锦江饭店对面的文化俱乐部和上海文艺界人士交谈。当时范瑞娟也在座，她见毛泽东在与钟望阳等人谈话，便走过去给毛泽东点了一支烟。毛泽东一下子便认出她来了，他操着浓重的湖南口音说："哦，你就是梁山伯。"

以后，毛泽东凡来上海，只要范瑞娟一出现，他就风趣地说："梁山伯来了。"

1961 年，毛泽东在接见范瑞娟时又这样称呼她。"梁山伯"几乎成了范瑞娟的代名词，在戏剧界引起了很大的轰动效应。毛泽东对范瑞娟的成功演出，总是给予充分的肯定和褒奖。

（参见孙宝义、邹桂兰、孙吾文、孙月辰：《毛泽东的
衍名艺术》，中央文献出版社 2006 年版）

梅兰芳为什么是男的而不是女的

1951 年在社会主义建设高潮到来的时候，有一天毛泽东要到位于西长安街的长安大戏院看梅兰芳的表演，毛泽东的卫士存在争论梅兰芳是男的还是女的的问题。据李银桥回忆，当时去请教毛泽东。毛泽东说："你们都犯了个错误，那就是缺乏对事物的深入研究调查，因此所答的结论或是错误或是片面的。"

"其实，梅兰芳是个男的，可为什么有人认为他是女的呢？那是因为听他的唱腔而得出的判断，这错就错在因果关系间没搞对头了。一般情况下，能唱出女声音的应该是女的，可偏偏在中国京剧的戏曲里，唱女腔的却都是些男演员，这又是什么原因？难道过去中国就没有女演员了？不是的，那是因为封建社会的缘故，旧社会男女在一起别说拉拉扯扯不行，就是多看几眼多说几句都被视为不道，所以，京剧初创时期，唱花旦的演员便由男演员来代替了，久而久之，这个传统传了下来。梅兰芳是中国一代名旦，他虽为五尺汉子，却唱得一腔女调，堪称中国一绝。"

"对任何事物，我们都不能只看表面的现象。看表面现象往往会被迷惑；而不经深入调查了解，仅从道听途说得来的材料也是不能作为判断事物的标准。所以，现在你们总该明白梅兰芳为什么是男的而不是女的，为什么他身为汉子而不唱男腔唱女腔了！"

（参见何建明：《警卫领袖风云录》，时代文艺
出版社 1993 年版）

两个姓合在一起正是桥梁

1952 年 10 月 30 日，毛泽东的专列由快转慢，停在了河南省黄河南岸的山脚下。

上了专列，滕代远把乔廷选和梁世久介绍给毛泽东："这两位是黄河铁路桥工段的队长，他叫乔廷选，他叫梁世久。"

毛泽东风趣地说："真巧啊，两个修桥的，一个姓乔，一个姓梁，两个姓合在一起正是'桥梁'，真是太好了！"

两队长见毛泽东平易近人，马上消除了拘谨。他们把两个连名当作对自己的鼓励和鞭策。

（参见孙宝义、邹桂兰、孙吾文、孙月辰：《毛泽东的衍名艺术》，中央文献出版社 2006 年版）

"为什么只照耀自己，不照耀人民啊！"

1952 年 11 月 1 日上午 9 时 55 分，毛泽东来到安阳市。

在这里等候多时的潘复生、晁哲甫、安阳地委书记曹幼民、安阳行署专员程耀吾、市委书记刘仿生等一下子向专列车厢拥去。

毛泽东在罗瑞卿、王路宾陪护下，站在车厢门口，挥手向大家致意。当他看到来的人很多时，不解其意地对潘复生说：

"怎么，大家都来了？"

"同志们都想见见主席。"潘复生解释说。

"大家都很忙，我不是说过，一不谈工作，二不扰民吗？"

潘复生顾不得再作说明，便依顺序向毛泽东介绍前来迎接的安阳地区的领导人。当介绍到行署专员程耀吾时，引起了他的注意。

"噢，陈耀吾，好一个名字，是耳东陈吗？"

程耀吾忙说明自己姓名的三个字的写法。

毛泽东向来爱在人的名字上做文章，他开玩笑说：

"你的名字不如我的名字好。程耀吾，就是光耀自己，不耀别人；我的名字叫毛泽东，泽东就是光泽大海，普照东方。你是安阳人民的专员，为什么只照耀自己，不照耀人民啊！"

程耀吾不好意思地笑笑。本来他可以解释一下，他原名叫程远增，因做地下工作而改了名，但在这个场合哪有时间作解释呢？

（参见孙宝义、邹桂兰、孙吾文、孙月辰：《毛泽东的衍名艺术》，中央文献出版社 2006 年版）

中美是矛盾统一体

1952 年中直机关的同志们积极地学习毛泽东的哲学著作《矛盾论》。在学习讨论会上，有的同志提出："我们和美帝国主义有没有统一性或同一性呢？"

本来这样的问题在《矛盾论》中是有定论的命题，但在当时抗美援朝正在激烈地进行着的时刻，提出这个问题来，表明对《矛盾论》中提出的："矛盾的双方处于统一体中"这一论断认识不清。所以这个问题一提出来，就引起了热烈的争论，这也说明，那时这些机关工作人员，尤其像保健医生王鹤滨这样的专业技术人员在政治理论方面水平是很低的，但同时也说明，他们那时追求理论知识的学习热情是很高的，这也是一分为二吧。

王敬先（当时是中央警卫处的副处长）带着尖锐的男高音声调，对这个问题提出了肯定的回答："根据《矛盾论》的解释来说，我们和美帝国主义者之间是有统一性或同一性的。"说罢，他向小会场环视了一周，脸上带着挑战性的微笑。

"那么，我们和美帝国主义者之间有什么样的统一性或同一性呢？我们是社会主义国家，他们是帝国主义国家，这之间的统一性或同一性表现在哪里呢？"王鹤滨提出了疑问性的反驳，这也正是搞不清楚的地方。

"《矛盾论》中是这样写着的吗！"王敬先带着兴奋的尖声说着，同时打开《矛盾论》小册子念道："矛盾的双方处于统一体中。"念罢，他合上书本，得意地冲着王鹤滨笑笑，又补充道：

"这是毛主席的《矛盾论》上说的，至于我们和美帝国主义有什么样的统一性或同一性，我说不上来，但我可以肯定，我对这个问题回答得不错。"王敬先的发言，王鹤滨也无力反驳，因为在《矛盾论》的书本上写得明明白白，白纸黑字就在眼前。

很显然，王鹤滨当时受形式逻辑推理的束缚，挣脱不出来，认为一承认我们与美帝国主义者有统一性或同一性时，不就把我们自己也推论到帝国主义的性质上去了吗？所以不敢承认，也无法解释、理解我们与帝国主义有统一性或同一性的问题。由于王鹤滨还没有吃透"矛盾的双方处于统一体中"这一简单的命题，要更深一层地去理解这个问题就更难了。

学习讨论会的争论平静了下来，但问题并没有得到解决，等于那个问题从书本上提了出来，又回到书本上去作为解答。

这个问题怎么去理解？于是王鹤滨想到了最好的老师、《矛盾论》的作者——毛泽东。对！去请教毛主席，王鹤滨悄悄地溜出了会场。

王鹤滨走进菊香书屋的院子，在毛泽东办公室的门口停下步来。这时，王鹤滨迟疑了，心想，为了一个学习上的问题去打扰他老人家，合适吗？于是王鹤滨在办公室的门前踌躇起来，是走进去请教毛主席？还是退回到学习讨论会上，再听听同志们的见解，正在犹豫之间，毛泽东从办公室里走了出来，大概看到王鹤滨在门口迟疑不决的状态，就发问道：

"王医生！有什么事情吗？"毛泽东同时很关心地看着王鹤滨，他的问话马上把王鹤滨从游移不定的思考状态下解脱了出来。

"我们正在学习主席的著作《矛盾论》，有的同志提出我们和美帝国主义有统一性或同一性。我不明白，我们怎么会与美帝国主义者有统一性或同一性呢？"王鹤滨像小学生向老师请教答案时一样，仰望着毛泽东问道。

"我们和美帝国主义者是有统一性或同一性的。"毛泽东肯定地回答。

"主席，是个怎么样的统一性或同一性呢？"王鹤滨把讨论会上曾经提出的问题摆在了他老人家面前。毛泽东看着王鹤滨那固执而又幼稚的眼神，改变了直接回答问题的方式，而是启发式地向王鹤滨提问道：

"我们中国在什么地方呀？"

"在地球上。"王鹤滨回答了提问，但是尚未马上明白毛泽东问此问题的目的。

"对！中国在地球上。美国呢？它也在地球上，而且位置正好与我国相对着。它在地球的那一面，中国在地球的这一面，但都是在地球这个统一体上的，对吗？"毛泽东看着王鹤滨的眼睛，看王鹤滨懂了没有。

毛泽东看到了王鹤滨眼神的变化，知道王鹤滨对中国和美国在空间上的统一算是明白了，接着他又解释道：

"在抗美援朝的战场上，缺少一方就讲不成抗美援朝的战争了。"毛泽东由浅入深的解答，使王鹤滨有了豁然开朗的感觉，王鹤滨的难题解决了，解难题的方法也有了。这时，陪毛泽东走出办公室。

王鹤滨带着获得知识的喜悦心情，向学习讨论的会场走去。边走边思考着毛泽东对问题的解释和解释的方法，同时，王鹤滨一面举一反三地思索着，有滋味地咀嚼着获得的见解。

对啦！任何矛盾着的事物都在一定的时间和空间里存在着，好像有一个"外壳"把一对或多对矛盾包裹起来，这对或这些矛盾又受其他外界矛盾的影响，在一定条件下，"壳肉"的矛盾可以相互转化，其中包括位、势上的或性质上的转化，或者这对矛盾冲出"外壳"与外在的另一事物的矛盾组成新的矛盾时，存在于另一统一体中，即变换了一个"外壳"。人体和自然界就是这样的。动物、植物、矿物被人吞食后，经过一系列的过程（条件）转化为人体自身的组成部分，人死后，又把组成人体的物质成分归还给大自然；其中一部分被动物、昆虫、细菌吃掉，转化为动物、昆虫、细菌等有机体的组成部分，一部分成为土壤的组成成分，在一定条件下，又被植物所吸收，转化成植物的组成成分。有的仍然留在自然界中组成无机物质的成分。

社会主义是资本主义发展的必然结果，帝国主义在一定条件下，可以和最终必然地转化为共产主义。王鹤滨和毛泽东身边的工作人员终于明白了矛盾的统一性和同一性这一哲学上的抽象名词。

（参见王鹤滨：《紫云轩主人——我所接触的毛泽东》，中共中央党校出版社1991年版）

"黄世仁的妹妹，你过来"

1953年10月2日晚，文工团员李艾第一次到春藕斋同中央领导跳舞，当她同毛泽东步入舞池时，毛泽东问："你叫什么名字？"李艾答道："我叫李艾。""哪个艾字呀？""是艾草的艾，也就是艾思奇的艾。"李艾把自己的名字引申开，向毛泽东作了解释。因为在延安时代，艾思奇的《大众哲学》曾受到毛泽东的称赞，提起艾思奇是无人不晓的。

毛泽东接着提出一个新问题："噢，那么你是两个姓哪，怎么姓两个姓呢？"李艾顿时笑开了，她感到领袖的笑侃令人思路开阔。于是答："艾，原来是我的小名，当兵时填表图省事，就叫了李艾！"听完后毛泽东又说："那你这个人，还是不怕鬼哪！""我胆子大，不怕什么。"的确是这样，李艾15岁从刚解放的北平参军，随部队南下征战广州，走过了大半个中国，在炮火中早已磨练出一个女文工团员所具有的胆量。"对，我也看出来了，你胆子大，不紧张，和我跳舞手心没有出汗。"毛泽东祥和的谈话，驱散了李艾初次接触的紧张拘束心态。

还有一次，文工团员们同中央首长跳舞，毛泽东招呼蒋自重来跳舞，"老蒋过来呀。"蒋自重红着脸走过来，有点不快地说："主席，你叫人老蒋不好，您还是叫我小蒋吧。"毛泽东哈哈笑着作了更正。

乐队又奏响了舞曲，毛泽东扬起手朝着分队长黄世敏喊："黄世仁的妹妹，你过来，过来。"一声喊，把黄世敏说成个大红脸，愣在那里没挪步。文工团员余琳替分队长说起话来："主席，黄世仁是恶霸地主，坏透了，你干啥叫她是黄世仁的妹妹？谁愿做大地主的妹妹！"

"那也没得关系，她哥哥黄世仁是恶霸地主，她革命就行了。我毛泽东还要和她跳舞。"毛泽东就是这样善于运用人们所熟悉的人物来调节空气，活跃气氛。

（参见孙宝义、邹桂兰、孙吾文、孙月辰：《毛泽东的衍名艺术》，中央文献出版社 2006 年版）

擒纵女匪首

三国时代，七擒孟获的故事，热情讴歌了蜀国著名政治家诸葛亮对西南边陲少数民族首领宽大柔怀的政策。1700 多年以后，在人民共和国的土地上又出现了共产党的领袖擒纵女孟获——程莲珍的历史巧合。所不同的是，当年的孟获为云南省内彝族首领，而当代女孟获则为贵州省内布依族匪首，而擒纵他（她）们的又是性质根本不同的阶级和政权。

1953 年，贵州匪患已基本肃清，唯有程莲珍这名布依族女匪首仍然逍遥法外。当时的公安机关在通缉令中这样写道："该匪首狡诈多变，行动敏捷，枪法甚精，捉捕时务必提高警惕。"匪首再狡诈也逃不脱人民的法网，通缉令发出不久，剿匪部队终于将她缉拿归案了。

当时按剿匪政策规定，凡是拒不投降自首的敌匪中队长以上的匪首，一经抓获，便依法制裁。像程莲珍这种罪大恶极的匪首，按规定应严惩不贷。然而，至今她仍然活在人间。

当时贵州省军区党委把程的情况上报到西南军区，这时正值李达参谋长启程赴朝鲜访问，他指示将此案暂时搁一下，留待归国后处理。8月下旬，李达由朝鲜回国。在京期间，他受到毛泽东的接见。交谈中，李达汇报到了西南地区的剿匪工作，当谈到程莲珍一案的处理意见时，李达向毛泽东汇报说："这个女匪首，下面要求杀。"但毛泽东明确指示："不能杀。"并半庄半谐地指出："好不容易出了一个女匪首，又是少数民族，杀了岂不可惜？""主席的意思是……""人家诸葛亮擒孟获，就敢七擒七纵，我们擒了个程莲珍，为什么就不敢来个八擒八纵？连两擒两纵也不行！总之，不能一擒就杀……"不杀程莲珍不是纵虎归山，而是毛泽东根据贵州剿匪虽已接近尾声，但情况仍很复杂，尤其是有些地方土匪问题与民族问题交织在一起的特殊情况而作出的决策。不杀程莲珍是为了通过教育改造后让她将功赎罪。果然，通过改造教育，脱胎换骨，程莲珍走上了新生之路，在以后的清匪反霸斗争中发挥了特殊的作用。当代女孟获的新生，是毛泽东在处理匪首问题和民族问题上具体问题具体分析，特殊情况特殊处理的又一成功做法。它获得了意想不到的效果。经程莲珍做工作，许多土匪放下武器，纷纷向人民政府投诚，很快完成了剿匪任务。后来程莲珍被选为县政协委员，成为民族团结的一个典型。

（参见孙宝义、刘春增、邹桂兰编著：《毛泽东品三国用三国》，国际文化出版公司2011年版）

幽默产生的笑

1953 年 12 月，毛泽东专程去杭州审定宪法草案。工作之余，一次，毛泽东带领部分随从人员游览龙山，时逢小雨，大家便奔向峰顶，进了一处道观避雨。毛泽东进观后，便找了一个蒲墩坐下，背对神像，面向观门，望着那迷迷蒙蒙的细雨，燃起一支香烟，悠哉游哉地慢慢吸起来……站在他身侧的郑淑云．是位保健护士，又是一位不吸烟的女孩子，自然讨厌吸烟，不过此时吸烟的人是毛泽东，不好直接反对，但又不吐不快，于是就小声地嘟囔道："道观重地，岂能吸烟？"

她的语音虽小，推想毛泽东是听到了，于是他便把香烟掐灭了。

道观内暂时出现了寂静，观外小雨还下着。毛泽东站了起来，看到了供案上有签筒和筒内插着不少签子，于是灵机一动"计上心来"，笑着对大家说道：

"你们进得观来，抽不抽签！"

"当然抽！"回答的是郑淑云，在这种场合表现出勇气的常常是女孩家。

"抽签得向神像磕头！"毛泽东听到郑淑云的应战，故意有趣地将了她一军。

"我抽签，但不磕头，我没有向神像磕过头！"郑淑云表明她是一位无神论者共产主义战士。

"你不磕头，就是心不诚，心不诚就抽不到好签！"毛泽东加劲地说。

"……"

几个回合下来，郑淑云妥协了，为了使得毛泽东高兴，就说：

"好！那我就磕磕看，试试灵不灵！"说罢，郑淑云双腿跪在了蒲墩上，冲着神像磕了三个头，以示"心诚"。

毛泽东见郑淑云磕了头，就笑眯眯地去抽签，他心情很惬意，好像白赚了小郑的三个头，因为他没有向神像磕头，也就是让小郑上了"当"，像小孩子一样乐不可支。在场的人们都为毛泽东的智慧与幽默，发自内心地笑起来。

还有一个故事，也是毛泽东创造出来的。

丰泽园的大门口的东西两侧，各生长着一棵特异于一般的槐树。

毛泽东的外勤卫士中，有个叫王振海的，个头中等偏矮，两只大眼睛炯炯有神。近似圆形的面孔，两片稍厚的上下嘴唇，经常稍稍的半张着，透出一种为人忠厚，还没有脱去农民特点的老八路形象。

我们在毛泽东的身边，像是他的孩子，有什么个性、特点、优缺点，他是一目了然的。

一次，毛泽东走出丰泽园大门，他的左右身后，照例有几个工作人员跟随着。当他看到丰泽园大门口那两边各一棵的异形槐树时，问走到他身边的王振海道：

"这是什么树？"

这种槐树学名叫"龙爪槐"。王振海仔细地端详着，琢磨了约莫半分钟，便兴冲冲地对着毛泽东说：

"报告主席！这是耷拉槐。"他看到这槐树的模样儿，树枝都向四周垂下来，在河北农村中的土话称作"耷拉"，便认定这槐树的名称，称作为"耷拉槐"是最适合的了。

他的话音一落，毛泽东和其他的随行人员都嘻嘻哈哈地笑了起来。毛泽东咯咯咯地笑出了声音，连肩膀都耸动了。有的卫士笑出了眼泪，捧起了发痛的肚子。

王振海却羞红着脸，莞尔一笑，把他的圆头半低下来。这事之后，他一听到别人当着他的面说出来"耷拉槐"三字时，他就会羞涩地把头像"耷拉槐"似的半耷拉下来……

另外一个故事发生在王鹤滨身上，虽然当时王鹤滨没有看到毛泽东在笑，但我相信他和汪东兴背着私自笑得很开心的……

记得那是王鹤滨头一次陪毛泽东吃饭，值班卫士来到王鹤滨的寝室通知王鹤滨说：

"毛主席叫你去！"

王鹤滨急忙来到紫云轩，在紫云轩过厅中的大圆桌上，已经摆好了饭菜和两个人用的碗筷。

"王医生，今天请你来是陪我一起吃饭的。"说毕，他悠然地一笑，又补充了一句：

"一个人吃饭没有意思！是吧？"说罢，看了看王鹤滨，并示意王鹤滨动筷子。

这是王鹤滨第一次陪他吃饭，确实有点拘束，不大自然，筷子也不好意思去夹菜，毛泽东见王鹤滨只顾吃"门前菜"，于是就这一样、那一点地夹菜给他，毛泽东一边给王鹤滨夹菜，一边说：

"王医生，这个菜你喜欢吃吧？我是喜欢吃的！"说着，他把一箸子苋菜放在王鹤滨的菜碟子里。

毛泽东的热情逐渐打消了王鹤滨起初的拘谨，狼吞虎咽地吃起来，也不知道为毛泽东夹菜。不一会儿，他给王鹤滨夹来的菜，王鹤滨都吃光了。王鹤滨稍微有点儿紧张，加上湖南口味的炒菜中多加有辣椒，王鹤滨的额头冒出汗来。毛泽东因为要照顾王鹤滨吃饭，倒像是他陪着王鹤滨用餐。

这事过后，主席也经常叫王鹤滨陪他用餐。有时，党内外领导人向毛泽东汇报工作后，毛泽东留下他们吃饭，也叫王鹤滨来陪客。这时，他就得要照顾两个人，一个是客人，一个是陪客人的王鹤滨。

事情过去有一段时间后，有一次，毛泽东在丰泽园大门外的南海北岸上散步。汪东兴和王鹤滨跟在后面，中间隔有几步的距离，这时，汪东兴突然诡秘地笑着对王鹤滨说：

"王——大——夫，你陪毛主席吃饭时，不要只顾自己埋头苦干呀！"说完，他就咯咯咯地笑了起来，笑得非常开心，以致口水都流了出来，连鼻尖都笑得发红了。

"什么'埋头苦干'呀？"王鹤滨还没有立刻领悟出来，心里猜度着，有什么好逗的事儿，引起了汪东兴这么开心地发笑？

"我是说，你陪毛主席吃饭的时候，不要只顾自己吃，老让主席照顾你呀！"汪东兴笑个不停地接着说着，"主席对我讲了，说你是在革命队伍中长大的，不懂得待人接物那一套。"

原来,"埋头苦干"出自毛泽东之口。王鹤滨想,这么幽默,这么确切而又巧妙的语言,也只能出自毛泽东之口,它是多么地耐人咀嚼、深思、回味啊!

从上述三个故事中,我们看到了毛泽东的幽默语言,透露出他渊博的知识、敏捷的思维,也反映出他乐观向上的积极心态。

（参见王鹤滨:《毛泽东的保健生活与养生之道》,中国青年出版社 2005 年版）

爬 "碧云山"

据张耀祠回忆:

1953 年毛泽东在杭州起草宪法草案,他对杭州周围有名的山几乎都爬过一遍,先后共爬了三十五座山。

"碧云山"从山脚到山顶有四五华里路,走过山腰往西约十华里的路才能向山顶上爬,我们在爬碧云山时,中途休息了一会,又走了几里路,这时候已经下午6点钟了,我们向主席建议:"现在往回走吧,再往前走,天黑了,看不见路了。"

主席没有答话,继续走他的路,过了一会儿,他停下来,擦了擦身上的汗,笑着说:"你们都累了吧? 我也有点累了,身上已经流汗水啦!"

我们建议:"那我们下山往回走吧?"

主席说:"不不! 走得累一点,身上流点汗水这对身体有好处,这才叫锻炼呢! 锻炼要有点毅力,不能累了就不干啦。"

一席话说得大家哈哈大笑起来。

这时，主席转身对后面的人说："好马不吃回头草，我们往前走，绝不下山。"

过了一会儿，主席实在走不动了，向我们解释说："刚才说的好马不吃回头草，是说的马，可我们是人啊！我拿这句话作比喻，我们人也可以说，好人向前，坏人向后，一个革命者干什么事，总是勇往直前。"

在爬山时，主席常和身边的工作人员说说笑笑，气氛十分活跃融洽，常常不知不觉地爬到了山顶。站在山顶，极目远眺，杭州城环抱西湖，满目青翠，一片葱茏，阵阵清风吹来，令人心旷神怡。主席说："爬山是全身运动，既能增强体质，又能观赏风景，还可以使人心胸开阔。只有站得高，才能看得远嘛！这是一举三得。"毛主席青年时代就爱爬山，参加革命，在战争年代，在江西粉碎蒋介石的一、二、三次反革命"围剿"，红军长征二万五千里，在陕北胡宗南进攻延安，几乎天天要爬山，如井冈山、武夷山、大雪山、六盘山，数也数不清的大山。战争年代爬山是为了打仗，消灭敌人，和平时期爬山是为了锻炼身体，锻炼意志。这是毛泽东总结出来的经验。

（参见张耀祠：《告诉你一个真实的毛泽东》，《雪域》1996年第5期）

王芳的名不能改

1953年底，毛泽东来到杭州，刚刚在下榻的西子湖畔的汪庄安顿下来，日历就翻到12月26日——毛泽东的60周岁生日。虽然毛泽东历来坚决反对为他祝寿过生日，但他身边的工作人员每到这一天，总是想方设法为他改善一下伙食。今天在小餐厅内准备了两桌简朴的便宴。承担毛泽东保卫工作和饮食起居重任的王芳同毛泽东坐在一起。

"王芳，我建议你把'芳'字上的草头去掉。你这个名字很容易搞混，许多不知情的人还以为你是个女同志呢，其实是个人高马大的男子汉。"闲聊中，陪同毛泽东来杭州的公安部长罗瑞卿说。

当时王芳没有丝毫思想准备："那，那，那好吧，把草头去掉，我还少写几笔呢。小平同志，您看行吗？"王芳想了想，转向坐在他右边的邓小平。

"这可不行！"还没等邓小平开口，毛泽东便放下手中的筷子，微微一笑，用有力的语气一锤定音。"王芳，你是山东人，你们山东绿化怎么样？"

"山东的绿化工作刚刚起步。"

"山东还有许多荒山秃岭没有绿化起来，你的头上刚长了一点草，就想把它除掉，这怎么能行？什么时候山东消灭了荒山秃岭，绿化过了关，你再把'芳'字的草头去掉！"

毛泽东形象而富有哲理的比喻，顿时把大家逗得笑了起来。

从此，这个草头就永远根深蒂固地"长"在了王芳的名字上。

（参见孙宝义、邹桂兰、孙吾文、孙月辰：《毛泽东的衍名艺术》，中央文献出版社2006年版）

"我就不喜欢这个口号"

毛泽东对国内外赠送给他的礼品，并不见实物，他看到的只是一张礼品单。实物由有关部门收存交公。朝鲜停战协定签订后，朝鲜的金日成赠送给毛泽东24箱苹果。对这一礼品的处理不同以往，因为是金日成所赠，又是不宜保存的食物。主席吩咐卫士把苹果转赠给警卫一中队。

苹果运至一中队，恰好是春节前夕。大家都非常高兴，连忙打开了纸箱：那些鲜美的国光苹果，个头很匀，都如拳头大小，每个苹果上都有一行被阳光晒出来的字："毛主席万岁。"那字是擦不掉的，同志们傻了眼，纷纷议论，"毛主席万岁"怎么能吃掉呢。也有的同志提议："干脆别吃，保存下来。"对此，卫士向毛泽东作了汇报。毛泽东皱起眉头说："我就不喜欢这个口号。哪有人能活一万岁的呢？活不到，那就吃掉。"

就这样，24 箱晒有"毛主席万岁"的苹果，全部被警卫战士和卫士们吃掉了。

（参见孙宝义、邹桂兰、孙吾文、孙月辰：《毛泽东的衍名艺术》，中央文献出版社 2006 年版）

抽　签

据张木奇回忆：

1954 年 2 月底的一天，毛泽东在杭州爬玉皇山，同行的有谭震林、罗瑞卿、柯庆施、谭启龙和张耀祠等人。

玉皇山原名育王山，耸立在西湖与钱塘江之间。山腰有紫来洞，毛泽东和其他领导人在洞前俯瞰山下的八卦田，照例一番谈古论今，说南宋皇帝祭什么，先农的时候就在那田里作作样子，亲耕几犁。几位领导谈论着谁耕过田谁没扶过犁地爬上山来。

山顶有个福星观。那天下着毛毛细雨，游人很少，庙观里也只留了一个瞎子。说是道士吧又光着脑袋像和尚。毛泽东在观外看看便走入观内。四面参观一番后，停在游人烧香拜佛抽签的供桌前。

供桌上没有点心，那一木筒签还摆在上面。毛泽东朝那些签望了片刻，稍一犹豫，还是伸手上去抽出一签，拿来看。

才看一眼，毛泽东便笑了起来，笑出了声。其他领导人便围过来。毛泽东一边笑一边将签递给罗瑞卿，罗瑞卿看过也笑，没有笑出声。把签又递给谭震林，谭震林看过也笑，

就这么传着都看一遍，重新交还毛泽东。毛泽东没有再看，随手扔在了地上。

我好奇，等首长们走出观门，忙从地上捡起签，匆匆一看，是繁体黑字，没看清两个字便悄悄揣入兜里。反正那个瞎子和尚也看不见我把签带走。

回到住地，我再掏出签看。那是个竹片把纸签，字是板印的。记得大致内容是：此命威权不可当，紫袍玉带坐朝堂。

还有一句是什么娶妻三房。我悄悄把签保存下来了，直到离开中南海转业到地方后不知何时丢了，一直很惋惜。

（参见权延赤：《真实毛泽东》，内蒙古人民出版社 1998 年版）

雷峰塔还是应该保留

1954 年年初，为主持写出共和国第一部宪法，毛泽东在杭州一连住了四个多月。

有一天，谭启龙陪着毛泽东沿湖滨散步。正是江南春光明媚时节，湖中，碧波千顷，游船画舫如织如梭；湖畔，绿柳红桃，游人如云，欢声如潮，苏堤宛如一条彩练横挂湖中，自北向南延伸而去……

宪法起草工作进展顺利，几近尾声，毛泽东心情十分愉快，环顾着四周一派升平美景情不自禁地同谭启龙谈起西子湖来。他问道：

"小谭，你说说看，西湖美不美?"

"美啊。太美了!"谭启龙也早被这生机勃勃的西湖早春秀色迷住了。

"你再说说，西湖美在何处?"

"具体点儿说，"谭启龙的眼光迅速掠过湖光山色，"依我看，这山、这树、这水，都美。再加上三者相映成趣地搭配在一起，不就更美了嘛?"

"你只说对了一半。"毛泽东笑笑，"算是及格了吧。只是你还没抓住西湖的特点。大凡天下名胜之地，多具备你所说的这三点:青山叠翠、绿水长流、花木扶疏，这只是其共性。西湖的个性，你还没抓住。抓不住个性，你就不能很好地区分'这一个'和'那一个'，你就不能区分出杭州的西湖和武汉的东湖二者之间的差异，也就难以抓住一个具体事物的要害之处了"。

谭启龙想，主席这是借西湖谈哲学呢。毛泽东又指着苏堤说:

"修这道堤的苏东坡抓住了几点特色，他有诗道'水光潋滟晴方好，山色空蒙雨亦奇，欲把西湖比西子，淡妆浓抹总相宜'。晴天的水，雨天的山，一浓抹，一淡妆，确是西湖之美啊。你看，阳光下桃柳争艳的苏堤，就是'水光潋滟晴方好'的浓抹之时啊。"

可不是嘛，朗日晴空，春江水暖，桃红柳绿，就连从湖中吹来的风里都透着甜滋滋、暖洋洋的韵味，确是西湖良辰美景时。

二人走过林中曲径，开始上山。谭启龙知道，只要住在刘庄，毛泽东差不多每天上午都要爬一次丁家山，这是他锻炼身体的一种好方法。

"美好的传说更能为美好的风景增添魅力。"爬到半山腰，毛泽东停下来。指着苏堤外湖滨的一座青翠小山说:

"小谭，你知道那座夕照山吗?"

"知道啊"，谭启龙顺着毛泽东手指的方向望去，那青苍峰峦的夕照山好似就在眼前，但他不明白毛泽东为什么突然提起夕照山。

"你知道山上有过一座塔吗?"

"知道。叫雷峰塔，就是法海扣压白娘子的那个塔，我小时候就常听老人讲白娘娘的故事。可惜我没见过这座塔。"

"雷峰塔，早在20年代就倒塌了。"毛泽东说，"你听过《白蛇传》这出戏吧，这戏好，我爱听"。毛泽东边说话边继续拾级而上，嘴里还哼着一节无词的京剧唱腔，大约是《白蛇传》吧?

毛泽东确实喜欢《白蛇传》。1958 年他到上海，市委为安排文娱活动征求他的意见时，他点名要看的就是这出戏。

"那个许仙也真够可恨的。"谭启龙跟在毛泽东身后边走边说，"要不是他一次次听信了那老和尚法海的谗言，白蛇何至于吃了那么多苦头？人家白娘子对他那么好！"

"应当这么看"，正快步前行的毛泽东又一次在山坡上停下来："许仙固然立场不够坚定，但属于可以争取和教育的对象。法海是反动派，制造白蛇悲剧的始作俑者是法海，对他，决不能施仁政！青蛇一身正气，立场坚定，旗帜鲜明，是法海的对立面。'水漫金山'一案，应由法海负责，白蛇无辜受迫害，理当平反。"

爬到山顶，毛泽东极目高天白云，伸出双臂做了几个深呼吸动作，又拣起刚才的话头：

"据说玉皇大帝后来也怪法海多事，要查办他，他就逃到螃蟹壳里躲避起来。现在你吃河蟹时只要留心，就能看到背壳里面的'蟹和尚'肉呢。这是鲁迅在一篇文章里写的。当初法海机关算尽，将白蛇打入塔底，却没料到塔终究会倒塌。可他钻进蟹壳里，倒是真的永无出头之日了。法海自作自受，搬起石头砸了自己的脚，真是活该！"诅咒完法海，毛泽东自己也快活地笑了，这是一种称心如意的笑。

下山归途中，毛泽东又对谭启龙说：

"不过，雷峰塔还是应该保留，让人们一到西湖，就能想起这段神话故事。否则，一座秃秃的夕照山，馒头一样，有什么看头？"

（参见李约翰、镡德山、王春明：《和省委书记们》，中央文献出版社 1995 年版）

"你是不是查过他们的户口"

　　1954 年春，毛泽东爬上杭州城西南的玉皇山，来到了玉皇宫。大殿里那一尊尊塑得形态逼真、栩栩如生的神像，很受毛泽东的喜欢。他面带笑容，围着神像一尊一尊地仔细转着看，嘴里还念念有词地说道："像，这些神像塑得太像了，每个人物的性格特征都活灵活现地表现出来了。"

　　"你知道这些神仙的故事吗？"毛泽东回过头来问身边的王芳（浙江省公安厅厅长）。

　　"知道一些，他们都是《封神演义》中玉皇大帝麾下的英雄。"

　　"神话传说不可信，但它们却寄托了劳动人民的美好理想和追求。"毛泽东补充了一句。

　　"我来考考你，这位是谁？"毛泽东指着一尊神像说道。

　　"他是赵公明，原先是峨眉山罗浮洞道人。在帮助闻太师征伐西岐时，战败而死，受到了册封。这位法术高超的英雄，是被钉头七箭射死在岐山的。"

　　"嗯，答得对！"

　　"那么，这位是谁呢？"

　　"姜子牙。"

　　"这个姜子牙，可是不得了的人哟，他潜心学道四十余年，智勇韬略，远虑深谋。80 岁时被周文王拜为丞相，辅佐文王为兴周大业作出了卓越贡献。"毛泽东滔滔不绝讲起了姜子牙的故事。

　　毛泽东又问了几尊神像，王芳都回答得干脆利索："这个是哪吒"，"那位是黄飞虎"、"云中子"……

　　"你这个公安厅长很称职嘛，不但对活着的人心中有数，而且对这些神仙也一清二楚，你是不是查过他们的户口呀!"

毛泽东说完自己先笑了起来，大家也被毛泽东的诙谐和幽默逗乐了。

（参见盛巽昌编著:《毛泽东与西游记、封神演义》，广西人民出版社 1997 年版）

前门的东便门里议明太祖

1954 年 5 月 16 日毛泽东参观古观象台，顺城到前门的东便门，他问张随枝:"这是什么地方?"

张随枝说:"东便门。"

毛泽东幽默地说:"那么就是说让大家到这里解手啊!"

张随枝认真地说:"这里叫东便门，并没有厕所。"

毛主席一边笑，一边走。他与陪同人员聊起来朱元璋当皇帝的故事来了。毛主席说，朱元璋是安徽凤阳人，明朝的开国皇帝。由于他出身贫穷，为了谋求生机，出家为僧。朱家生了 8 个孩子，只活下 6 个，4 男 2 女，朱元璋排行最小，小名叫重八。这一年遇上百余年罕见的干旱和瘟灾，他的父母和兄长都被夺去了生命。当时年仅 17 岁的朱元璋，埋葬了双亲，便离开亳州开始了他的游荡生涯。

他为生活所迫，常到安徽、河南，往返 7—8 次，往返搬家，接触了社会，又经游历充实了自己的历史生涯。

当时河南南阳和安徽淮南，是白莲教内两大教派活动的中心，出游期间他不可能不接触白莲教。出游返乡后，又加入了郭子兴的红巾军，初为步卒，由于他作战勇敢，才智过人，很快被郭子兴收为心腹。

说着，毛主席已来到哈德门。张随枝见那里城墙已断，有一条深沟，告诉主席说："这里过不去了，我们是不是从小路下去。"

毛主席没有吭气，便顺着小路，一直走到城墙下。路上车不多，人也很少，他们又横过马路，走了一段，待绕过那截缺了的城墙，又顺着小路口往城墙上走。张随枝在前面带路，主席也就缓缓跟着上了城墙。

上了城墙，大家的脚步慢下来，主席又讲起来朱元璋的故事。

郭子兴死后，朱元璋就把这支义军牢牢地掌握在自己手中了。

当时他采纳了朱升的高筑墙、广积粮、缓称王的建议，建立了自己的势力，在群雄中已无敌手，自己称了王。

朱元璋后称王的做法，既避免了众矢之的，又赢得了天下归心，表现了他卓越的谋略和胆识才气。

朱元璋在平定江南的关键之敌陈友谅和鄱阳湖之战中，充分发挥了他高超的军事指挥才能。当时，陈友谅用兵 60 余万，楼船数百艘，他采取主动出兵，企图一举消灭朱元璋的策略。朱元璋仅 20 万人，又都是小船，朱元璋亲临前线，亲自督战，他临危不惧，终于取得胜利。

鄱阳湖之战，是中国战争史上以少胜多的典范。朱元璋在 13 年的统一战争中，屡败了强敌，消灭割据势力，出军北上，建都南京。在执政的 30 年中，表现了他光辉的一生，真不愧为一代英豪。

他是个放牛娃，开创了近 300 年的大明王朝，上无惯例。他没有什么文化，完全靠他的聪明才智，是他个人努力奋斗的结果。可以说他是中国历代皇帝中成功的一个典范。

他有成功的一面，也有失败的一面。毛主席对朱元璋做过精心的研究，接着又分析了朱元璋不够的地方。他稍停了一下，继续对大家说："我们后人要很好地研究明朝近 300 年的历史，很好地学习他成功的经验，吸取失败的教训。要研究中国悠久的历史，要好好学习历史啊！"

毛泽东用朴实的话语回顾了朱元璋的经历，给身边的工作人员上了一堂生动的历史课，引起了大家对明朝历史的关注。

（参见张随枝：《红墙内的警卫生涯》，中央文献出版社 1998 年版）

烧了茅草房住瓦房

1954 年，毛泽东在杭州休养。那时还没修起游泳池，毛泽东的运动主要就是爬山。

有一天爬山，毛泽东边走边同侯波聊起来。他是喜欢聊天的。

"你现在看什么书啊？"毛泽东引出话头。每次聊天总是他主动。

"红楼梦。"侯波说。

"看得懂吗？"

"看故事呗。"在毛泽东身边工作久了之后，我们说话就随便多了。

"你要看五遍才有发言权哪。"

"我一遍还没看完哪。"

"那样的社会，那样的家庭，你们没看到过。只能看看故事。"

上得山，回头一望，山下有个房子着火了。南方的草房见火就扑不灭，这种临时性的草房当年还是常能见到的，几根木架，席子一围，茅草盖顶，着了火只需把房里值点钱的东西抱出来就行，灭火没多大实际意义。

侯波喊："哎呀，房子着火了！"

毛泽东在山坡的石头上坐下来，不慌不忙说："着火好。烧了好，烧了好。"

"着火……还好？"侯波很惊讶毛泽东的话和说话的口气。

"不烧他就总住茅草房。"

"烧了他住哪里去呀？他盖不起瓦房才住茅草房的。"

"嗯，看来是你说的有理。那怎么办呢？烧了到哪里住呢？"毛泽东沉思不语。良久，自言自语喃喃："落了片白茫茫大地真干净……"

山下的火已经燃尽，只剩一缕袅袅的青烟。

"唉，烧了好。烧了三年盖瓦房，不烧十年住草房。我看朝鲜还是有希望的。"

毛泽东思想太活跃，他怎么就想到了停战不久，还是一片废墟的朝鲜？他考虑的问题与我们想的事情实在不是一个层次。

1958年4月摄影师侯波陪同毛泽东外出视察，从四川回来，乘火车，毛泽东看报纸，侯波坐他对面，想为他拍照。正在那里等待机会，注视他的表情时，他忽然从报纸上方掀起眼皮，一本正经叫："侯波。"

"嗯。"侯波也抬起头。

毛泽东皱起眉头："你怎么总是拿一只眼睛看我？"

"我的取景框只能放下一只眼睛。"

"噢，"毛泽东笑了，"一只眼的照相，两只眼的看报。眼不在多，而在用的是地方。天下一个理。"

毛泽东讲话就是这么风趣，永远充满了哲理。

（参见权延赤编著：《领袖泪》，求实出版社1989年版）

《封神榜》里没有不破的法宝

1955年3月31日，毛泽东在中国共产党全国代表会议上讲话。在谈到目前形势时，他说：

"帝国主义拿来吓唬我们的原子弹和氢弹，也没有什么可怕。世界上的事情。总是一物降一物，有一个东西进攻，也有一个东西降它。看《封神榜》就知道，哪有一个'法宝'是不能破的呀？那样多的'法宝'都破了。我们相信，只要依靠人民，世界上就没有攻不破的'法宝'。"

毛泽东面对原子弹、氢弹，貌似凶恶的敌人，从战略上给以藐视，并以哲人的理性思维断言，总有一物可以降服它，只要依靠人民，世界上就没有攻不破的"法宝"。这段充满了辩证思维的比喻，给正在奋发图强的中国人民极大的鼓舞、信心和力量，中国人民终于研制出这个"法宝"。成为遏止原子武器讹诈的中坚力量。

（参见《毛泽东文集》第六卷，人民出版社1999年版）

亲自给警卫员们讲课

1955年5月14日，毛泽东就在他的住地——中南海丰泽园颐年堂前的院子里，接见了警卫一中队的干部和战士，专门给他们讲了调查研究的重要意义和怎样才能做好调查研究工作。

毛泽东又嘱咐大家要注意保密，不要说是给毛主席做警卫工作的，是毛主席派来的。接着，他给大家讲了两个小故事：我们国务院就有这么一个同志，回家召开干部会，说是总理派来的，结果这个同志还没有回来，国务院就知道了。

说到这里，毛泽东不禁笑了起来，因为在警卫战士中，也曾经发生一个有趣的故事，毛泽东一提起来就想笑。一个家在陕北的战士，回家探亲时，遇到一个当年的老游击队员。老人问这个战士，在哪个部队里干什么工作？战士说，在北京搞警卫工作。老人问："可见过毛主席？他老人家身体可好？"战士这时想起了部队的保密制度，对毛主席的情况要保密，回答说："我没见过毛主席。"老人看着这个满脸稚气的小战士，试探性地说："听说毛主席病了，还病得很厉害呢！"这个战士一听就急了，马上反驳说："不对，这是造谣!"老人问:"你咋知道?"小战士急着要为毛主席的健康辟谣,说:"我回来的时候还亲眼看见毛主席在海边散步嘛,毛主席的身体很好,你不要听信谣言!"老人听了哈哈大笑,说:"娃,你还小呢!"

毛泽东讲的故事,引得在座的人们都笑了。为了了解下面的真实情况,他派自己的秘书下乡搞调查,并交代他们:调查时不要各级领导作陪,要找生产队长就只找生产队长,不要公社书记和大队长参加;要找县委书记,只请他本人来谈,因为人多了谈话就有顾虑。还可以找下放干部谈话,他们可能顾虑少。总之,要了解各种人的真实想法。他还常对身边的工作人员说:"你们要下去,你们能看到真实情况,要告诉我真实情况。"

（张随枝:《红墙内的警卫生涯》,中央文献出版社 1998 年版）

最讨厌的是人云亦云

1955 年 4 月,卫生部副部长朱琏等人被邀去和毛泽东一道吃饭。席间,毛泽东借题发挥,除了谈天说地外,更多的是议论中医学和营养学。

毛泽东夹起一片猪肝,颇有些得意地放进嘴里:"医生不叫我吃动物内脏,说是增加什么胆固醇,我已经上了整整两年当了,今天开戒。"他津津有味地嚼完,又夹起一片:"他们不叫林老(指林伯渠)喝鸡汤,说是外国出版的杂志上讲到鸡汤增加胆固醇。经过一段时间,又同意林老喝鸡汤。其所以同意,也是因为看到外国杂志上说不增加胆固醇。殊不知外国人没有多少蔬菜吃的呀。中国医学上有的还把动物内脏用来治疗人的内脏病,常常用之有效。"

在毛泽东看来,最讨厌的事是人云亦云,被人牵着鼻子走。

新中国成立初期，营养顾问要求很严，每天吃多少分量的油、盐、姜、葱、蛋白质、脂肪都有规定。毛泽东对这套营养计划不买账。他说："对大夫的话不可不信，但也不可全信。"

毛泽东对健康有自己的看法和主意。这也许是他在实践中总结出来的经验。

（参见《辽沈晚报》1995 年 1 月 21 日）

"我就是不怕鬼"

1955 年 6 月，毛泽东就和他的卫士王笃恭讲过不怕鬼的故事。

那一天，王笃恭陪毛泽东和江青一起散步。在聊天中，毛泽东知道王笃恭是上党沁县人。

毛泽东对王笃恭说："沁县过去叫沁洲，位于上党脚盆的北面，沁洲历史上曾出过一位宰相。"

王笃恭说："那位宰相叫吴阁老，听说那坟墓修得可威风啦，离我们家只有 10 多里路。"

毛泽东问他："那你一定去过啦？"

王笃恭回答说："没去过。"

毛泽东又问他："那么近为什么不去看看？"

王笃恭认真地说："一是年纪小，二是听长辈老人们说，那里经常闹鬼，不要说小孩子，就连大人们都不敢去，生怕鬼跟上了倒霉运。"

毛泽东笑了，说："哪里有什么鬼嘛！"

王笃恭肯定地说："有，我们村里有一个人就被鬼跟上了。"

毛泽东饶有兴趣地说："那好嘛，你说给我听听。"

王笃恭一本正经地说："那人叫王东明，30多岁，晚上去八里路的外村看夜戏。散戏后往回走，路过一片坟地，就遇见鬼了。王东明说：'那鬼打着个蓝灯笼，左摇右晃，开始离我不远，我想绕过他，就加快脚步走，谁知他从前面跑到了我身后，离我很近，我快走，他也快，我走慢，他也慢，我想拼命地快跑甩掉他，结果是我跑多快，他也跑多快，一直跟到家里才不见了。'王东明回到家里一头栽倒在炕上，病了一个多月，病好后他见人就说，逢人就讲，说他看夜戏回来被鬼跟上了。以后再也不去看夜戏了。他这一说不要紧，闹得村里的人，晚上不敢出门，天还没黑就点灯，生怕碰上鬼。"

毛泽东目视着王笃恭问："你信吗？"

王笃恭回答说："当时我信，后来我不信了。"

毛泽东告诉王笃恭："不信是对的，根本就没有鬼，他看见的也不是鬼，那是什么呢？是磷火。磷火是怎么回事？人死后埋在地下，人体腐烂后，产生出一种气体，比空气要轻，称为磷火，白天看不见，只有在夜间能见到，蓝光点随着空气的活动在晃悠，在一定的条件下就自然而然地消失了，有人把此说成是鬼，其实不是鬼，也根本没有鬼，我国没有，就全世界而言也没有鬼，你明白了吗？"

（参见黄允升主编：《开国领袖毛泽东逸事》，
中央文献出版社 1999 年版）

"名字不错，永远顺利"

1955 年 10 月，中共中央举行了七届六中全会，重点研究农业合作化问题，并通过了《关于农业合作化问题的决议》。

专列徐徐驶进德州。清晨 5 点就赶到车站的德州地区副书记朱永顺上了车，在会客室里的毛泽东见了朱永顺随和地说：

"车里很热，把大衣脱下来，走的时候再穿上。"

毛泽东坐下，点燃香烟问起朱永顺的名字，听后称赞道：

"名字不错，永远顺利。"

"你在这里工作几年了，做什么工作？"

"工作了4年，担任副书记3年。"

"你是哪里人？"

"寿光人。"

"为什么叫寿光？"

"不知道。"朱永顺摇摇头。

"找一份县志看看，上面应该有记载。我喜欢看县志，过去打仗的时候常找县志看，里面有很多东西。"毛泽东又问：

"山东有个老同志王芸生是不是寿光人？"

"是寿光县王高村人。他说，过去在农民运动讲习所听过您的课。"

"你今年多大了？"

"34岁。"

毛泽东开始调查，"你们这里农业合作化的情况怎么样啊？"

朱永顺详细地汇报了情况。毛泽东有时记点笔记，不时提出问题。当朱永顺提到农业合作社的粮食产量比单干产量和互助组有增加时，毛泽东说："合作社一定要增产，不增产办合作社干什么？"

毛泽东强调："要书记动手，全党办社！"

朱永顺谈到农业合作社遇到一个普遍问题是缺少会计，即使有会计，也缺少会计知识。为解决这个问题，实行了会计互助网的做法，派财政部门的专业人员到合作社帮助工作，边辅导边交流经验。毛泽东感兴趣地记下来，问道：

"效果怎么样？"

"很受欢迎，而且受到各村的支持，效果很好。"

"你看可以普遍推广吗？"

"当然可以，只有好处没有风险！"

也可能是为了更深层次地了解问题，这次谈话只有毛泽东和朱永顺两人，交谈了近两个小时。

（孙宝义、邹桂兰、孙吾文、孙月辰编著：《毛泽东的
衍名艺术》，中央文献出版社 2006 年版）

"可以组织屯垦戍边么！"

1955 年元旦期间，王震将军到中南海见毛泽东。

在菊香书屋会客室，李银桥给王震沏茶水时，王震笑着说："当年的神枪手如今更英俊了，身材也魁梧了！"

李银桥看了看毛泽东，然后对王震笑道："王司令才是更英俊、更魁梧了呢！也比在陕北时胖了……"

毛泽东这时说："王震要能胖就见鬼了！"又说，"还是瘦些好，像我现在这样，再在陕北转战就拖累了！"

王震对毛泽东说："主席，我们打了这么多年的仗，现在战争结束了，那么多退伍军人需要安置，总得想个好办法解决。"

"可以组织屯垦戍边么！"毛泽东说，"中国古代就有屯垦制，管仲搞过，诸葛亮在汉中也搞过呢！开荒就业，治疗战争创伤，巩固边疆、建设边疆，应该是个好办法。"

王震高兴地说："这真是个好办法！可以集体转业，集体安置，做到有组织有纪律，很可以减轻各级政府的不少负担。"

毛泽东挥挥手说："是么！可以去海南岛、去北大荒、去新疆，上山、下乡、下海，劳动就业就是了；我们这样做，一可以巩固社会治安，二可以巩固国防，三可以解决干部战士的就业问题和安置家属，四可以减轻政府负担。有这四个方面的好处，何乐而不为呀？"

王震高兴地笑了，李银桥在一旁也笑了；谈话中，王震又同毛泽东提出了一个问题："主席，转业人员集体戍边，这么多人，结了婚的可以带家属，那些没结婚的，谁家的姑娘愿意嫁到边疆去呀？"

毛泽东想了想说："可以找地主、富农、资本家的女儿么！"

王震追问了一句："找这些人的女儿？"

"能找别人家的女儿更好。"毛泽东开始吸烟，边吸烟边说，"地富子女和资本家的子女，不能算是地主、富农、资本家么！转业军人可以找这些人的女儿结婚，这些姑娘也可以参加劳动，政治地位平等，安家就业，两全其美。"毛泽东对"屯垦戍边"有了新发展。王震为十万驻疆官兵当红娘，到1965年陆续解决了婚姻难题。

八一建军节前夕毛泽东接见我军高级将领时，亲切地对王震说："你不但是屯兵边陲的大将军，也是一位最伟大的红娘。"

（参见孙宝义、周军、邹桂兰编著：《毛泽东兵法战策》，解放军出版社 2013 年版）

摔几跤才能长见识

文工团员杨野萍回忆：

我是一个失去父母流浪街头的孤儿，9 岁时被人民解放军收留，当上了一名文艺战士。1953 年调入中央警卫团文工队，在毛主席身边工作。我第一次见到毛主席，是在一个周末的傍晚。

那天晚上，我们文工队的全体同志集合在中南海春藕斋，不知谁突然兴奋地喊了一声："主席来了！"果然毛主席迈着稳健的大步出现在我们面前。同志们都纷纷上前同毛主席握手问好，我却傻呆呆地站在那儿不知所措。毛主席慈祥的目光很快就注意到我这个文工队最小的战士。他走过来，用温暖而柔软的大手拉着我由于紧张而出了冷汗的手，叫我坐在他身旁的椅子上。我想向他老人家问好，可激动得发不出声，只是结结巴巴地说："毛主席，我常在梦里梦见您。"毛主席开怀大笑说："看来咱们还是有缘分的。"我紧张的心情渐渐消失了，可他老人家浓重的湖南口音我听不大懂，他就放慢了速度，一字一句地问我："你是哪里人，叫什么名字？"当我回答我是四川人时，毛主席哦了一声说："原来你是朱老总、陈老总的老乡啊！怎么这么小就当兵了？"我向他老人家汇报了自己的身世和姓名，毛主席风趣地对旁边的叶子龙等同志说："你们别看她小，还是个老革命，是从野地里拾来的野孩子，名叫野萍。野地里的浮萍没有根，可她参加革命找到了根，革命使她有了家。"他老人家的话把大家逗笑了，我也笑了，笑得心里甜甜的。那天晚上我躺在床上久久不能入睡，与同屋几个战友一起沉浸在幸福的回忆里。

1955年夏季的一天晚上，在北戴河滨海浴场游泳池的休息厅，毛主席、朱老总、周总理、少奇同志等中央首长观看我们的演出。我那紧张而幸福之感难以克制，心"咚咚"直跳。我默默地告诫自己："一定要演好，让毛主席看看我们平时努力的成绩。"可就在我跳《土豆舞》时，一不小心，摔了一跤。当时别提我有多尴尬、多狼狈，吓得快要哭出来了。这么重要的演出，我竟出了这么大的事故！就在我摔倒的一瞬间，坐在前面的首长都挺直了身子，周总理飞快地上前一步，把我扶起来，安慰我："别怕，跳得很好，继续跳下去。"毛主席、朱老总、少奇同志都笑着说："小杨子，别怕，都怪地板太滑了！"首长们的谅解和鼓舞，给我增添了勇气，我打消了不必要的顾虑，又情绪饱满地跳了起来。演出结束后，我们又和首长们一起跳舞。在和主席跳舞时，我手脚发僵，身上直冒汗。主席对我说："小杨子，你是个野姑娘，难道摔了一跤就害怕了？要勇敢点，跌倒了再爬起来。你这个长辫子大眼睛的姑娘，应该什么都不怕才对哦！"我低头说："我没有完成好任务。"主席说："摔几跤才能长见识哦。"

当时我并没有意识到这句话的深刻含义，后来我才理解它所包含的深刻哲理。

（参见王震宇主编：《在毛泽东身边》，人民出版社2009年版）

原子弹的双刃论

　　毛泽东是伟大的战略家，在战略上藐视敌人，藐视原子弹，认为原子弹同帝国主义和一切反动派一样是纸老虎。另一方面，毛泽东又非常重视原子弹，认为原子弹同帝国主义和一切反动派一样，又是活老虎、铁老虎、真老虎。发出了"我们还要有自己的原子弹"的伟大号召。

　　毛泽东认为，掌握核武器可以洗刷中国百年耻辱，树立民族自尊心、自信心。新中国成立之初面临着来自国内外诸多威胁，这对于提高中华民族的自尊心、自信心，恢复中国的国际地位产生了严重威胁。军事和外交问题上的民族主义意识和观念使毛泽东对这种危险的感受尤为深刻。1956 年 4 月 25 日，毛泽东在《论十大关系》的讲话中明确指出，要发展核武器，要恢复中华民族业已丧失的自豪感。他说：我们"不但要有更多的飞机和大炮，而且还要有原子弹。在今天的世界上，我们要不受人家欺负，就不能没有这个东西"。1964 年中国原子弹的爆炸成功，震撼了世界，高扬了中华民族的英雄气概，洗刷掉了中国百年来的耻辱。

　　毛泽东认为，拥有核武器可以维护国家的主权和安全。新中国成立之后，中国所处的国际环境是十分恶劣的。毛泽东清醒地认识到：在外来咄咄逼人的核威胁面前，如果中国人自己手里没有原子弹，国家的主权和安全就没有可靠的保障，处处受别人欺负的历史的悲剧就可能重演。而如果我们有了核武器，就能打破"核垄断"、击败"核讹诈"，中国才有安全感。因此，在新中国成立初期的一些会议上，毛泽东多次提到我们现在只有手榴弹跟山药蛋。毛泽东认为，现在"依靠我们过去和较为落后的国内敌人作战的装备和战术是不够的了。我们必须掌握最新的装备和随之而来的最新的战术"。因此，"我们进入了这样一个时期，就是我们现在所从事的、所思考的、所钻研的，是钻社会主义工业化，钻社会主义改造，钻现代化的国防，并且开始要钻原子能这样的历史的新时期"。

毛泽东认为，拥有核武器可以提高中国的国际地位。毛泽东深知，中国要打破帝国主义的封锁，尽快走进国际社会，提高中国的国际地位，提升中国的国际形象，必须具备一定的实力。他指出："世界上从有历史以来，没有不搞实力地位的事情。……搞实力地位，这是历史的必然趋势。"

毛泽东还认为，中国是一个大国，人口众多，幅员辽阔，帝国主义看不起我们，是因为我们没有原子弹，只有手榴弹，因此中国应该有原子弹，并尽快发展氢弹。1958 年 6 月，毛泽东在中央军委扩大会议上的讲话中强调："原子弹就是那么大的东西，没有那个东西，人家就说你不算数。那么好吧，我们就搞一点吧。搞一点原子弹、氢弹和洲际导弹，我看有十年工夫完全可以。"事实也说明，我国原子弹的爆炸成功，有力地打击了少数大国垄断核武器的阴谋，为我国在国际上赢得了巨大的声誉，为新中国的进一步发展奠定了有力的国际地位基础。正如邓小平后来所说："如果六十年代以来中国没有原子弹、氢弹，没有发射卫星，中国就不能叫有重要影响的大国，就没有现在这样的国际地位。这些东西反映一个民族的能力，也是一个民族、一个国家兴旺发达的标志。"

毛泽东用"山药蛋"、"手榴弹"，形象地说明了拥有核武器的重要性。

（参见凌志：《论毛泽东发展核武器和平利用原子能的思想》，《毛泽东思想研究》2009 年第 5 期）

"郑重这个名字好，就是要郑重其事地办事"

1956 年，毛泽东在杭州亲自主持起草修改了《一九五六年到一九六七年全国农业发展纲要（草案）》，在回北京途中，又在上海停留，视察了江南造船厂。

在船体车间，厂领导分别向毛泽东介绍了情况。因为是第一次见毛泽东，他们被毛泽东的高大形象"震"住了，一时一句话也说不出来。

当毛泽东知道厂长的名字叫郑重时，笑着说："郑重这个名字好，就是要郑重其事地办事。"

当毛泽东得知厂党委副书记叫张宣时，哈哈大笑："这个名字不错啊，张开嘴巴就要宣传党的政策路线。"

郑重和张宣笑了，大家都笑了。随着人们的笑声，毛泽东仔细地观看了船体车间的机器设备和工人师傅的熟练操作技艺。

毛泽东还看了潜水艇总装台正在组装我国第一艘中型鱼雷潜艇。厂领导解释说："潜水艇是由苏联转让生产的，我们要自己生产。"

一位市领导接着说："我们不但要学会，还要超过他们。"

毛泽东称赞说："要有这种勇气。"

厂长郑重和党委副书记张宣如实地向毛泽东汇报了江南造船厂的生产情况。对毛泽东的提问他们滔滔不绝，对答如流，一改初见毛泽东时激动得张口结舌的情形。

（参见孙宝义、邹桂兰、孙吾文、孙月辰：《毛泽东的衍名艺术》，中央文献出版社 2006 年版）

解除误会的情诗

1956 年夏天，姚淑贤陪毛主席去北戴河，列车刚启动，他问大家："今天是礼拜六，你们有没有约会呀？"有的同志低头，有的同志在笑。"有，我有。"姚淑贤脱口冒出两句。当时姚淑贤看在场的人都不说话，姚淑贤真有点后悔，不该这样冒失，可是话说出来了，是没有办法收回的。

毛主席望着姚淑贤，面带微笑，亲切地问："跟什么人有约会？"

姚淑贤很不好意思，但又不能不回答，所以声音很低地说："跟男朋友。"并告诉毛主席就是为他做食品检验的那个小吕。

毛主席开玩笑地说："我怎么听人家叫他大吕？是因为个子高，还是脾气大？"话出有因，毛主席这样说是因为有一次小吕上车取检验样品时，在客厅门口和卫士长发生了冲突，被毛主席听到了。毛主席接着说："他可很厉害，他有两张嘴，只要他手下留情就好。要不然把全部东西拿去化验，我们可要饿肚皮了。"毛主席这句话也是有来由的。因为有一次毛主席看见小吕写的检验报告内容："送检验样品经检验未发现 ×××。"毛主席当时风趣地说："他给自己留了后路啊。"

大家笑了，沉默了一会，毛主席忽然想到了什么说："哎呀，搅了你们的好事，怎么办？你们打算在哪儿约会？"毛主席皱着眉头，还有些着急的样子。

"说好了去中山公园玩，在门口，不过没事。"

"怎么会没事呢？你告诉他了吗？"

"没有。"

"你这个小姚啊！要是不见不散怎么办？"毛主席望了望窗外又说，"你就连个电话都没有给他打？"

"我们只要接受任务，就不能告诉其他的人。"姚淑贤又接着说，"没事的，我们在一个处工作，他一会儿到专列上来采样，就知道了。我有任务，他会理解的。"

毛主席摇摇头说："久了会出误会的。"

当时姚淑贤认为这事说过去就完了，谁也没有再议论。晚上，姚淑贤给毛主席把削好的铅笔送去，转身要离开客厅时，毛主席说："小姚，你等等，有个东西你拿给小吕看一看。"毛主席将顺手写好的诗交给姚淑贤：

静女其姝
俟我于城隅

爱而不见

搔首踟蹰

姚淑贤一看是首古诗，忙说："主席，我们有纪律，凡是带字的东西都必须上交。"

"你为什么那么老实？现在没谁看到，我是不会打小报告的。"毛主席说着，做了个手势："藏起来，带给他。"

姚淑贤从客厅出来，心中很不安。既然有纪律，还是应该讲清楚。姚淑贤找到李银桥，把刚才毛主席的原话向他作了汇报，并把古诗拿给他看。他笑了笑，对姚淑贤说："那就收藏好，带回去吧！"姚淑贤在毛主席身边工作多年，只有这么一次带走了他写的文字。而这次"违反纪律"为姚淑贤的生活留下一段美好的记忆，它记录了领袖对大家的关心和爱护。

不久，姚淑贤与小吕结婚了，姚淑贤告诉了毛主席。他详细询问了小吕的一些情况，姚淑贤都如实地说了。当姚淑贤告诉他小吕考入大学去念书时，他问姚淑贤在哪所大学，情况如何。姚淑贤说："在医学院，不在北京，在石家庄，他学习成绩很好，又注意体育锻炼。"毛主席高兴地说："我喜欢这样的年轻人，有志气。告诉他，要多学点本领，将来好为人民服务，以后有机会我还要见见他。我身边的小伙子，送他上学他还不愿去。"姚淑贤说："那是舍不得离开您老人家。"毛主席说："哪有不离开的道理？我死了也要离开的。"当时姚淑贤没有想到毛主席说出这样的话，就说："主席您别这样说。""怎么说？毛主席是人，不是神，人总是要死的，毛主席也是要死的。"以后姚淑贤才知道毛主席要送小田去上学，因他不愿离开毛主席，没有马上表示同意，毛主席有些不高兴。他借小吕考上大学的这件事，表示了对青年人上进心要强的关注。

（参见邸延生：《历史的真言》，新华出版社2000年版）

红 线

　　夜深了，毛主席放下手中的笔，燃起一支烟。这时，警卫员封耀松端来了夜宵。毛主席望着两眼同样熬得通红的警卫员，不由一阵不安。小封对他的照顾是无微不至的。可是，又有谁来照顾小封呢？小封屈指算来已二十五岁了，如今仍是单身。这天夜里，毛主席没有睡好：小封整天跟着我，哪有时间去找对象，我不过问行吗？主席想到了一个姑娘，现在是在江西，就给小封介绍一个江西姑娘吧。

　　第二天晚上，主席忙完公事，把当时的江西省委第一书记杨尚奎拉到身边的长沙发上坐下，微笑着说："工作谈完了，就该扯些别的放松一下脑子，现在我想做一个媒人，可不是封建社会的媒婆哟。"主席风趣地开门见山："早上水静同志（杨尚奎同志的夫人）转告你了吧，你看小郑（一个医务护理员）怎么样，不要舍不得嘛。再说，成不成也是他们之间的事，我们不过是为他们扯一条红线，男大当婚，女大当嫁嘛。"当天晚上主席就安排两个人见了面。

　　夜深了，主席喊封耀松："线给你接上了，回到北京以后，信可是要你自己写了，字要写端正，不要潦草。"北京——江西，第一封给小郑的信写好了。主席用铅笔轻轻地敲着封耀松的前额说："小封，你把'怎么'写成了'这么'，这叫小郑怎么看得懂？下一次我可不给你改了，叫小郑去改，我早就声明过，不包办嘛。"

　　主席预见是对的，他们之间很有共同语言，这已经是第十封来信了，信也越写越长。办喜事的这一天来到了。主席因为忙没能参加婚礼。"给主席送喜糖去。"灯下，正在奋笔疾书的主席见他们进来，很高兴地伸出温暖的双手迎着他们走去："你们真是鹊桥相会呀。不过，不是在银河，而是在北戴河。"主席十分高兴地接过喜糖问:"这叫什么?叫甜甜蜜蜜。"主席说着将一粒糖放进嘴里。他们没有被逗乐,相反,却眼里噙着泪,无限深情地向主席鞠了一躬,深深地又是一躬。"不要这样嘛。"主席制止着,非常满意地看着他们:"婚事新办好!我祝你们幸福,互尊互爱,白头到老。同时也请原谅我,没有来参加你们的婚礼。"

(参见高凯、于玲主编:《毛泽东大观》,中国人民大学出版社 1993 年版)

老年人的任务是健康地活着

1956 年 9 月 15 日,中国共产党第八届全国代表大会在北京召开。当时担任中国人民解放军第 258 医院副院长的蒋维平,应邀作为列席代表参加了大会,在会场后排就座。大会开始,毛主席致开幕词。大家看到毛主席身体健康,讲话声音洪亮,精神特别好,心里都十分高兴。这时蒋维平同志不由地回忆起参加革命以来的一幕幕往事。抗战初期,年已六十的老中医蒋维平毅然参军,为部队和毛泽东等领导同志采药、制药、诊治、护理,工作十分辛苦繁忙。一天何长工同志病了,蒋老医生去诊断后配置了中草药,服后有明显好转。当他第二次去给何长工诊治时,刚好毛泽东也去看望何老。何即向毛泽东介绍说:"这就是给我治好了病的老英雄蒋维平。"毛泽东知道蒋已六十高龄而参军为部队采药治病,就风趣地说:"你可称是花果山上一老猴呀!"

会间休息,蒋维平起身走向主席台,想更近地看看毛主席。没想到毛主席锐利的目光已发现了蒋老英雄,并招手大声说:"请蒋维平同志快过来。"蒋老忙走上台去向毛主席问候。毛主席也说:"蒋老英雄,你好呀!前些日子,听说你为搞中药试验,累病了,现在好了吗?"蒋老答:"谢谢主席,好了!"毛主席说:"光谢不行,你因为工作累病了,今天我就批评你,如果累成大病就要受大批评、处分了,哈哈!"毛主席接着有些严肃地说:"你现在的任务就是健康地活着,因为你们活着就是一部活的教材,就会对社会有影响,对青少年有教益……"党的八大闭幕后,蒋老英雄回到医院,高兴地对大家说:"毛主席他老人家给我们老年人的任务就是要'健康地活着',我想活着就要有好的影响。"这是毛泽东对老年人的关心和给他们的健康任务。

(参见韩文蔚:《毛泽东给老年人的任务健康的活着》,《北京党史》1993 年第 4 期)

诙谐幽默的答话

曾在中央书记处第一办公室工作的何载回忆:1956 年年底毛泽东身体欠佳。一天,何载得到电话通知,适当减少给毛主席送阅的东西。何载当时兼中南海党总支书记,只单纯地从爱护毛主席的健康出发,草率地向有关办公室的同志转达了要少送文件的意思。毛主席当年的习惯是每天要看三四万字左右的东西,现在一下少送了,很快被他发觉了。在一个会议上毛主席对何载提出批评,说一个姓何的封锁他,还举了些历史上封锁国君的恶劣行径和严重后果的例子。何载吓坏了,认为闯了大祸,寝食不安。正在一筹莫展时,周总理捎了话来,让何载马上检讨。当晚,何载即送上了检讨书,次日早上毛主席批回来了:"态度尚好,免予处分。"何载此时才如释重负,内心说不出的喜悦,但思想上仍有疑虑和不通。一天下午,正在西楼吃饭,邓大姐来了,她对何载讲了一句总理要她转达的话:"别人想挨批评还挨不上呢。"听了邓大姐的话,何载思想才通。这句话说明了当毛主席弄清真相后便免予处分了。邓大姐给了巧妙的解释："别人想挨批评还挨不上呢"，正反映了毛主席尊重客观事实，坚持实事求是的个性和风格。使何载没有为此背上包袱。

1957 年 3 月，中央统战部在怀仁堂后厅召开民主党派领袖人物座谈会，祝贺工商业社会主义改造的胜利完成。何载当时列席了会议。会上有人讲了过头话，毛主席都认真听取，中间插话，谈笑风生。会议开得很活跃，大家心情舒畅。会后，毛主席和大家一起参宴。宴会结束时，有位老先生带着几分酒意把手搭在毛主席的肩上问："您说我刚才的话对不对？"毛主席先微笑了一下，然后机智而幽默地说："除了不对的以外都是对的。"那位老先生便高高兴兴地走了。这句饱含辩证法的诙谐的答话，立刻冰释了那位老先生的疑虑。

（参见李静主编：《实话实说丰泽园》，中国青年出版社 2007 年版）

有气放出来好

封耀松为了使主席睡好，依照惯例，每次睡前先搀他上过厕所，再帮他擦一遍澡。

毛泽东太疲倦，由于久坐血液不得流通，全身难受。封耀松帮他擦背，他哼哼着说："用点劲，好，再用点劲。"

大概是在外面灌了冷风，封耀松感觉肚里有股冷气乱窜，便尽力往回憋。可是给主席搓背也须用力，于是，那股冷气便失控了。

封耀松放了一个屁，声音很大，脸也立刻跟着烧起来。在主席面前放这么响的屁多不好意思呀？

果然，毛泽东缓缓扭头，慢声慢气问："小封哪，你在那里搞什么小动作啊?"

"对不起，主席。我，我放了一个……屁。"

"哎，不是屁吧? 那是气。折腾你们休息不好，应该我说对不起么。"

"不，不是的。主席，是屁，不是气。"

"不是屁，是放了气。有气放出来好。宁在主席面前丢丑，莫让冷气攻心么。"

封耀松扑哧一声笑了。紧张局促全消失，声音也变得自然："主席真幽默。你说是气就是气吧。"

毛泽东也笑了，说："活人哪个不放屁? 屁者气也，五谷杂粮之味也……"

从这一天起，封耀松跟毛泽东就像家里人一样亲近随便了。

（参见权延赤:《真实毛泽东》，内蒙古人民出版社 1998 年版）

用"粗话"调解拘谨的气氛

毛泽东主席的第三任保健医生兼生活秘书王鹤滨，从 1949 年 8 月到 1953 年 11 月。一直照顾毛泽东生活起居。王鹤滨讲述了毛泽东的私人故事:

1949 年 8 月的一天，中共中央办公厅行政处负责人罗道让对王鹤滨说:"鹤滨同志，上级决定派你到中南海去做毛主席的保健医生，你进城去找傅连暲同志，他会具体地向你交代任务。"

当天午饭后，王鹤滨便进城，在弓弦胡同 2 号找到傅连暲的办公室。傅连暲开门见山:"鹤滨同志，派你去给毛主席做保健医生，责任重大，出不得半点差错。"傅连暲最后还深情地说:"鹤滨同志,你是我派到毛主席身边担任保健医疗工作的第三位医生。"

一天,毛泽东的值班卫士王振海通知王鹤滨到主席处。到了毛泽东的起居室,王鹤滨看到主席穿着旧毛巾布做的睡衣向右侧卧在床上,手持着翻卷着的线装书正在阅读。见王鹤滨进来,毛主席立即将手中的书放在了床面东侧的书堆上,用手示意王鹤滨坐到一把靠背椅子上。然后笑着说:"王医生,目前我这里的事情不多,有时间你还要多照顾一下其他的几位书记。"王鹤滨全神贯注地听着,表情有些拘谨。这时,毛泽东抬高了点声调,笑言道:"王医生,在我这里工作不要拘束,有话就说有屁就放——啊?"

王鹤滨一直记得,当时毛泽东将最后的"啊"字音发成"a"音:这句话说出后,他还大笑起来。王鹤滨曾回忆说,在此之前,毛泽东给自己的印象是庄重严肃,每句话都一字千金、掷地有声的,这次眼前的毛泽东却说出这样的粗话,立刻冲淡了自己的拘谨,调节了交流的气氛。

(参见《北京晚报》,《丹东广播电视部报》2013 年 12 月 26 日)

王爱梅在"流动的中南海"

据王爱梅回忆:

1956 年,我从北京列车段调到铁道部专列处工作。在餐车上第一次见到毛泽东时,我很紧张,迎上前去,说了声:"主席您好。"毛泽东微笑着点点头。我和卫士张仙鹏扶着毛泽东到餐车落座后,毛泽东问我:"小鬼,你是新来的吧?"我点点头说:"是的。""叫什么名字呀?"毛泽东用浓重的湖南口音问这句话时我没听清楚，心里一直在怦怦地跳，脸有些发烧，喉咙像被什么东西堵住了，求救般地望着张仙鹏。张卫士似乎明白了我的意思，忙对我说："主席问你叫什么名字？"我赶紧回答："王爱梅。"毛泽东又问我："多大啦？哪里人？""我是北京人，今年20岁。"

毛泽东看我拘谨、紧张又难为情的样子，就放慢了说话的速度，用湖南普通话很幽默地说："我俩还是亲戚啦。"他的这句话我听懂了，而且听得清清楚楚。我一愣：啊！天哪，我可从来没听家人说过，我家还有这么高贵的亲戚。我父亲是一名普普通通的工人，母亲是个目不识丁的家庭妇女，在我的头脑中，湖南在哪里都不知道，怎么会跟伟大领袖毛泽东有亲戚关系呢？

我的思绪在脑海里急速地翻腾着，极力搜索和捕捉着我记忆中所有的社会关系。我摇摇头，又低下了头，自言自语地说："我不知道。"毛泽东又用刚才的语调说："你说，'王'字下面加个尾巴念什么？""啊？那不是'毛'字吗。"我脱口而出。"对啊！"毛泽东用手轻轻拍了一下桌子。我高兴地一边拍手一边说："对，主席，我们是亲戚，我们是亲戚。"

毛泽东的饭还没开始吃，我就和他攀上了亲戚。听着他风趣的话语，我如沐春风，心情自然也就放松了。我说："主席，既然我们是亲戚，那您以后可要多帮助、多教育我呀！"他对我微微一笑，像我的长辈那样亲切慈祥。

一次陪毛泽东吃饭。他落座后，我坐在他对面问：

"主席，您休息好了吗？"

"有时睡不着觉。"毛泽东说。

"主席，那可不成，您工作这么忙，再睡不好觉，那怎么行呢？您在睡觉时闭上眼睛数一、二、三、四、五……一会儿就睡着啦。"毛泽东笑着摇摇头。

有一次，毛泽东背上长了一个脂肪瘤，随身大夫发现后让他到医院检查治疗，做手术。但主席说什么也不去。后来实在没办法，向上级汇报后，由卫生部黄局长上车给他做切除手术。

手术后，我对毛泽东说："车上条件怎么也没有医院里好，您在车上做手术，多危险呐，万一感染了怎么办？"毛泽东微笑着看了看我说："不会的，要相信我的抵抗力。"我又问："主席，刀口疼吗？""傻小鬼，哪有开刀不疼的，我也是人呐。"毛泽东诙谐地对我说。我吐了一下舌头，没敢吱声。毛泽东又说："不过疼也和困难一样，你不战胜它，它就要吃掉你。现在疼一点，也就是牺牲一点，去了病根就好了。不过这比战争年代好多了，这点疼算什么？对吗？"说完，他对我很幽默地挤了挤眼。我摇摇头苦笑着。

（参见《中南海风云谱》，《中华儿女》1995 年集萃本）

"我们也要搞人造卫星"

1957 年 11 月 2 日，应苏联再三邀请，毛泽东率中国党政代表团到达莫斯科，参加十月革命四十周年庆典。

中方提前一年就开始筹备送给苏联的礼物。

苏方回赠给毛泽东的礼品共十件，在莫斯科一次群众集会开始前，某苏联友人送给毛泽东一件有创意的东西：合金人造地球卫星模型。圆形木底座上隆起一个金属半球，上面刻经纬线代表地球，一侧焊有枝叶形托架，连接人造地球卫星模型。模型长 35 厘米，宽 4.3 厘米，是 1957 年 10 月 4 日发射的世界第一颗人造卫星的仿制品。就在十月革命四十周年庆典前夕，苏联又发射了第二颗卫星，向这次活动献礼。

这件礼物对毛泽东来说意味深长。连发两颗人造卫星，表明苏联国力已称雄世界。毛对苏联大国沙文主义及赫鲁晓夫"利令智昏"很不满，但访问期间，他还是多次提出"以苏为首"。在 1957 年 11 月 14 日各国共产党和工人党代表会议上，毛泽东发言说："我们中国是为不了首的，没有这个资本……我们半个卫星都没有抛上去。这样为首就很困难，召集会议人家不听。"1958 年 5 月 17 日，毛泽东在八大二次会议上提出："我们也要搞人造卫星。"

毛泽东的话和决心很有分量，正是在他的鼓励下，中国人民发奋图强，终于将人造卫星送上太空，宇宙飞船进入月球。成为世界上有重大影响的大国。

（参见李响：《访苏受赠礼品"刺激"毛泽东要造卫星》，《书刊报》2003 年 8 月 26 日）

"我就拜你为师了"

1957 年农历大年三十的晚上，毛泽东在观看春节文艺晚会时，被女魔术师邓凤鸣的"缩手自由"节目吸引住了。

演出结束后，毛泽东回到住处，头脑里还是盘旋着这个魔术，于是让秘书派了车，将邓凤鸣接来。

邓凤鸣见到主席，受宠若惊，激动得说不出话来。想不到毛泽东却一躬打到底，呵呵笑道：实在对不起，惊扰了你的休息时间。毛泽东自称是个魔术迷，好奇得什么都想打破沙锅问到底。他很想再看邓凤鸣当面表演。

邓凤鸣见到主席那么和蔼可亲、朴实谦和，很快除去了代沟，卖了个关子说，魔术都是以假乱真，如果全盘丢出，就没有饭吃了。

接着，邓凤鸣讲了视觉变化和灯光折射原理。毛泽东连连点头，茅塞顿开了。最后，毛泽东逗乐道，魔术如果也和地下工作者一样保密，上不告父母，下不告妻子儿女，但是传授给徒弟是天经地义的话，我就拜你为师了。

说罢，毛泽东抱拳拱了拱："邓师父，请收下我这个特殊的弟子吧！"逗得在场的人都乐了起来。

（参见徐殉：《毛泽东拜师学魔术》，《世纪潮汐》2012 年 4 月 11 日）

要把我灌成弥勒菩萨你们才高兴啊！

大约 1957 年 12 月，卫士马维同志回家，带回一个窝窝头，又黑又硬，掺杂大量的糠皮，马维说："乡亲们吃的就是这个东西，我讲的是实话。"

毛泽东的眉毛一下子拧紧，耸高，接过窝窝头时手有些抖，他费劲掰开窝窝头，将一块放在嘴中，才嚼了几口，眼圈就红了，泪水一下子充满眼眶，第一口咽下，泪水哗地淌了下来。不久，他招来后勤人员，吩咐他们，压减他的口粮，全国人民生活一天不好转，他一天不吃肉。

七个月过去了，毛泽东由消瘦转到浮肿，脸、脖子、小腿的皮肤渐渐失去光泽，一按一个坑，好一阵鼓不起来。他毕竟太操劳了！警卫人员实在看不过意。一次悄悄地弄了一碗红烧肉，一起劝毛泽东吃。

毛泽东一闻那股香味，几乎垂涎欲滴，他太喜欢吃红烧肉了。他认为红烧肉补脑子，过去战争时期，每逢一次大的胜仗完毕，毛泽东总是像小孩一样向警卫人员"讨"一碗，然后津津有味地吃个精光。但是，这次他没有接，他不能接。笑着对警卫士说："你们这是干什么，谁弄来的？"

卫士一听毛泽东这话，知道他不会吃，急了，忙说："主席，您太缺营养了，你看……"

"看什么，"毛泽东接过话头说，"我的腿和脖子都养得这么胖了，你们还说我缺营养？要把我灌成弥勒菩萨你们才高兴啊！"说罢，笑了起来。

卫士们跟着笑了，眼里却笑出了泪花。

（参见谭逻松、张其俊编：《毛泽东的幽默故事》，同心出版社 1993 年版）

西子湖畔添"佳话"

这是 1957 年隆冬的事。

又是一个清风如歌、月色如洗的深夜，杭城街头了无行人。笕桥机场，一架小型客机载着赵超构、周谷城、谈家桢安然地降落在停机坪上，赵、周、谈是毛泽东请来的客人。

赵超构，杂文家。

周谷城，历史学家。

谈家桢，遗传学家。

原来，毛泽东从西湖刘庄打电话到上海，邀请赵超构、周谷城、谈家桢乘飞机到杭州一叙。深夜，三人会齐，乘上一架小型客机到杭州时，毛泽东刘庄办公室里的灯光依然是亮的。他又在伏案工作，左手夹着一支烟，右手拿着一支笔，时而疾书，时而抬头望望窗外浩渺的夜空。毛泽东还在等候着。

月上中天的时候，赵、周、谈三人踏着溶溶月色，来到刘庄，跨进这个神秘兮兮的庄园。在寓所门口，毛泽东兴奋地迎上前去，紧紧握住赵超构的双手。

"赵先生，欢迎、欢迎！"毛泽东态度祥和而亲切。一阵寒暄后，毛泽东四人坐在月光如练的庭园里呷茶品茗，侃侃而谈。

一时间，三位来宾难免有些局促，但立刻就坦然了。

座谈会上，毛泽东讲话很出色，很热情，很坦率。他喜欢微妙的暗喻，谈话充满幽默与趣味。

谈话范围广泛，涉及生物学、遗传学、逻辑学、哲学、文学、新闻工作和移风易俗等。真可谓天南海北，无所不及。宾客们惊叹不已：毛泽东思路敏捷，知识渊博，精力过人，真是见所未见，闻所未闻。

毛泽东讲罢"九个指头与一个指头"的关系问题，解释起了宋玉的《登徒子好色赋》。

宋玉，战国后期楚国人，相传为屈原的学生，著有辞赋十六篇。一个名叫登徒子的人娶了个丑陋无比的女子，和他和睦相处，还生了五个孩子。宋玉因此说他好色，写了一篇《登徒子好色赋》。

毛泽东调侃地说：

"登徒子娶了个丑媳妇，不嫌弃她，始终对她忠贞不二，是模范地遵守《婚姻法》的。"

毛泽东顿了顿，又说道："宋玉却说他好色，可谓颠倒是非。宋玉用的就是'攻其（登徒子）一点，不及其余'的方法。"

谈话时，毛泽东依然是满口湖南腔，谈话中兴致极高，没有一点倦意。他时时转眼往外看：天空的月亮，湖面的月影，一片清澄，睡莲叶子更加娇艳地辉映着月光。接着，毛泽东换了话题，他建议读读宋玉的《风赋》。

毛泽东说："宋玉写的《风赋》值得一看，宋玉说风有两种：一种是贵族之风，另一种是贫民之风。"

毛泽东娓娓而谈，声音沉稳而舒缓："'夫风生于地，起于青蘋之末，侵淫溪谷，盛怒于土囊之口'。风起于青蘋之末，那时最不容易辨别。"

"缘泰山之阿，舞于松柏之下。飘忽溯滂，激飏熛怒。耽耽雷声，回穴错迕。……清清泠泠，愈病析酲。发明耳目，宁体便人。此所谓大王之雄风也。"毛泽东一字一顿地诵道。

毛泽东认为，《风赋》值得一读，它对于辨别方向，认清形势，有很大的教育意义。

毛泽东劝赵超构、周谷城、谈家桢多接触群众，多了解工人农民，一定要经常到下面去跑跑。

毛泽东说着，百感交集，慨然长叹："我也是这样，在北京蹲的时间久了，就感到脑子里一片空白，但只要一离开北京，就开始感到充实了。一到下面跟群众接触，就像呼吸到了新鲜空气，感到有了生命。"

说到这里，毛泽东停顿了一下，发现大家神情专注，只认真地听，并不插话，又说：

"知识分子一定要走出书房，到工农兵群众中去，与他们打成一片，和工农兵交朋友。如果你不肯自动走出来，将来会有人把你们揪出来的。"

四人高谈阔论，不知不觉中东方天边露出了桔红色的曙光。这时候，杭城街头飘散着一片雾霭。湖滨公园里的百鸟婉转地鸣叫着，这是西子湖的早晨。

清晨临别时，毛泽东意兴未尽，淡淡一笑：

"这样的聚会很有趣呵，也可以算是一段'西湖佳话'了！"那天晚上，毛泽东与赵超构、周谷城、谈家桢的谈话，给他们留下了特别深刻的印象，至今记忆犹新。

（参见李林达：《情满西湖》，中央文献出版社1995年版）

排　名

过去，乡下人在修谱时，为防止后代人取名重复，乱了宗规，早早便立下派句，每一代传人以派句上的一个字作为名字中的一个字。毛氏家族的派句（辈分排行）为：

立显荣朝士，文方运际祥。

祖恩贻泽远，世代永承昌。

新中国成立后，有一次毛月秋来见毛泽东："主席，您还记得我吗？"毛月秋抢先问道，以消除拘谨。

"怎么不记得呢？你是月秋老人嘛。不过，你当初给我写信时，我还真的一下子触住了。"毛月秋大毛泽东14岁，几十年过去了，今日见面，毛泽东十分感慨。这时，毛泽东好像突然想起了什么，问道：

"你是什么字派？"

"我是贻字派。"

"贻字派？那你还是我的叔老子哩！"

毛月秋确实比毛泽东大一派，他的父亲毛恩德和毛泽东的祖父毛恩普是堂兄弟。

毛月秋见毛泽东喊"叔老子"，连声道："不敢不敢！"

但毛泽东就是毛泽东。他首先是韶山人，然后才是主席、是领袖。他将李敏、李讷唤过来，嘱咐她们叫"叔公"。

其实，这种按排行来称呼他人，对毛泽东来说已不止一次。

1957年11月，毛裕初见到毛泽东时，毛泽东问他："你是哪一辈的？"

"我是恩字辈的。"

毛泽东又碰上一个"恩"字辈的，比"贻"字又大了一辈，与毛泽东的祖父同辈。

毛泽东面对这位比自己才大4岁的同代人，惊喜地说道："那我还叫你叔祖父喽！"

1959年6月26日，毛泽东回韶山后的第二天，见到了土地阿婆。几十年不见，土地老倌毛福原老人已经作古，土地阿婆也是满头飞雪。毛泽东上前扶着阿婆，连连问道："太婆，太婆，您好，您好呀？"

土地阿婆老泪纵横，摸着毛泽东的手，颤颤地说："不敢，不敢呵，你是主席啊。"

毛泽东风趣地说："我是主席，可您老是我的活祖宗啊！"

算起辈分来，土地阿婆还真是个"活祖宗"。

（参见孙宝义、邹桂兰、孙吾文、孙月辰：《毛泽东的行名艺术》，中央文献出版社2006年版）

哼哈二将

　　据毛泽东的翻译李越然回忆说：1957 年秋在访苏前夕，有一天，毛主席带着思考问题的神色漫步走了一会儿，侧脸望李越然一眼，问："李银桥呢？""我在这儿，"主席的卫士长李银桥闻声跑上来，主席站住脚，指着我和李银桥说："你们这二李，一个管说话，一个管安全，这次跟我一道出去，我看你们俩也算得上哼哈二将了。"

　　李银桥和李越然听后既开心又很有分寸地笑笑，彼此望了一眼。在他们俩的身后，还站了两三名身边工作人员。

　　"嗯，还有小侯一道去，又响雷又打闪。"毛泽东两手挥动，兴致很高。他睡好觉后兴致便容易高。一边继续用手指着摆弄照相机的摄影师侯波，"她就是喜欢拿一只眼睛看人，精神集中，但是容易片面。不要总照我么，多给大家照。"

　　工作人员又是一阵愉快欢笑。他们都喜欢同毛泽东聊天讲话，有时就像着迷似地，于无心处总受益。

　　　　　　　　　　　（参见盛巽昌编著：《毛泽东与西游记、封神演义》，广西人民出版社 1997 年版）

"你怎么总拿一只眼睛看我？"

有一次，毛泽东从四川回到北京，摄影记者侯波同行。毛泽东认真地看着报纸，不时地抬头沉思，目光凝视前方，像在审视地球上发生的一切。他的眉宇不时微皱，忧国忧民之情流露于面部。侯波一看，赶紧取出照相机，猫着腰，选好角度，注视着他的表情，等待着拍摄时机。

这时，毛泽东忽然从报纸上方掀起眼皮，一本正经地叫："侯波。"

"哎。"侯波直起身，等待主席问话。

毛泽东皱起眉头："你怎么总拿一只眼睛看我？"

"我的取景框只能放一只眼睛。"侯波笑着说。

"噢"，毛泽东也笑了，"一只眼照相，两只眼看报，眼睛不在多少，而在用的是地方，天下一个理呢。"

这是毛泽东悟出的一个哲理，放之四海而皆准。

韩素音说："毛的幽默感来自辩证法。在任何情况下，他都能一眼看到事物的对立面。正是这一点成了他的语言的特色，也是他所制定的方针政策的特色。他的幽默有时真是锋芒逼人。"说得很确切。

（参见高伟杰：《跟毛泽东学习幽默智慧》，
上海辞书出版社 2011 年版）

在这个问题上，我是理论与实际不求一致的哟

1958年，中共中央号召干部下放，当时中央机关的不少干部都下放到各省、市工作。

这一天，毛泽东在丰泽园会客室里接待了几位省、市委书记。原来他们都是来向毛泽东提出希望把田家英下放到他们那里去工作，并且都还举出了很充分的理由。

田家英是1948年开始任毛泽东的秘书，其时仅26岁。但他以他的才华文笔和刻苦勤奋得到社会的承认与毛泽东的赏识。尤其是他写的中共"八大"开幕词，毛泽东在开幕式上致词时，就受到全场热烈欢迎，休息时一些代表走到毛泽东面前夸奖开幕词写的简短有力，鼓舞人心，毛泽东则以赞赏的口气对代表们说："这不是我写的，是一个少壮派，叫田家英，是我的秘书。"

对这样的一个优秀秘书，毛泽东实在是舍不得。他终于拒绝了那几位省、市委书记的要求。

毛泽东点燃一支烟，缓缓地吸了一口说："田家英我不能放。"他看了看他身边的那几位书记，脸上露出一丝得意的神情，笑了起来说："在这个问题上，我是理论与实际不求一致的哟。"用这样的话婉拒了书记们的请求。

（参见谭逻松、张其俊编：《毛泽东的幽默故事》，同心出版社1993年版）

"我批准你六十年以后改行"

1947年9月22日，解放军总卫生部部长苏井观到神泉堡，向中央汇报工作。除此外，他看到战争形势发展很快，部队很需要政治领导干部，他想请毛泽东批准他改行去做部队政治工作。苏井观到了毛泽东住的窑洞，向毛泽东汇报了伤员的情况后，就向毛泽东提出了他想改行的请求。

毛泽东沉吟了一会儿，问道："你向恩来同志提出过没有？"

苏井观说："提了，恩来同志没有同意。"

毛泽东说："噢？我同意，我批准你六十年以后改行。"

苏井观听后明白了毛泽东的意思，不好意思地笑了。

毛泽东接着讲了战争的形势："看来战争比我们预计的发展更快一些。形势发展快是好事，但是也带来了很多问题，比如你想改行，这不就是一个新问题吗？"

接着毛泽东又语重心长地说："我们的干部不仅要看当前，而且要想到将来，想到全国胜利后怎么办。中国这么大，疾病那么多，求神拜佛的那么多，卫生条件那么差，你们的工作应该怎么办？你们考虑了没有？"

苏井观点了点头说："主席讲的对，这是我们应该考虑的问题。"

毛泽东又问苏井观："你今年多大岁数了？"

苏井观说："40多了。"

毛泽东说："所以我说：你再干60年后改行，并不晚嘛。"

说完这话，毛泽东自己先笑了，苏井观和在场的人也都笑了起来。毛泽东的一番话打开了苏井观的心结，他愉快地离开了神泉堡。临走时，他对另一位领导同志说："现在好了，我的思想问题解决了。"

这就是毛泽东语言艺术的魅力。

（参见高伟杰：《跟毛泽东学习幽默智慧》，
上海辞书出版社 2011 年版）

"你去就是'十兰子'了"

1958 年 5 月 25 日，首都北京晴空万里，阳光灿烂。毛泽东同周恩来、朱德等中央领导同志，到十三陵水库参加义务劳动来了。这天，毛泽东头戴草帽，身着布衣，脚踏普通的圆口布鞋，从一辆汽车上，健步走下来，走进了工程指挥部的一座普通的木板工棚里，聚精会神地听取了工程指挥部负责人的情况汇报，兴致勃勃地观看了十三陵水库模型沙盘。

初夏的时节，天气闷热，低矮的工棚挤进了很多人，更显得燥热，大家头上都冒出了汗。毛泽东和大家一样，也坐在木板钉的凳子上，听着看着，亲切地笑着，热情地谈着。当工程指挥部负责人代表十万劳动者，敬请毛泽东等中央领导题词时，毛泽东挥动巨笔，饱蘸浓墨，一连写了五六幅，从中选出最满意的一幅"十三陵水库"赠送给工地。

题词之后，毛泽东在大家的陪同下，在热烈的欢呼声中，离开指挥部，来到一座帐篷里。在一个土筐上坐下。工地干事王惠兰看到毛泽东热汗满面，赶紧递过去一块凉毛巾。毛泽东边擦汗边问她多大了，叫什么名字。听说她叫王惠兰，毛泽东就问她是不是"九兰"铁姑娘队的。听她说不是，毛泽东笑着说："你去就是'十兰子'了。"接着，毛泽东满怀深情地赞扬了年轻一代敢想、敢干、敢闯的革命精神，鼓励她要积极参加劳动，为建设社会主义大干苦干，多作贡献。当时，由九个名字里都带"兰"字的铁姑娘组成的"九兰组"，由于发扬了冲天的革命干劲，忘我地进行劳动而誉满工地。

毛泽东对工地情况十分熟悉，他把王惠兰也增加到铁姑娘队里，说明了他对青年一代寄予了多么大的期望！

（孙宝义、邹桂兰、孙吾文、孙月辰编著：《毛泽东的衍名艺术》，中央文献出版社2006年版）

老天爷就该罢官啰！

"毛主席很神啊！"张木奇眼里闪耀出神秘的光波：

那是1958年7月2日4点25分，天特别热。毛主席游泳上来，我替他擦身。毛主席问："听说河北最近旱了？"我说："旱得厉害。"他说："前几天不是下雨了？"我说："零星小雨，不顶事。"毛主席望住蓝得耀眼的天空，皱起眉说："雨总是要下的么。今天不下，明天不下，一星期再不下透雨老天爷就该罢官了！"你说神不神？今天不下，明天不下，7月6日一声雷响把我从床上震起来。好么，整个华北地区下了一场大透雨。老天爷也怕毛主席罢他的官呐！

（参见权延赤：《真实毛泽东》，内蒙古人民出版社1998年版）

世界上就怕"认真"二字

据封耀松回忆：

毛泽东书房里的大沙发准备搬去另一个房间。李银桥指挥我们几个卫士搬。沙发大、门小，试过几次搬不出门，只好又放回原处。

毛泽东进来了，问："怎么没搬出去？"

我说："门太小，出不去。主席，干脆就留在屋里吧？"

毛泽东看着我们，在沙发左右踱步。时而望沙发，时而环顾书房，时而瞥一眼门，终于停住步，作严肃思考状。我们有些不安。不知谁小声喃喃："主席，要不然……"

毛泽东用手势打断，慢条斯理问："有件事我始终想不通。你们说说，是先盖这间房子后搬来沙发呢？还是先摆好沙发再盖这所房子？"

我们立刻报颜地低了头。

寂静中，有人吃吃窃笑，小声说："盖这所房子的时候，中国大概还没有沙发呢。"

毛泽东微微一笑，不再说什么，出去继续散他的步。

"还愣什么？搬吧。"李银桥招呼一声，我们便又干起来。

这次动了脑筋，不时变换方式，终于把沙发立起来，先出沙发靠背，在某一角度及时转弯，将沙发搬出了门。

毛泽东在院子里散步，不时笑着望望我们。沙发一出门，他便走过来问："怎么样啊，有什么感想？"

我说："没错，是先盖房子后搬来沙发。"

毛泽东笑着说："我也受到一个启发，有一点感想。世界上干什么事都怕认真两个字，共产党就最讲究认真。"后来，毛泽东去莫斯科访问，表扬李银桥的工作时，将这句话精练为：世界上就怕"认真"二字，共产党就最讲"认真"。当天，他在会见我国留学生和实习生时，公开发表了这一言论。

（参见权延赤：《真实毛泽东》，内蒙古人民出版社 1998 年版）

视察长春电影制片厂

1958 年 2 月 14 日，又是一个风和日丽的好天气。虽然外面气温还很低，长春电影制片厂里却春风浩荡，人人心花怒放。这天上午，毛主席来到了这里。当时正在办公大楼走廊的一些职工，看见敬爱的领袖突然出现在面前，一时都激动得不知怎样才好。这时，毛主席已经慈祥地伸出手来，站在最前面的一位女同志首先握住毛主席温暖的手，极其高兴地说："毛主席，您好啊！"顿时群情鼎沸，欢声四起。

毛主席来到第六摄影棚。这里正在拍摄故事片《红孩子》，一条羊肠小道，两旁绿树成荫，青草满坡，虫声唧唧，一片秋夜景象。正在拍的场景是第二次国内革命战争时期，红军主力部队撤离中央苏区之后，几个列宁小学的学生组织起来和敌人斗争，夜晚机智地勒死了敌人的哨兵，缴获了武器。厂负责人指着小演员们向毛主席说："这些就是我们的红色儿童团员，请毛主席看像不像当年瑞金根据地的孩子？"毛主席笑了，亲切地问小演员们是哪里的人？是哪个剧团的？在哪个学校上学？学习、工作情况怎样？孩子们把毛主席团团围住，有的拉着毛主席的手，有的使劲地鼓掌，有的还高兴地跳着。扮演细妹和冬伢子的两个最小的演员，紧紧靠在毛主席身边，一步也不肯离开。这时，新闻记录片的摄影师开动了机器，毛主席发现后，风趣地笑着说："不要把我当戏拍进去呀！"毛主席的话，使在场的人都笑了起来。

毛主席接着到第一摄影棚，观看了另一部影片的拍摄情况。当时正表演一个青年渔民得了重病，老妈妈为此无比忧愁。剧情气氛本来是沉闷的，现在却完全变成另外的情况了：扮演医生的忘了给病人看病，忧愁的老妈妈也笑逐颜开了。毛主席幽默地说："医生把儿子的病治好了，老太太高兴了哇！"

说得大家都笑起来。扮演青年渔民的演员，光着脚从台上跳下来，紧紧握住毛主席的手，激动地说："是毛主席来了，我的病好了。"毛主席笑着说："噢，我还有这么大的本领！"毛主席的富有风趣的言谈，使大家感到无比亲切，无比温暖。

（参见麦刚、刘蓬：《毛泽东在一九五八》，
中国青年出版社 2008 年版）

我提议给麻雀恢复"党籍"

1958 年，全国掀起"除四害（老鼠、麻雀、苍蝇、蚊子）、讲卫生"运动。

成都会议期间。有一天，毛泽东专门抽出时间到川西郫县红光农业社视察。他一路参观，一路了解群众的生活和生产情况，问得最多的还是"除四害、讲卫生"运动。

在田间，毛泽东问社长："你们是怎么消灭麻雀的？"

"这好办。我们把群众组织起来，熬更漏夜地干，到处又吆又赶，只留下一块空地，麻雀累了只有落在这块空地上，落一个打一个。"

那时，麻雀确实被消灭了不少。

然而不久，对于应不应当消灭麻雀，科学界有了不同意见。有的以为利

大弊小，有的以为弊大利小，有的则以为利弊相当。于是，在报纸上展开了"消灭麻雀利弊论"的大讨论，纷纷各抒己见。

毛泽东看到这一消息后，要身边的工作人员将各种不同的观点整理出来，把不同的文章收集给他。他仔细阅读了这些材料，反复研究了各种意见后形成了自己的看法。

后来，在天津召开的一个关于卫生工作的会议上，毛泽东风趣地说："这两年麻雀遭了殃。今天，我们要为它'平反昭雪'，现在我提议给麻雀恢复'党籍'。麻雀不能打了，代之以臭虫吧。"毛泽东的实践是检验真理的唯一标准的理论，得到了验证。

> （参见谭逻松、张其俊编：《毛泽东的幽默故事》，同心出版社 1993 年版）

"这个和尚懂得辩证法"

1958 年 6 月 30 日，毛泽东接见了胡达法师率领的柬埔寨佛教代表团，中国佛教协会副会长赵朴初参加了会见。这天，毛泽东穿着灰色中山装，一边等待客人，一边兴致勃勃地和赵朴初聊天。客人还没有到，毛泽东以开玩笑的口吻对赵朴初说："佛经里有些语言很奇怪，佛说第一波罗蜜，即非第一波罗蜜，是名第一波罗蜜。佛说赵朴初，即非赵朴初，是名赵朴初。先肯定，再否定，再来一个否定的否定，是不是？"

赵朴初一听连连点头，想，真不容易啊！从这里可以看出，毛泽东是读过佛经的，至少，他熟悉《金刚经》。"佛说"、"即非"、是名，就是《金刚经》的主题。见毛泽东以自己的名字解释佛经里的话，而且，还和黑格尔的辩证的否定思想联系在一起，赵朴初也不完全同意，心想，自己可不是"非"赵朴初和"名"赵朴初啊，自己可是实实在在的赵朴初，所以，他笑着说："不是，是同时肯定又同时否定。"

平常，赵朴初研究佛法般若时，就发现其中有很多辩证的哲理和辩证方法，如只有利他才能自利的菩萨以救度众生为自救的辩证目的等。他甚至怀疑黑格尔的辩证法与佛教存在某种关系。这回见毛泽东问辩证的否定，赵朴初所以有自己的主见。毛泽东很满意赵朴初的回答，说："看来你们佛教还真有些辩证法的味道……"

毛泽东后来指着赵朴初对旁人说："这个和尚懂得辩证法。"

（参见孙宝义、邹桂兰、孙吾文、孙月辰：《毛泽东的衍名艺术》，中央文献出版社 2006 年版）

"要打倒贾桂作风"

1958 年，毛泽东在中共八大会议上的讲话说道："京剧《法门寺》这个戏里有个角色叫贾桂，他是刘瑾手下的人，刘瑾是明朝太监，实际上是'内阁总理'，掌大权的人。"

"有一次刘瑾叫贾桂坐下，贾桂说：'我站惯了'，不敢坐这就是奴隶性。中国人当帝国主义的奴隶当久了，总免不了要留一点尾巴，要割掉这个奴隶尾巴，要打倒贾桂作风！"

毛泽东还在一个报告上批示：要"尊重苏联同志，刻苦虚心学习。但又一定要破除迷信，打倒贾桂！贾桂（即奴才）是谁也看不起的"。在毛泽东的语境里，贾桂是奴隶性的代名词，打倒贾桂就是打破对大人物、洋教条、大国、强国的迷信。

20 世纪 60 年代初，中苏两国在意识形态上的分歧公开化，打开了笔墨官司。其时，正是国内的"多事之秋"，国家经济处于极端困难中，苏联背信弃义，单方召回了在华的全部专家和工程人员，废除了两国经济技术合作的各项协议，并逼中国还债。这时，毛泽东的态度是：他越压我们就要越顶。他轻松地说："从那时起，我们就像孙悟空大闹天宫。""我们抛弃了天条！切记对天条不要太认真。必须走自己的革命道路。"他还幽默地告诉来华的苏联人："别着急，笔墨之战是死不了人的。起码有四件事我可以保证，不管你们怎么批评我们，天照样下雨，女人照样生孩子，草木照样生长，鱼照样在河里游。"

贾桂成了奴性十足的人的代名词。

（参见孙宝义、邹桂兰、孙吾文、孙月辰：《毛泽东的衍名艺术》，中央文献出版社 2006 年版）

吃饭是收支平衡

毛泽东的保健医生鉴于毛泽东吃饭无规律，太随便，不讲究营养和科学方法，就下厨房和炊事员一起商量、研究，定出四菜一汤的食谱。可毛泽东很倔强，说医生的话不听不行，全听全信也要完蛋。他说："照你那么多讲究，中国几亿农民就别活了。人生识字糊涂始，你懂吗？"医生劝多了，毛泽东听烦了，就挥着手说："我多年已经习惯了，凡事都有个平衡，你再讲究也离不开个平衡。我有我的平衡，你非打乱不可，你不是搞破坏嘛！"

有一天，毛泽东只吃了一顿饭，医生忍不住又劝说："主席，您这样没规律，迟早是要损伤身体的。一日三餐是最科学、最卫生、最符合身体消化规律的。"毛泽东听了这三"最"，打断他的话，进行争论："你才是教条主义呢！作了胃切除就要少吃多餐，你那个规律还说'最'？"医生辩道："那是特殊情况。"毛泽东讲起哲学来了:"普遍性就存在于特殊性之中,什么话都别讲绝对了,别一说就是'最'。人吃饭是补充能量,工作是消耗能量,只要人活着,这对矛盾永远存在。光吃不干不行,光干不吃也不行,要搞平衡,矛盾永远存在,人就要不停地搞平衡。吃一顿也罢,吃十顿也罢,收支平衡就符合卫生,你能说我没有规律?"医生无言以对。

收支平衡确实是生命的根本规律,毛泽东坚持"吃饭是收支平衡,保证工作"的观点不无道理,不过他的平衡方式却使人难以苟同。尽管如此,作为一名医生,为了领袖的健康,还是鼓起勇气建议多吃一些名贵菜肴。毛泽东却听得极不耐烦,给予批评说:"好大的口气,这还不够吗?还想吃什么?想当地主、资本家了?"看来光吃名贵菜肴也有片面性,那就要犯偏食症了。

（参见徐涛:《毛泽东的保健养生之道》,中央文献出版社 1993 年版）

火宫殿吃臭豆腐

长沙火宫殿(现名火宫殿餐馆)过去是一座祭祀火神的庙宇,又名乾元宫,始建于清朝乾隆十二年(1747 年),距今已有 260 多年的历史。今天,人们常把它同北京的天桥、上海的城隍庙、南京的夫子庙相提并论。

火宫殿以"火庙文化"为底蕴,辅以名品素食,以其独特的风格使中外政要名人纷纷慕名而来。美国《食品》杂志、法国《旅游》杂志和香港出版的《中国导游图》,都曾先后在突出位置刊登文章介绍火宫殿的风味小吃。

毛泽东对火宫殿的风味小吃情有独钟,在湖南第一师范读书的时候,就常与同学到那里去吃风味小吃。1922年春，毛泽东邀李立三就组织安源煤矿工人罢工一事进行商议。他们边走边谈，不知不觉来到位于坡子街的火宫殿。毛泽东要了一份姊妹团子和一份臭豆腐招待李立三，并给他介绍臭豆腐的来历。两人越谈越兴奋，一碟臭豆腐不知不觉就吃完了。

1958年3月，彭德怀品尝了火宫殿的风味小吃。饭后，彭德怀起身用脚踢了几下木楼梯，看是否结实，并对火宫殿的公方经理何炳炎讲：过一阵子，还会有位领导来你们这里。

4月，毛泽东亲临湖南视察。12日，在听取省委第一书记周小舟的汇报后，闲谈起生活往事，问周小舟："火宫殿还在不在？"周小舟介绍了火宫殿的现状。当日下午，在黄克诚和周小舟的陪同下，毛泽东前往坡子街78号火宫殿就餐。

下午5点钟左右，何炳炎刚检查完饭店楼上一个餐厅的安全设施，就听见有人喊："首长来了！首长来了！"他急忙往楼下走。此时，他还不知道这位首长究竟是谁。

何炳炎急匆匆走到楼梯口，一眼就认出了走在最前面的人，情不自禁地喊："毛主席，您好！"毛泽东笑眯眯地伸手握住何炳炎的手，操着湘潭口音也向他问好。

何炳炎陪同毛泽东一行来到楼上一间已经准备好的餐厅。众人坐下后，毛泽东点了几样菜肴，其中就有臭豆腐。

臭豆腐源自北京，引入长沙之后，火宫殿根据长沙人的口味进行了改进。他们挑选色泽新鲜、颗粒饱满的黄豆，制成老嫩适宜的豆腐坯，用冬菇、香冬笋、曲酒、浏阳豆豉等原料制成的发酵水浸泡，沥干水，小锅慢火油炸，再在豆腐中心钻一小孔，灌入辣椒末、酱油、芝麻油等配制而成。这样加工出来的臭豆腐，颜色青青，外焦里嫩。

自1922年来此品尝到1958年经过了30多年，味道究竟如何呢？毛泽东一边品尝，一边幽默地说："火宫殿里的臭豆腐，有三个特点：闻起来很臭，看起来很脏，吃起来很香。"

后来，毛泽东的这句话成了火宫殿美妙的"广告词"。火宫殿出售的臭豆腐干的包装袋上，赫然印着毛泽东的题词。如今，到湖南的游客纷纷慕名前往，一睹毛泽东当年吃臭豆腐的场景，并亲自品尝臭豆腐的味道，回味当年毛泽东题词里面一定有食谱里的哲理。

（参见容全堂：《毛泽东到长沙火宫殿吃臭豆腐》，《党史博览》2011 年第 1 期）

吃 "赫鲁晓夫"

周福明说 20 世纪 50 年代末，从中苏关系破裂以后，毛主席对苏联修正主义所采取的斗争，最能表现出他的性格特点。

1958 年 7 月 31 日至 8 月 3 日，苏共中央第一书记赫鲁晓夫访问中国。访问期间，赫鲁晓夫为向我国提出建立联合舰队和长波电台的建议进行辩解，引起了主席的反感。在与赫鲁晓夫谈判过程中，主席与他针锋相对。

李银桥回忆录里专有一段描写主席同赫鲁晓夫谈判的情景。

晚上，毛泽东、刘少奇、周恩来、朱德、陈云、邓小平、彭真、林彪、陈毅等中国领导人在颐年堂同来访的赫鲁晓夫等苏联领导人开始了会谈。我们在值班室，隔着薄薄一层纱帘将会场看得一清二楚。开始双方还表现出必要的礼貌，偶尔能听到一声笑。谈入正题，气氛便越来越严肃，越来越紧张。

会谈终于发展成争吵。作为领袖的个人气质，赫鲁晓夫远不如毛泽东。毛泽东严肃、尖锐，但是泰然自若。赫鲁晓夫沉不住气，用一触即跳来形容是很恰当的。他挥舞着两只手大吵大叫，缺少领袖的风度。毛泽东不慌不忙，用大手在他和赫鲁晓夫之间划了一道，说了句什么。赫鲁晓夫立即叫喊起来。于是，少奇、恩来、彭真、陈毅等中国领导人作了尖锐强硬的插话。苏联方面也不再是赫鲁晓夫一个人讲，双方吵得一塌糊涂。唯有苏斯洛夫坐在那里一声不吭。

快结束时，赫鲁晓夫挥动着双手，口气咄咄逼人，很有些"老子党"的架势，可以体会到他的话是充满威胁和压力的。毛泽东将手在沙发扶手上轻轻一拍，奋然起身，胸膛微挺，头高傲地扬起来，凛凛然一副神姿：谁也休想让我低头弯腰！

1962年7月的一天，周福明陪着他老人家吃饭。主席这时已不像困难时期，常常吃不上肉菜，现在他不仅每顿饭都能吃上肉，就连苏联赫鲁晓夫所谓的"土豆烧牛肉"也能吃上。

那次，厨师为主席做了道菜"咖喱牛肉"，就是把牛肉炖烂了，土豆炸熟了，再同时放入锅里用咖喱粉一烩。

因为这顿饭是周福明陪着主席吃，饭菜量做得也大。周福明提饭用的竹提篮一趟盛不下，要分成两次提。周福明第一趟把米饭、玉米和小菜端上去，并招呼了躺在床上正在看书的主席。周福明第二趟把菜、汤端上来的时候，主席已坐在床边的小方桌旁。周福明从竹提篮子里一盘盘地往桌上端菜，红、黄相间的"咖喱牛肉"也在其中。

主席用手指着"咖喱牛肉"，操着浓重的湖南口音风趣地说："'土豆烧牛肉'，赫鲁晓夫的共产主义，我们先来享受。"

周福明过去就听说过"土豆烧牛肉"象征苏联赫鲁晓夫的"共产主义"，可直接从主席嘴里讲出来还是第一次听到。

主席还没有等周福明坐稳，上来就给周福明夹菜："来，小周，先吃'赫鲁晓夫'。"

周福明被主席的话逗乐了，主席见周福明笑，开始还没有反应过来，等他明白周福明是因为自己刚才说的那句省略了的话，主席自己也笑了。

周福明反过来也给主席先夹这道菜："主席，您也先吃'赫鲁晓夫'。"

以后只要厨师做"咖喱牛肉"，周福明都告诉主席今天吃"赫鲁晓夫"。

那顿饭的气氛一直很活跃，话题总是围绕着苏联与赫鲁晓夫。

"赫鲁晓夫也太瞧不起我们了，您不同意他们在我国搞联合舰队和长波台，就撤走全部专家，真是小家子气。"周福明十分不满。

"他们不是小家子气，是要卡我们的脖子。"主席用手做掐脖子动作。"我当时就说，走就走，一个不留好了，你们要的债，我们也如数奉还。我不相信我们中国离了苏联地球就不转了。"主席讲得平静、有力，并充满了自信心。

"还什么东西还挑三拣四的，他们对我们也太苛刻了。"周福明非常不满。

在这之前，毛主席也和周福明谈起过苏联，他知道，苏联的重工业比较发达，农业和轻工业发展不够，我国用来抵还苏联债务的全部都是他们短缺的农副产品。可苏联居然把我国运去的鸡蛋、苹果一个个用模子来量，大了不行，小了也不行；运去的猪肉也是如此，要不肥不瘦。

周福明一想这些气都不打一处来："苏联的目的不只是让我们还债，分明是故意刁难。"

"他们拿这种办法对付我们算得了什么，我就是不吃他们的那一套。"毛主席用手一摆，分明是用手势来表示顽强的斗争精神。

（参见亓莉：《毛泽东晚年生活琐记》，中央文献出版社 1998 年版）

康熙皇帝的"人民"

1958 年 8 月 7 日，毛泽东主席离开北京，来到河南省襄城县，视察当地的烟叶生产情况。他在双庙乡郝庄村田间刚刚看完烟叶、谷子等农作物的生长情况，襄城县委副书记刘熙民就急匆匆地赶来迎接他。

刘熙民听说要他给毛泽东汇报工作，激动得心都快要从胸膛里跳出来了。路上，他想了许多话要给毛主席说，可是等他见到毛泽东后，除问了一句"毛主席您好"之外，激动得什么也说不出来了。

"你叫什么名字？"毛泽东见他很紧张，随便地问道。

"我叫刘熙民。"

"是哪几个字？"毛泽东继续问。

"'刘'是卯金刀的刘,'熙'是康熙的熙,'民'是人民的民……"刘熙民唯恐说不清楚,一边打着比方,一边用右手食指在左手掌上画着杠杠。他刚一说出康熙这两个字,毛泽东便说:"哦!你是康熙皇帝的人民。""你干什么工作?"毛泽东问。刘熙民回答说:"县委副书记。"毛泽东听了说:"一县之首,担子重啊!"他又转过身,问刚赶到的负责保卫工作的许昌专署公安处副处长辛建:"你叫什么名字?"辛建答:"辛苦的辛,建设的建。"毛泽东说:"你是辛辛苦苦地建设社会主义啊。干革命就得有不怕辛苦的精神。"

毛泽东的幽默把周围的人"哄"地一声全说笑了,刘熙民的紧张情绪也一下消失得干干净净。

拿名字做文章,这是毛泽东联系群众的一种常用方法。他深知自己的特殊身份和地位,因此为了制造一种轻松平和的气氛,他对于第一次见面的人,一般总喜欢用对方的名字做一番文章。

(参见孙宝义、邹桂兰、孙吾文、孙月辰:《毛泽东的
衍名艺术》,中央文献出版社2006年版)

一次打喷嚏调查会

1958年秋天的一个下午。毛泽东的1号专列停在湖北孝感站外。毛泽东要对中央向湖北提的年产600亿斤粮食摸摸底。

毛泽东邀请当地的干部与农民代表上车座谈。农民代表晏桃香是个农村姑娘,因开夜车迟到了,且正感冒打喷嚏,人家怕她传染给毛泽东,不让她进来。毛泽东知道了即说:"怕什么,少奇肝炎多年也没有传染给我。进来,小姑娘,请坐。"

晏桃香刚一坐下,不料就打了一个大喷嚏,唾沫星子喷到毛泽东脸上,

在座的人都很紧张，姑娘也脸有惧色，毛泽东赶忙笑着说："不要紧，我是60多岁的老头子，不怕死，人家说身经百战，我也是身经百战不死，你的一个喷嚏打得死我吗？你比美帝国主义厉害？比日本侵略者厉害呀？比蒋委员长厉害吗？"大家听了毛泽东的话，气氛顿时缓和了。

毛泽东又问姑娘："你为什么感冒？"

晏桃香说："报告主席……"

"不要报告。大家平起平坐，随便谈心。"毛泽东立即打断说。

"昨晚我通宵开夜车锄棉梗，天亮才通知我开座谈会。一直打喷嚏，来这之前我先吃了药的。"晏桃香说。

毛泽东问她："你们开夜车点灯吗？"

晏桃香答："300瓦电灯，20盏气灯。"

"你赞成开夜车吗？"毛泽东问。

"说实话不赞成，但上面要我们开夜车，我是妇联主任，不能不开。我认为开夜车划不来，花钱很多，费力很大，第二天还打不起精神，大家都不愿意。"

毛泽东又问："你认为你所在的生产队粮食产量能达到指标么？"

晏桃香大胆地回答："差十万八千里。"

毛泽东又问："那么你想如何办呢？"

晏桃香恳切地说："希望上面实事求是。"

姑娘说出这话很不简单，在座有的人鼓了掌。也有人汇报说，事实上老百姓有的已经开始饿肚子了。

毛泽东听着听着便流下了泪。接着对大家说："不要同不让她进来的人讲打喷嚏的事。对'皇帝'脸上打喷嚏，那还了得呵！我毛泽东是久经考验的人嘛。"

毛泽东的话使大家很受感动。通过开座谈会毛泽东了解到一些真实情况。后来在三年自然灾害时，毛泽东把1961年定为调查研究年，号召全党要加强调查研究，根据实际情况，制定切实可行的政策。

（参见许祖花、姚佩莲、胡东编著：《毛泽东幽默趣谈》，山东人民出版社1995年版）

现在我们要给曹操翻案

1958 年 11 月 20 日，毛泽东在武汉东湖畔住所召集柯庆施、李井泉、王任重和陶鲁笳开座谈会，主题就是谈陈寿的《三国志》。毛泽东先从读书方法谈起。他说：读书的方法无非就是两条，第一条要学会用联系的方法看书中的人物、事件；第二条要学会当评论员。随即他一路联系和评论下去：你们读《三国演义》和《三国志》，注意了没有，这两本书对曹操的评价是不同的。《三国演义》是把曹操看作奸臣来描写的；而《三国志》是把曹操看作正面人物来叙述的，而且说曹操是天下大乱时期出现的"非常之人"，"超世之杰"。可是因为《三国演义》又通俗又生动，所以看的人多，加上旧戏上演戏都是按《三国演义》为蓝本编造的。所以曹操在旧戏舞台上就是一个白脸奸臣。这一点可以说在我国是妇孺皆知的。说到这里，毛泽东愤愤不平地说：现在我们要给曹操翻案。我们党是讲真理的党，凡是错案、冤案，10 年、20 年要翻，一千年、两千年也要翻。曹操统一北方，创立魏国，抑制豪强，实行屯田，兴修水利，发展生产，使遭受大破坏的社会开始稳定和发展，是有功的。说曹操是奸臣，那是封建正统观念制造的冤案，这个冤案要翻。

1964 年，他在北戴河对身边的一位工作人员说："你不知道吧，曹操是个了不起的大政治家、大军事家，也是一位了不起的诗人。"

当工作人员不解地问"他不是白脸奸臣吗？"时，毛泽东不客气地说：

"屁话！曹操统一中国北方，创立魏国。那时黄河流域是全国中心地区。他改革了东汉的许多恶政，抑制豪强，发展生产，实行屯田制。还督促开荒，推行法制，提倡节俭，使遭受大破坏的社会开始稳定、恢复、发展。这些难道还不是了不起？说曹操是白脸奸臣，书上这么写，剧里这么演，老百姓也这么说，那是封建正统观念制造的冤案。笔杆子杀人哪，那些反动文人垄断了文化，写出东西又愚弄毒害了老百姓，这个案我们要翻过来！"

（参见胡哲峰、孙彦编著：《毛泽东谈毛泽东》，
中共中央党校出版社 2008 年版）

"水静"违反辩证法

1959 年 3 月下旬有一回原江西省委第一书记杨尚奎的夫人水静跟杨尚奎参加晚宴，陈正人从邻桌走过来说："水静，走，和毛主席熟悉熟悉去。"陈正人向毛泽东介绍说："主席，这是水静同志，杨尚奎同志的夫人。"

"啊，好，坐，坐。"毛泽东很客气地和水静握握手，要她坐右边，然后问："你是哪里人？"没等水静回答，又说："你知道吧，江西、湖南是亲戚，所以湖南人叫江西为老表。"

"你们江西人行呀，"毛泽东笑道："晋朝的时候，江西出了个许真君，湖南出了条孽龙。起初许真君斗不过孽龙，后来孽龙还是被许真君降服了，你知道这个故事吗？"

"听说过。"水静说："南昌西山万寿宫门前有口井，当地群众说，孽龙就锁在那里面。"

"是吧，还是江西人厉害呀！"毛泽东笑着说。

"我不是江西人，是安徽人。"水静解释说。

"你现在嫁给了江西人，就是老表嘛！"毛泽东说着，又问道："你姓什么？"

"我姓水，江水，河水的水。"

"噢？还有这个姓呀！"毛泽东感到很诧异。

有一次，毛泽东和几个文工团员闲谈，无意中毛泽东指着水静向那些青年演员说："你们知道她姓什么吗？"

由于不认识，都摇头说不知道。

"她姓五行之一，金、木、水、火、土里的一个。"毛泽东提示说。

"姓金？""不对！""姓木？""更不对，世上没有姓木的。"毛泽东笑道："她姓水，没想到吧？"

"还有姓水的呀？"

"是呀，我也是头一回听说。"毛泽东说："不过百家姓里是有的，'柏水窦章'嘛。"

还有一回看戏，中途休息时，水静和杨尚奎恰好坐在毛泽东身边。毛泽东和杨尚奎交谈几句之后，便一边吸烟，一边和水静开起玩笑来。

"你怎么叫水静呢？这个名字不好。"毛泽东笑着说："这是违反辩证法的，水是动的，不是静的嘛。你看大海大浪滔滔，江河波涛滚滚，哪里是静的呢？"

"可是水也有静的时候。"水静说："苏联有部小说，就叫《静静的顿河》。"

"唔，不错。"毛泽东点点头说："如果没有风浪，西湖的水也很平静。"

"有动就有静，动和静是一对矛盾。"水静接着说："这是您的《矛盾论》告诉我的。所以，我的名字没有违反辩证法，对吧？"

毛泽东高兴地嘿嘿笑道："你还有不少道理哩！"

杨尚奎和周围的同志们听了他们之间有趣的对话也都呵呵地笑了起来，大家从谈笑中获得了一些启示。觉得毛泽东平易近人，在日常生活中他会从人的姓名中找有关辩证方面的笑料来调侃空气，使得气氛十分融洽和谐。

1965 年，在党的八届二中全会上毛泽东在讲到要按辩证法办事时说："看电影，银幕上那些人净是那么活动，但是拿电影拷贝一看，每一片都是不动的。庄子的《天下篇》说：'飞鸟之累，未尝动也'。世界上就是这样一个辩证法，又动又不动。"

毛泽东就是这样利用一切场合，不懈地宣传倡导辩证法，而且用通俗易懂的实例，来说明辩证法的原理。

（参见水静：《特殊的交往——省委第一书记夫人的回忆》，江苏文艺出版社 1992 年版；成林编著：《毛泽东智源》，海南出版社 2001 年版）

趣谈人也需要进化

1959 年 6 月，列车风驰电掣般地向湘潭开去。离毛主席的家乡很近了，毛主席也许有些激动吧，他睡不着，又想和大家拉拉话，就把身边工作人员和专列上的一些服务员找来聊天，大家便在他周围坐下来。

毛主席一边抽烟，一边慢吞吞地说笑话。他说："种地要合理密植，一亩稻子种多少才算合理密植呢？什么都要选优良品种，水稻、玉米、猪、马、牛，都要选优良品种。"他停了一下，突然，来了意料不到的妙语。

"人也是一样啊，也要选优良品种，我们选人种，就要选像高智这样。"

大家先是一愣，紧接着，发出一片哄堂大笑。高智一点思想准备也没有，又有女服务员在场，弄得高智脸烧得不行，有的女同志也被说得面红耳赤的。

当然，毛主席讲这话不过是个玩笑，不必当真，天天在他身边，要是把他的话句句当成"最高指示"，那还了得！

毛主席见大家笑得开心，又慢条斯理地对那几个女服务员说："你们说，为什么女同志晚上睡觉要锁门，有的还要用棍子把门顶住，男同志就不这样呢？"

大家一致回答："女同志胆小。"

"哄"——又是一阵大笑。

大家一笑再笑，毛主席兴致更高了。他又说："将来到了一定时候，人的觉悟高了，婚姻也要改变，那时就不是一夫一妻啰，"他又稍稍停一停，很肯定地说，"但现在不行！"

哎，这话大家倒没笑，听了觉得对着呢！人类社会总是不断进步的，将来肯定和现在不一样。把毛主席的话记录在此，也许后人的后人看了，真会感到毛主席是个先知呢!

　　无独有偶,想不到,几十年过去了,在一份杂志上又登载了毛主席对"人种问题"的议论。

　　那是 1945 年,毛主席在重庆谈判期间。当时,王炳南任毛主席的秘书,协助处理谈判期间的各项工作。王炳南有一位漂亮的德国夫人叫王安娜,在重庆时与毛主席熟了,常常共话家常,相处甚好。有一次,当话题转到王安娜的儿子黎明是黑眼睛、黑头发,肤色也接近中国人时,毛主席幽默地说:"这真有趣,你的同胞李德的太太是中国人,他们的孩子也是黑头发、黑眼睛、肤色也和中国人一样。一般说来,你们德国人总是以德国的强大而自豪。可是,似乎怎么也敌不过我们中国人,我们的人种好像比你们强呢!"

　　如此看来,毛主席对"人种问题"还真放在心上呢,虽是玩笑话,也反映了他的民族自尊心呢。再联想成都会议期间,毛主席把邹容的《革命军》印发会议,《革命军》第四章的标题就是:"革命必剖清人种"。邹容在文中大声疾呼道:我"皇汉人种"、"炎黄子孙"理应是 20 世纪的主人翁,岂可"优游于满洲人之胯下",应当站起来!用"大海洋之水"洗清我们几百年来做奴隶的历史!想,不论邹容此种观点是否偏激,在当时无疑起着唤醒中国人民的作用。这种观点,一定曾经影响过青年时代的毛泽东吧?以至于毛主席后来竟玩笑式地几次谈起"人种问题"。毛泽东所说的"人种问题"恐怕与人类的优胜劣汰有关吧。人类总不能停留在一个水平上,也要不断发展变化吧,进入到更高一级阶段,以适应跨越星球的需要吧。这也许是历史唯物主义的内涵和外延吧。

　　　　　　　　　　　　(参见刘学琦主编:《毛泽东佳话三百篇》,
　　　　　　　　　　　　书目文献出版社 1993 年版)

宴请故乡的父老乡亲

1959 年 6 月毛泽东回到故乡韶山，住在松山一号。松山一号寓所里窗明几净，整洁明亮，优雅清静。毛泽东走进寓所，看到里里外外打扫得干干净净，陈设整齐，窗户下摆着一张漆得发亮的办公桌，旁边摆着一张宽大的床铺，两边排列几条沙发，各色用具齐全。他指着铺得整整齐齐的崭新的床单、被褥，微笑着对李强等人说："哟，这么漂亮，放这么多呀！"

原来，主席第一次回乡，工作人员想让他睡得舒适一点，特意为他准备了一套新被褥，谁知他每次出巡都是自己携带行李，并且总是睡木板床，不肯用棕绷床。

"我自己有哩。"毛泽东说。工作人员随即把已铺叠好的床单、被褥撤掉，换上他们带来的白套被、白床单。

安顿好后，毛泽东坐下来休息片刻。然后，对韶山招待所所长赵伯秋说："快去把你们这里的山神爷找来。"

一会儿，韶山公社书记毛继生急匆匆地走进来。毛泽东迟疑地望着他，叫不出名字。"主席，我是韶山公社书记。1954 年 6 月，我还到过您家做客，在北戴河住了三天哩。"毛继生自己介绍道。

"哦——"毛泽东猛然想起来。连忙伸出手来同他握手，并说："你就是山神爷！你看，我这眼睛'瞎起'连叔老子都不认得了！"

论起字辈来，毛继生属贻字辈，派名毛贻悌，比主席还大一辈。1954 年 7 月，他曾代表湘潭县供销合作社到北京参加全国供销社总社的第一次社员代表大会，并被选为理事。会议期间，他与同去的邵阳县供销社主任庞柱中、湘乡县第九区供销社合作社邹祖培三人联名给毛主席写信，希望能见主席一面。散会后，中共中央办公厅派车把他们送到北戴河主席住处做客。毛泽东用颇具家乡风味的酒菜盛情款待了三位乡亲，并表示有时间的话要回家乡看看乡亲们……

毛继生还在回想着往事，他抑制不住内心的兴奋，说："那年，您说想回来看看，如今您真的回来了！"

毛泽东笑着说："你看，我说话还算数吧！"

"那当然！您是主席，言必信，行必果。"毛继生说："主席回来了！"

"润之先生回来了！"

这时候，外面传来了一声声呼唤。随即韶山大队党总支书记毛华松急匆匆地走进来。他后面还跟着其他几位乡亲。

"你们好！"毛泽东与来人一一握手，并逐一询问他们的姓名和职务，然后风趣地说："你们都是'当权派'，你们比我好，你们自由我不自由。"他指指身材魁梧的罗瑞卿笑着说："我还要服从他管理哩。"停了停，又说："我只有回到家乡才有自由啰。"

"离开韶山几十年了，我想请家乡的父老兄弟吃餐便饭。"毛泽东又笑着对毛继生等人说："请你们邀请50岁左右的，讲起就熟悉、就认识的人，来吃一餐便饭，会一会面，打一打讲。"

主席要请客吃饭，要同乡亲们打讲，毛继生等人心里当然非常高兴，他静静地听着主席的吩咐。

"请哪些人呢？"毛泽东习惯性的扳着指头，自问自答："一是我的亲戚——叔伯兄弟，外婆文家的老表；二是韶山的烈属、军属；三是老地下党员；四是农民协会老自卫队员……"他还具体提到一些人，如他的堂兄兼幼年时的塾师毛宇居，外婆文家的表兄文涧泉、文梅清，堂表弟文东仙；毛福轩烈士的遗孀贺菊英，毛新梅烈士的遗孀沈绍华，还有堂弟毛泽连，毛泽嵘以及老同学、老朋友毛裕初、谭熙春、杨舜琴等，并简单问了一下他们的情况。

毛继生细心地听着，记着，他心里默算了一下，主席一共数了四五十人。

"明天晚上，请他们来，还有你们，一起来吃餐便饭。"毛泽东吩咐道。

分别32年的毛泽东要宴请一下故乡的父老乡亲，同他们见见面，叙叙情。

（参见赵志超：《毛泽东十二次南巡》，中央
文献出版社 2000 年版）

论 辈 分

1959 年 6 月 25 日，毛泽东回到离开 32 年之久的韶山，邀请许多亲朋故友来松山宾馆叙旧、做客。来客中有一中年妇女叫毛枚秀，毛泽东有些眼生，在与她握手谈话时问道：

"你的父亲是谁？"

"我父亲叫毛德青。"毛枚秀回答道。

"你就是德青大阿公的女儿啊！"毛泽东记得韶山冲的德青阿公按辈分他称毛德青为房祖。"那我可称你做姑哒。"

毛枚秀抿嘴不答。按岁数她确实比毛泽东大一岁，又按毛氏宗谱对出嫁女的称呼一般要从儿称呼，所以毛泽东称她"姑"一点没错。

"你现在住在哪里？"毛泽东又盯着问。

"住棠家阁，我是文二十阿公的大媳妇。"毛枚秀腼腆地答道。

"这下不好哒，矛盾产生，按毛家规矩，我要叫你姑娘呐，可按文家的规矩，你又得叫我表叔，你看咯到底怎样称呼。"

毛枚秀被毛泽东说得止不住笑了起来，旁边站着的人也直乐。

"品哒（韶山乡下话，意即互相差不多持平），我们都称呼哒，省得搞不清关系长幼。"

后来有人开玩笑说，毛泽东在北京，全中国他最大，他若回韶山，有时还得变成小字辈。因为毛泽东历来把自己看成是韶山人，是农民的儿子，入

乡随俗，到了这一方地，就讲的是韶山的地方话了。

（参见孙宝义、邹桂兰、孙吾文：《毛泽东的
衍名艺术》，中央文献出版社 2006 年版）

先有王后有毛

1959 年 8 月，中共中央在庐山举行工作会议，会外活动毛泽东最感兴趣的是游泳。一天，江西省公安厅厅长王卓超陪同毛泽东在芦林水库游泳，上岸后在大坝上午餐，王卓超坐在毛泽东身边。

毛泽东问："你姓什么?"

"王，三横一竖。"

"王啊，"毛泽东笑了起来，咬了一口馒头，"你比我大啊!"王卓超不知其所以然。

"先有王后有毛嘛。"说着，毛泽东用手指在地上比画着。他先画了一个王"，然后顺着"王"那一竖往下出头，再一弯勾，成了一个"毛"字。

王卓超茅塞顿开，两人不约而同地哈哈大笑起来。

1959 年的金秋十月，为了向国庆十周年献礼，前进歌舞团带着大型舞剧《蝶恋花》来到了北京。王玉梅在舞蹈中，扮演桂花仙子，因此，有幸见到了毛泽东。那是在中南海紫光阁，厅内设有舞台，周围布满了长短不一的沙发和茶桌。毛泽东坐在宽松的单人沙发上，同其他领导人一起，面对面地观看演出。演出结束后，毛泽东很激动，并为大家鼓掌，连连点头说："好! 好!"在随后举行的舞会上，毛泽东站了起来，拉住王玉梅的手，慢步跳起舞来。为了消除王玉梅的紧张心理，他老人家一边跳一边与王玉梅唠起嗑来。

"你姓什么？叫什么名字？"毛泽东问王玉梅。王玉梅急忙回答："我姓王？叫王玉梅。"

"呵，你姓王，我姓毛，我们是一家子哩。""王和毛怎么是一家子呢？"王玉梅不解地问道。

"王家是毛家的后代咧！"毛泽东坚持说。王玉梅奇怪地问："为什么？"

"因为先有毛，后有王嘛！"毛泽东说。此时王玉梅已完全排除了心里的紧张，像女儿对父亲那样，同他争辩起来。王玉梅说："不对！不对！是先有王，加上尾巴才是毛嘛！"毛泽东饶有兴味地说："小鬼，你错了，是先有毛，把尾巴去掉了才是王。才有了人类嘛！"王玉梅顿时醒悟说："啊！我明白了，主席您是说，从猿到人吧！"毛泽东和王玉梅都会意地开怀大笑起来。

在毛和王两姓间，毛泽东曾多次调侃这两姓的关系，足见其对姓名的兴趣和独特的联系群众的方法。

（参见孙宝义、邹桂兰、孙吾文、孙月辰：《毛泽东的衍名艺术》，中央文献出版社 2006 年版）

"原来你是家里的一匹好马啊"

1949 年 3 月 28 日，叶子龙带领卫士李家骥来到毛泽东的办公室，毛泽东正在聚精会神的办公，叶子龙进屋后说："主席，小鬼给你带来了。"毛泽东一边抬起头来，一边把手里的文件和铅笔放下，然后，用浓重的湖南口音说："我们认识啊，你不是擀面条的小鬼吗？""是，前段时间在叶参谋长身边工作。"

"你叫什么名字？"毛泽东问。

"李家骥。"

"李——家——骥，哪几个字啊？"毛泽东好像没听清楚不急不慢地拉长声音问。

李家骥回答："姓李，十八子的李，家庭的家。"未等说完，毛泽东又问："那骥呢？""马字旁边加一个晋察冀的'冀'。"

"噢，原来你是家里一匹好马啊！"毛泽东明白后说。

李家骥见毛泽东这样平易近人并和自己开玩笑，紧张的心情慢慢平静下来。接着和毛泽东唠："这是我爷爷给我起的名字。"

毛泽东边走边把话题一转，微笑着对叶子龙说："转战陕北时我的那匹马为打败胡宗南立下了大功，是不是也带进城了？"叶子龙忙说："在香山喂养。"

"对，凡是对革命有贡献的，我们都不能忘记他们。"说完毛泽东又慈祥地问李家骥："你多大岁数了？"

"17 岁，是 11 月 13 日生。"

"是哪里人啊？"李家骥如实地告诉说是山西盂县。

毛泽东笑了笑说："山西出人才，你们那儿为革命付出很大牺牲。"稍稍停顿一下他又说："你还是个娃娃，就参加革命了。我们有很好的根据地，有很多好的人民群众，中国革命一定能胜利。"毛泽东就李家骥的骥字随感而发，是希望李家骥成为革命军中的千里马，马前卒。

（参见孙宝义、邹桂兰、孙吾文、孙月辰：《毛泽东的衍名艺术》，中央文献出版社 2006 年版）

"你来，代表性就全了"

1949 年 9 月 19 日，正值北京金秋，毛泽东在百忙之中邀请程潜、陈明仁等同游天坛。刘伯承、陈毅也陪同出游。众人游至祈年殿前，毛泽东亲切地召唤陈明仁："子良将军，来、来、来，我们单独照个相。"

"这……"陈明仁一时手足无措，踌躇不前。

"主席请你，你就莫装斯文喽。"豪爽的陈毅一边说，一边将陈明仁推到毛泽东跟前，陈明仁恭恭敬敬地站在毛泽东右边，和毛泽东照了个双人半身照。

照完像后，毛泽东说："子良将军呀，现在外面的谣言很多，说你被我们扣起来了；还说杜聿明、王耀武被我们五马分尸干掉了，我想请你开会之后，去山东济南看看他们，把情况向外介绍一番，写些书信给你那些还未过来的亲友故旧，促进他们及早觉醒，及早归来。"

"是，我一定照办。"陈明仁爽快地答道。

"你还可以把这张照片分送给你们黄埔同学，只要送得到的，都送一张好吗"毛泽东又说。

"好！"陈明仁答道。

"那你打算洗印多少张呢?"

"我打算洗 10 打，120 张。"

"不够，不够，至少要洗 50 打。"毛泽东的话，使大家笑了起来。也使陈明仁隐藏在心底的最后一点不安情绪一扫而光。毛泽东还告诉他"后天 21 日，我们的新政治协商会议就要开幕了，各方面的代表人物都有，唯独还缺少蒋介石的嫡系将领，你来了，代表性就全了。"

毛泽东就是这样，善于把复杂艰难的统战工作寓于轻松愉快的谈笑之中，既尊重对方，又使对方受到教育，心悦诚服。陈明仁第一次见到毛泽东，就为他的热情、诚挚、理解和宽容所折服。他对随行人员说："我过去在蒋介石面前，从未听过这么亲切关怀的话，我听了毛主席这些话，深受感动和鼓舞，感到无限温暖。这对我来说，还是生平第一次。"

（参见吴黔生、高保华、李新乐:《肝胆相照》，军事科学出版社 1995 年版）

相声状元侯宝林

1949 年的一天，叶剑英和彭真为中央领导人组织了一场文艺晚会。叶剑英和彭真告诉毛泽东，这次晚会内容丰富多彩，安排了许多小节目，除京剧、评剧段子外，还有清唱、曲艺等，但晚会最有特色的主要还是侯宝林的相声。毛泽东听后，兴致勃勃地说："好，我去。侯宝林是个人才，我很想听听他的相声。"

晚会地点设在东交民巷的市委机关礼堂。在这次晚会上，毛泽东第一次听到了侯宝林说的相声。

侯宝林和郭启儒合说的相声《婚姻与迷信》是晚会最精彩的节目，放在最后压轴。他们二人往台上一站，观众们就鼓起掌来。侯宝林的相声，逗得全场哈哈大笑，毛泽东也是笑声不断，而且听得极其入神。毛泽东边看边称赞："侯宝林是个天才，是个语言研究家。"彭真接上说："侯宝林学艺很刻苦，他干好这一行，在这一方面很有研究，这真是行行出状元，他也是这一行的状元了。"毛泽东点头表示称赞，然后接着说："这一行很好，能促使人们欢乐，能促使人们从反面中吸取教训，能促使人们鼓起革命的精神，做好工作……"

演出结束后，在返回香山的路上，毛泽东还是对侯宝林的相声赞不绝口。他对身边的工作人员讲道："侯宝林对相声很有研究，他本人很有学问，他将来可以成为一个语言专家。"

毛泽东爱听相声，尤其爱听侯宝林的相声。他听侯宝林的相声共有 150 多段，其中 50 多段是新创作的段子，一百段左右是传统作品。侯宝林为了介绍过去的演出形式，曾和几个老演员一起特意挖掘出《字象》这个传统三人相声段子，并到毛泽东的住所演出。毛泽东很欣赏这个段子。《关公战秦琼》也是毛泽东最喜欢的相声节目之一。一般的相声节目，他很少听两遍，只有这个节目，他在一次演出后，又让侯宝林等重演一遍。《关公战秦琼》原是过去的艺人根据民间笑话改编而成的，演员们在演出时又不断进行整理，加强了作品的思想性。毛泽东对于相声这一人民喜闻乐见的艺术形式的喜爱，并在百忙之中观看演员们的演出，绝不仅仅是为了艺术欣赏，也不仅仅是为了消遣，更多的则是体现了毛泽东对文艺工作的重视和对文艺工作者的关心和鼓舞，从而提高了相声和相声演员的社会地位，促进了相声艺术的革新和发展。

毛泽东喜欢听相声，但难得纵情大笑。侯宝林说，他常常见毛泽东努力克制自己，不笑出声来。有时候竟憋得脸色发红。侯宝林记得50年代仅仅有一回毛泽东忘情地大笑了，而且笑得喘不过气来，一边笑一边摆手，意思是说，实在忍不住了。这是在侯宝林说到一首七拼八凑的打油诗的时候。这是首什么"诗"呢？是这么四句："胆大包天不可欺，张飞喝断当阳桥，虽然不是好买卖，一日夫妻百日恩。"后来，大约在1960年的时候，毛泽东建议听听相声。于是侯宝林作为理所当然的相声演员便又被毛泽东邀请进中南海作过表演。有次在说到"大裤衩子"那段相声的时候，毛泽东也笑得挺开心，可以说是前仰后合了。

1956年侯宝林在《北京文艺》上发表了《相声的结构》、《相声的语言》等几篇文章，毛泽东饶有兴趣地看了，开全国政协会议时，毛泽东幽默地对侯宝林说：你写了很多东西，想当相声博士啊！

不管是传统相声，还是现代相声，只要是语言幽默、含蓄，而咀嚼有回味的段子，毛泽东都喜欢。他不喜欢那些只耍贫嘴、一味打闹、趣味低俗的段子。

（参见于俊道主编：《红墙里的领袖们——毛泽东实录》，中国工人出版社2012年版）

四盒火柴与上庐山的"四百旋"

　　赴庐山旅游，上山公路弯道特别多，导游说："上庐山要转400个弯。"于是，她讲了一个故事。

　　当年，毛泽东第一次上庐山，发现公路弯道多，便问陪同人员究竟有多少个弯。工作人员回答说："听老乡介绍，共有400个弯，究竟多少讲不清楚。"毛泽东追问："有那么多？"他似乎不信。

　　第二次上山前，毛泽东吩咐工作人员多买几盒火柴。那年代，火柴盒装数量实实在在，装100根就是100根，比较精确。

　　上车后，毛泽东要了几盒火柴，装进中山装口袋里。从汽车进山遇到第一个弯起，毛泽东就从火柴盒抽出一根火柴。转一个弯抽一根，转一个弯又抽一根，除了偶尔点支烟，一路上默默无语。

　　尚未到达终点时，毛泽东已把四盒火柴一根一根抽完。又转了几个弯，车才稳稳停下。工作人员打开车门请他下车，他老人家却一反常态，坐在车里连屁股也没挪动一下。对着首次上山向他介绍弯道数目的那位同志说："你报的数字不对。我一个弯抽一根火柴，400根用完，怎么还有几个弯道呢？你讲的数字不准确嘛！"

　　随行人员没想到毛泽东对上山公路转多少弯如此较真。旁边另一位工作人员很机灵，压低声音说："主席，你在车上点了四支烟，用了四根火柴，算不算？"毛泽东听罢，想了一想，恍然大悟，禁不住大笑了起来，点头说："对，对，对，我的调查研究有误，有误。"说罢，陪同人员也一起大笑起来。

　　听完导游的解说，联想起毛泽东《登庐山》"一山飞峙大江边，跃上葱茏四百旋"的诗句。可见导游编说的四百个弯头与四盒火柴的故事，可能有其真实性和可靠性。

（参见王耐：《四盒火柴与"四百旋"的故事》）

芙蓉这个名字蛮好嘛!

1959 年 9 月的一天晚上，舞会仍然在春藕斋进行，女同志们争相与毛泽东跳舞。

刘芙蓉又一次和毛泽东跳舞。跳着，跳着，忽然想到自己的名字，说："毛主席，我一直觉得芙蓉这个名字不好，花花草草的。"毛泽东望着她摇了摇头："哪个说的，芙蓉这个名字蛮好嘛! 来，来，来，我说个故事给你听。"

没待一曲奏完，毛泽东便拉着她坐在舞池边的藤椅上说开了："唐朝时，有两个很有才华的诗人进京赶考，结果一个金榜题名蛮高兴，一个名落孙山蛮灰心。考中的安慰落榜的：'你虽然没有考中，但你才华横溢，还可以来年再试或在别的地方好好发挥嘛!'临别还赠诗一首鼓励他：'天上碧桃和露种。'"毛泽东怕她听不懂湖南话，便用自己的右手食指在她的左掌心上边画边解释"碧"字："'碧'，就是王、白、石的碧。"毛泽东见她听懂了，又接着念："日边红杏倚云栽。芙蓉生在秋江上，不向东风怨未开。"毛泽东看着她那对此诗迷茫不解的样子，又慢慢地向她解释："诗人们指的芙蓉乃是木芙蓉，秋天开的那种，春天不开秋天开，耐寒力强，这便是它的长处。意思是说：当一个人遇到挫折时，不要灰心丧气，要看到自己长处。结果这个落榜的人鼓起勇气，发奋努力，第二年也上了金榜。"毛泽东说完故事，笑着问她："小刘，你说芙蓉这名好不好?"毛泽东见她只是笑，没说多少，接着又说："要不，你就叫秋江吧!"

小刘没有把名字改为"秋江"，但她牢牢铭记住了这四句诗，把它端端正正地写在自己的日记本上。小刘去春藕斋给领导演出，又和毛泽东见面了。毛泽东笑着问她："那首诗背下来了没有？"小刘不慌不忙地吟诵了那首诗。毛泽东点头称赞："很好，很好！"接着，又语重心长地说："背得好，更要做得好哟！"

毛泽东所引用的四句诗，出自唐朝诗人高蟾《下第后上永崇侍郎》：

天上碧桃和露种，日边红杏倚云栽。
芙蓉生在秋江上，不向东风怨未开。

关于此四句诗，有一段故事，《唐才子传》中说诗人高蟾屡试不第，题诗省墙间曰："冰柱数条扯白日，天门几扇锁明时。阳春发处无根蒂，凭仗东风次第吹。"从诗中可看出高蟾怨声切切，是年人论不公，又下第。

高蟾的《下第后上永崇侍郎》开始就以"天上碧桃"，"日边红杏"作比拟，象征着得第后"一登龙门则身价十倍"；"和露种"，"倚云栽"比喻他们有所凭恃，特承龙恩；"碧桃"、"红杏"意为他们春风得意，前程似锦。

第三句中的"秋江"、"芙蓉"，显然是作者自比。"芙蓉"、"桃杏"虽同为名花，但，"天上"、"日边"与"秋江"相比，其地位极为悬殊。

毛泽东对小刘说："要不你就叫秋江吧！"这当是改"芙蓉"为"秋江"的最好注解吧。可见毛泽东对名字研究得很深。

（参见孙宝义、邹桂兰、孙吾文、孙月辰：《毛泽东的衍名艺术》，中央文献出版社2006年版）

感情丰富的人

有一次，毛泽东的左手破了，结了痂。坐在沙发上休息时，皱着眉头搔痒，那样子简直像个受委屈的孩子。文工团员小王惊讶极了，问："主席，您，您怎么也挠手呀？"

"痒痒啊，你痒痒不挠吗？"毛泽东很奇怪小王怎么会问这样的话。

小王说："我挠，可是，可是您……"

毛泽东明白了小王的意思，他笑着说："我怎么了？我也是人哪，普通人么，也得吃五谷杂粮，刀子割了肉也要流血，伤口结了痂也要痒，痒痒了就想挠么。"

毛泽东是个感情非常丰富的人，并且不大掩饰自己的感情。有次跳舞休息，小王坐在毛泽东身边同他聊天。毛泽东关心地问："你们练功累不累？"小王说："累，挺苦的，夏天腿往外一踢，地上就踢出一串汗珠子。有时还会出事故呢。"毛泽东问："练功还会出事故？"小王说："可不吗。听说天津一个剧团里，演哮天犬的演员翻跟头，不小心摔下来，把脖子戳进去了，戳进……"

"哎呀，不要说了，"毛泽东突然打断小王的话，一脸不忍再听下去的表情，连连摆手说："别说了，不要再讲了……"

还有一次，跳完一圈舞坐下休息，小王掏出一块演出用的红手绢，正想擦擦汗，毛泽东忽然说："这是手绢吗？我看看。"他拿去那个手绢，翻来覆去地看，眼里露出一种孩子般的好奇，用惊讶的声音说："还有这么好看的手绢呀？"

跳舞又开始了。小王接回手绢，继续陪毛泽东跳舞。

忽然，轰隆一声巨响，大家都吓了一跳，毛泽东也不例外。音乐停了，跳舞也停了。原来是雕花木板墙掉下一块，有一米见方。好险哪，板墙正好砸在毛泽东坐过的沙发上，板角把坐在旁边休息的一名女文工团员砸伤了。毛泽东随大家一起跑过去，脸上十分焦急。他像父亲看到女儿受到伤害一样焦急担心，连声问："小赵，砸坏没有？啊？砸哪儿了？"小赵捂着腿咧着嘴说："没，没啥，不要紧。"毛泽东转身招呼工作人员："快，快帮助检查一下，要抓紧治。"

工作人员一拥而上把小王搀扶到卫生所。

（参见彬子：《毛泽东的感情世界》，吉林人民出版社 1999 年版）

"她的耳朵起火了！"

有一次，在中南海春藕斋的舞会上，毛泽东指着一位和朱仲丽初次见面的女孩子，问朱仲丽："你猜，她姓什么，她的耳朵起火了！"

朱仲丽一时说不上来，毛泽东和周围的人都望着朱仲丽笑起来。

过了一会儿，朱仲丽才说出来："她姓耿。"

毛泽东笑着说："我说你是聪明人嘛！但人家耳朵并没有起火，好好的。她这个人，不是耿耿于怀，而是忠心耿耿。"还说："耿直的人最好。有人逢人只说半句话，不肯全抛一片心，这不好，要讲真心话，以诚相见，有高尚的风格。"

大家在愉快的笑声中受到了一次生动而深刻的教育。

（孙宝义、邹桂兰、孙吾文、孙月辰：《毛泽东的衍名艺术》，中央文献出版社 2006 年版）

"我这条美人鱼也过于粗壮了嘛"

每到夏季来临，在规定开放时间内，来中南海游泳池游泳的人很多，有中央和国家机关的工作人员，也有家住附近的孩子，平均每天都在 150 人上下。其中，年轻人和初学者居多，每到此刻，每个人总是想方设法尽量让自己和同伴玩得痛快，玩得过瘾。

当然，中央首长是不会如此浪漫的。通常情况下，他们要等到下午 2 时 30 分群众都离去后，才会过来。然而，有一次在全无通知的情况下，毛主席于中午对外开放时段突然到来。他一出场，大家立刻抬头仰望，很快，靠边的靠边，站着的站着，不少人都鼓掌欢迎起来。在随行卫士及救护人员陪同下，毛主席缓缓张开双臂，以他最为擅长的侧身仰泳，划开水面，张弛有度，不失力道，自由自在地游着。间歇中，他还边踩水，边向大家微笑示好。个别胆大的孩子，故意游到近处，大声呼叫："毛主席好！"

聚集在浅水区观望的同志，则被毛主席自然优美的泳姿深深地吸引着，几乎忘掉自己是在什么地方。更有趣的是，有人借题发挥，称颂毛泽东侧身仰游时，像"美人鱼"，转到踩水时，又像在表演"水上芭蕾"。后来，当毛泽东得知这番议论时，不无幽默地对答："我这条美人鱼，也过于粗壮了嘛，美从何来?!"引得大家无词赞扬毛主席高超的泳技了。

庐山上的笑声

1959 年庐山会议期间，参加会议的中央领导和各省、市的主要领导，都携带夫人和子女上了山。其中，李先念的夫人林佳楣，江西省委书记杨尚奎的夫人水静与安徽省委书记曾希圣的夫人余淑很要好，三个人经常形影不离地在一起参观、游览、散步、交谈，这情景无意中被毛泽东看在眼里，记在心上。

有一天，三位夫人的孩子提出想要见见他们最敬爱的毛主席，经请示，毛泽东欣然答应了。当三位夫人带着孩子们同毛泽东见面时，毛泽东热情地欢迎他们，笑容满面地同孩子们说了好一阵儿话。然后，毛泽东扬起脸注视着三位夫人，风趣地问道："你们三位这么要好，晓得是什么原因吗？"三位夫人被毛泽东这一突如其来的提问问愣了，她们面面相觑，一时间都感到不好回答。

毛泽东看到她们发愣的样子，不由得哑然失笑，当即操着浓重的湘潭口音慢条斯理地解释说："因为你是'水'，你是'鱼'（余）。"他抬起右臂用手分别点了下水静和余淑："鱼当然要和水在一起。你呢——"说着，又用手点了下林佳楣："是'林'，是两棵树，树离了水，就会枯老，所以呀，你们就分不开喽！"毛泽东说罢，一仰下颌哈哈笑了起来。

毛泽东巧妙地把三位夫人的姓与自然现象联系在一起解释，既道出了她们之间的亲密关系，又显得妙趣横生，令人回味无穷。听了毛泽东的解释，三位夫人和孩子们方才恍然大悟，室内立时爆发出热烈的掌声和欢笑声。

（参见孙宝义、邹桂兰、孙吾文、孙月辰：《毛泽东的衍名艺术》，中央文献出版社 2006 年版）

寻找那个文化理论水平很高的同志

　　长沙，是座有着悠久历史和革命传统的城市，是全国历史文化名城之一。1936 年，在陕北的窑洞里，毛泽东给斯诺描述了他对长沙的印象：我开始向往长沙。长沙是一个大城市，是湖南省的省会，离我家 120 里。听说这个城市很大，有许许多多的人，不少的学堂，抚台衙门也在那里。总之，那是个繁华的地方。

　　长沙，是毛泽东走向全国的第一站。新中国成立后离京外巡，回长沙也最多。20 世纪 60 年代以来，毛泽东视察大江南北，来到故乡湖南省视察时，省委安排毛泽东住革委会院内的第九招待所。省委领导频频接触毛泽东，汇报、听取毛泽东对湖南工作的意见。一天，省委领导的第一把手去见毛泽东时，毛泽东说：

　　"我来湖南好几天了，那个文化理论水平很高的同志没来，不知是怎么一回事？"

　　当时省委一把手对此摸不着一点头脑，当即令省委组织人查找毛泽东讲的这个人，组织部人员慌慌张张查档案对照片。据说从中排出一大堆人员名单，最后领导选了几名认为是"文化理论水平很高的同志"，速将这些人的档案、照片送到毛泽东处。毛泽东一听笑了，说：

　　"我讲的是公安厅副厅长小高，他的名字叫高文礼。"

　　"啊，原来是他！"这位第一把手如释重负。接着又问高文礼现在什么地方，当知道高文礼在省"五七"干校"学习"时，又急忙派出几辆小车去接高文礼。

　　毛泽东见到了他想见的"文化理论水平很高的同志"，从此高文礼的这个雅称也同时流传开来。

（参见吴江雄：《毛泽东谈古论今》，安徽人民
出版社 1998 年版）

巧妙的游泳战略

1959 年，毛泽东在会见美国女作家斯特朗和美国学者杜波依斯夫妇时有一段有趣的对话。毛泽东先问他们能否游泳，他们说会，接着又追问："听说主席在水中一'泡'就是几个小时"，毛泽东不喜欢"泡"这个字，因为这个字非常类似"泡澡堂"那种意思。毛泽东纠正道："错了，那不是泡，是水中击浪，征服惊涛，与天斗其乐无穷，与大自然斗其乐无穷，我那是与水斗，见到狂澜，我总要斗它一斗。"毛泽东在纠正他们"泡"之概念时，再一次把"斗"的意志表达了出来。这才是毛泽东典型的性格。

当斯特朗询问毛泽东到过什么地方游泳时，毛泽东兴致勃勃，如数家珍："我几乎每年都要游长江，或者游其他江河。""如广州附近的珠江，我老家的湘江，还有钱塘江、北戴河。新中国成立之初，我在游泳池里游泳，但那太受局限了，游长江大海，很壮阔。用中国的俗话说，那叫海阔凭鱼跃，天高任鸟飞，我的整个身心都是自由的。""我还打算游黑龙江！""如果你们三位允许，我愿去横渡你们的密西西比河。大概另外三位先生——杜勒斯、艾森豪威尔和尼克松，不会欢迎我去吧！不过，我是个乐观的人！"

1960 年 6 月，毛泽东在 20 多年后再一次会见了斯诺。又谈到了游泳。斯诺说，记得那时掀起了一场群众性的游泳运动，由于参加渡江游泳的人数极为踊跃，以至于外界又风传中国准备攻打台湾。毛泽东说，那个报道也太夸大了嘛。我们也没落后到用游泳的力量去解放台湾。毛泽东又说："我希

望在年老之前，到密西西比河和波达麦河中畅游一番，但这是一厢情愿，我想你不反对，华盛顿就可能会反对。"斯诺问："如果他们同意呢?"

毛泽东答道："如果那样的话，我可以在几年后就去，完全像一个游泳者。"在中美关系尖锐对立的年代，一位大国的元首想去美国绝不只是为了游泳，毛泽东深知，体育具有不受疆界限制，政治意味不明显，能够为不同意识形态的国家所认同，可以通过它传递外交信号。这才是毛泽东想去美国游泳的根本意图，也是他处理国家间关系的巧妙战略，调整国家间对抗局面的必要措施。毛泽东以其超人的才智，用游泳为话题，实际上是在实施一项深远的外交谋略。11 年后，毛泽东、周恩来运用这一谋略，开展"乒乓外交"，中美两国终于在 1979 年正式建交，"小球转动了地球"。毛泽东的体育理论和他对体育的巧妙运用，谱写了不朽的篇章。

(参见王树惠:《毛泽东与体育运动》,《中华魂》2012 年第 12 期)

给外交官的名字幽一默

毛泽东对姓氏有一种特殊的兴趣。他有一个明显的习惯，初次见面往往先谈姓氏，调侃逗趣一番，然后再进入正题。由于对中国历史谙熟，毛泽东的纵论漫评显得驾轻就熟，游刃有余。

对外交部的"小人物"，毛泽东也是海阔天空，谈笑风生。

曾担任外交部新闻司司长、发言人的吴建民，是汽车司机的儿子，生于陪都山城重庆，长在六朝古都金陵石头城下。他在 20 世纪 50 年代末期毕业于北京外国语学院法语系，并在布达佩斯迈出了 30 年外交生涯中难忘的第一步。在长达 10 余年的译员生涯中，他有幸多次担任毛泽东、周恩来等党和国家领导人的法语译员。60 年代，吴建民参加了毛泽东与刚果（布）马桑巴·代巴总统夫人、努马扎莱总理的会见。在毛泽东进入晚年的最初年代里，老人家依然机敏睿智。一次会见结束后，毛泽东余兴未尽，问吴建民姓甚名谁。吴建民拘谨地答道："我姓吴，叫吴建民。""你的'国家'早已灭亡了！"毛泽东伸出食指，朗声一笑。吴建民老半天才从领袖的笑声中反应过来。原来毛泽东是与自己的姓氏开玩笑，盖指三国时期的东吴政权是也。多少年过去了，毛泽东那从容不迫的领袖气度和风范，那充满豪情与自信的爽朗笑声，以及举手投足间皆具不可言状的魅力，至今还深深地留在吴建民美好的永恒记忆里，恍若昨日。这次幽默说明了《三国演义》里的故事，已深深地在毛泽东的脑海里扎下了根，所以在不同的场合，他都会信手拈来，用来调节紧张的气氛，充分显示了毛泽东高超的语言艺术。

（参见孙宝义、刘春增、邹桂兰编著：《毛泽东品三国用三国》，国际文化出版公司 2011 年版）

标新立异常人举动

毛泽东是一个极富幽默感的领袖人物，这种幽默在不同场合与形势下，有不同表现。就比如走路吧，毛泽东只是在大庭广众之下，才改成庄严或稳健的步子。平时他非常喜欢晃肩扭腰，手舞足蹈，全身活动着走路，很有些像公园里某些活动着的老人。他办公常常一坐十几小时，全身发僵，走路时就想活动一下全身。每当他从卧室出来去颐年堂参加会议时，短短一段路也要晃肩扭腰，手舞足蹈地走路，当他手舞足蹈时，还要有声有色地呼吸，并且朝跟随的卫士递个眼色，那是无声的幽默："发愣干什么？我也是人哪！"

有些文章把毛泽东描绘成神秘的人物，实际上毛泽东也有喜怒哀乐，也有七情六欲，从这些生活小事上看，毛泽东是人不是神，他的一举一动也体现出人的共性，不过这些异乎寻常的举动，常常反映出他标新立异的思维和别于常人的举动。

（参见许祖花、姚佩莲、胡东编著：《毛泽东幽默趣谈》，山东人民出版社 1995 年版）

蜡烛当辣椒

　　毛泽东的湖南口音很浓，身边的卫士大多数来自东北。因为毛泽东喜欢东北小青年，说东北小青年又聪明心眼又实。一次，一位从东北来的小卫士听到毛主席要辣子的吩咐，忙朝厨房跑。动作迅速，可惜搞错了。他把辣子听成了蜡烛。大白天的要一蜡烛干什么？便问："主席，蜡烛点着吗？"

　　毛泽东只顾批他的文件，头也不抬说："点着？你们东北吃辣子还点着？乱弹琴。去，拿锅上炕一炕，要整根的炕，不要切。"

　　卫士愣半晌，拿着蜡烛往外走。走到门口，还是忍不往回转身，小心翼翼再次打搅："主席，我……还不明白，怎么拿锅上炕？"

　　"不要放油，干炕就行。"

　　"可是……锅要放在火上吗？"

　　"不放火上怎么炕？蠢嘛！"毛泽东抬起头，显出烦，眉毛皱起一团。

　　"可是，炕化了怎么办？"卫士欲走不能，欲留不敢，嘀咕着不知所措。

　　这时，毛泽东忽然笑了。他已经发现那支蜡烛，越笑声越大，越笑越开心。小卫士不知所以然，只好陪着笑，越笑越难堪，越笑越狼狈。

　　"辣子，我要辣子。"毛泽东用手比画，作一个吃到嘴里的辣状，说："吃的辣椒。"

小卫士听懂了，这次可真笑出了泪。

毛泽东吃辣椒喜欢吃整根，不要切碎，不要油炒，也不吃辣椒粉或辣椒糊，就是整根的尖辣椒干炕一下，便拿来吃，以便刺激胃口，多下饭，维持体内的"收支平衡"。这是毛泽东饮食上的一种嗜好。

（参见高聚成选编：《毛泽东的故事》，中国青年出版社 1992 年版）

"虚有 5 分，名不副实"

封耀松刚到毛泽东身边工作时，写了一份决心书：我西生（牺牲）自己也要保护好毛主席。13 字的一句话，两个错别字。那时他 16 岁，毛泽东拍拍他的头说："嘿，还是个娃娃呢！"问他叫什么？回答："封耀松。"毛泽东说："噢，那你就是河南开封市的那个封?"他连忙说："不是的，是一封信两封信的封。"毛泽东哈哈大笑，用手点点他说："不管你有几封信，不开封你就看不见噢。那是一个字，懂了吗?"后来，毛泽东让他去上了中南海的机关业余学校，并经常检查他的作业。有一次，毛泽东在检查作业时，发现他得了个 5 分，很高兴地说："好，又进步了。"可是，毛泽东看过 5 分之后，还在进一步检查作业，这回可不满意了，他"嘿"了一声说："你们那位老师也是马大哈呀！"接着他指着封耀松默写的白居易《卖炭翁》中的一句话问："这句怎么念?"封耀松回答："心忧炭贱愿天寒。"毛泽东严肃地问："你写的是忧吗？哪里伸出来一只手？你写的是扰，扰乱的扰。怪不得炭贱卖不出价钱，有人扰乱嘛。"毛泽东毫不留情，还在问："这句话怎么念?"封耀松回答："晓驾炭车辗冰辙。"毛泽东严肃地问："这是辙吗？到处插手，炭还没卖就大撤退，逃跑主义，这是撤退的撤。"毛泽东抓起笔来把封耀松的错别字改了过来，说："虚有 5 分，名不副实。"于是封耀松的 5 分变成了 3 分。封耀松非常感动地说："我在业余学校有五位老师，其实我还有第六位老师，那就是毛主席，那五位老师每人只教我一门功课，毛主席哪门功课都教过我，从查字典、四则运算，到地理、历史、时事，他老人家都为我花了很大心血，即使平日写家信，也常帮我改正错别字，那个'的、地、得'的用法，毛主席就给我讲过不止三遍。"

（参见孙宝义、邹桂兰、孙吾文、孙月辰：《毛泽东的
衍名艺术》，中央文献出版社 2006 年版）

"'无细菌'这个名字好"

　　毛泽东平易近人，经常同身边的工作人员开玩笑，用以调节空气。有一次谈起各人的名字时，他风趣地说：

　　"'无细菌'这个名好（这是指他身边护士长吴旭君的谐音）。她是搞医务工作的，讲卫生，没有细菌，这样就可以不生病了嘛！"

　　逗得大家哈哈笑起来。

　　"无细菌"不但贴切，而且结合医务工作的实际，恰到好处，令人回味无穷。

（参见孙宝义、邹桂兰、孙吾文、孙月辰：《毛泽东的
衍名艺术》，中央文献出版社 2006 年版）

谈笑风生与人结缘

　　一个女护士第一次给毛泽东验血，紧张得不得了。毛泽东见她这样，就说："你这个小丫头好狠喔，一声不吭就扎我一针。"那个护士笑了，周围的人都笑了，空气顿时轻松欢快起来。北京大学中文系讲师芦获第一次来到毛泽东身边为他读书（此时毛泽东患老年性白内障），心情自是异常的兴奋和激动。见面后，毛泽东笑问她是否很喜欢秋天，见她愕然，又微笑着问她可会背刘禹锡的《西塞山怀古》一诗，并与她共同吟诵，原来，毛泽东是用这首诗的最后一句"今逢四海为家日，故垒萧萧芦获秋"来幽默地说到她的名字，使她在这样一个比较轻松的话题中，把紧张激动的心情平静下来。毛泽东经常就是这样，几句风趣话就把领袖与普通人之间的那堵无形的墙推倒了。

　　1961年，英国元帅蒙哥马利访华。当时的西方世界把毛泽东描绘成"一个残酷无情的暴君"。未识"庐山真面目"的蒙哥马利在与毛泽东会晤前好奇之中多少有点紧张。当他的手与毛泽东握在一起时，迎着他的一双深邃的黑眼睛是和善的。这时印度总理尼赫鲁的话不由地从他脑海中冒了出来：毛泽东的样子像一位和蔼的老伯伯。"你知道你在同一个'侵略者'谈话吗？你在同一个'侵略者'谈话。在联合国我国被扣上这样的称号。你是否在乎同一个'侵略者'谈话呢？"毛泽东的第一句话就幽默得令他吃惊。蒙哥马利当然知道，联合国曾经通过决议，谴责中国"侵略"朝鲜。他怎么也想不到，毛泽东会用近似玩笑的口吻，提出这样的问题。趣味盎然的对话，很快缩短了两人之间的"东西方距离"。毛泽东在延安时常与来访者畅谈不倦。一次，一位老教授在与毛泽东会见后显得特别激动，他说："我去见主席，主席拿出纸烟来招待，可不巧烟吸完了，只剩下一支。你想主席怎么办？他自己吸不请客当然不好；拿来请客，自己不吸也不好。于是毛泽东主席将这支纸烟分成两半，给我半支。他自己吸半支。事虽小，却可看出毛主席待人热情、诚恳而又亲切。"

诙谐、幽默是思想、学识、智慧和灵感在语言中的结晶，人的智力不发展到一定程度，就很难有幽默。幽默实际上是人们智慧从容有余的产物。毛泽东是语言大师，他在日常生活中经常用诙谐幽默来缩短与人之间的距离，在谈笑风生中与人结缘，毛泽东的衍名艺术，会使人产生亲切、美好、热情的效果。所以人们总会得出毛泽东是一位慈祥的"和蔼的老伯伯"的印象。

连阔成演《歪批三国》

据余湛邦回忆：在武汉军区举办的晚会上，著名相声演员连阔成演出了《歪批三国》，内容丰富，语言生动，插科打诨，引人入胜。他谈到《三国演义》中有三件怪事，其中一件是诸葛亮不管春夏秋冬，不分天热天冷，在家在外，手里都拿着一把鹅毛羽扇。然后引出诸葛亮和黄承彦女儿的恋爱故事。描写他们两人都是军事政治全才，上精天文，下通地理，古今战史，奇门遁甲，经史子集，三教九流，无所不通，说是黄氏女把这渊博的学问，都写在这羽扇上，因此诸葛亮爱不释手，一遇到疑难，只要翻扇一看，一切精确答案都马上找到，所以能够运筹帷幄之中，决胜千里之外；战无不胜，攻无不克，这都是这位黄氏女贤内助的功劳。大家一听，都知道是编的，但编得入情入理，引人入胜，因此都感到津津有味。诸葛亮手拿羽扇这是千千万万人都看到的，但都没想到为什么。经相声演员点出，都不禁哑然失笑。第二天张治中到毛泽东住处，毛泽东津津乐道说："看来，这些演员对《三国演义》是读透了的，所以能够娓娓而谈，惟妙惟肖，情节曲折，群众喜怒哀乐随之。"对演员编的节目给予了赞扬和肯定。

（参见《毛泽东与张治中》，北京出版社 1998
年版）

吕洞宾三戏白牡丹

　　1960 年 3 月 18 日，在杭州接见外宾后，已值深夜，毛泽东却毫无倦意，兴趣盎然地到杭州饭店小礼堂观看婺剧折子戏《牡丹对课》。《牡丹对课》原名《三戏白牡丹》，周恩来曾三次观看了演出。剧中的主人公是药店老板的女儿白牡丹。有一次，神仙吕洞宾听说牡丹貌美，就假扮凡人来到药店撮药。他胡诌几帖药名，难为老板。正当老板被弄得目瞪口呆、一筹莫展时，老板女儿白牡丹出来接上话茬，妙语连珠，仅几个回合，便把风流神仙吕洞宾说得无言以对，只得认输。婺剧名流郑兰香饰演戏中的白牡丹，张荷饰演吕洞宾。演出结束时，郑兰香和全体演员出来谢幕，全场又响起热烈的掌声，毛泽东也使劲地鼓掌。在整个演出过程中，毛泽东都非常高兴，经常带头鼓掌，遇到精彩风趣场面及对话时，也开怀大笑。

　　演出结束后，毛泽东接见了演职员，他握住郑兰香的手风趣地说："小牡丹，你今天胜利了。你们这出戏改得好。吕洞宾三戏白牡丹，我看起来七戏、八戏都不止了，改得好嘛。这一改，真是改成了斗智，反映了老不如少，神仙不如凡人，人定胜天的深刻主题。"对这出折子戏给予了很高的评价。

（参见杭东：《毛泽东晚年在杭州》，《中华魂》
2011 年第 2 期）

在幽默中妙语解颐

毛泽东谈吐风趣幽默，笑口常开，一下子能把领袖与群众之间的距离缩短了。这在毛泽东的著作、讲话和谈话中屡见不鲜，轶闻佳话广为流传。

1960年春，在北京三座门，出席军委扩大会议的上百名各路将领，正戎装整齐的列队等候毛泽东的接见。

一辆黑色的"吉姆"座车从中南海急驰而来，在会见厅门口戛然而止，毛泽东走下车来，迈着悠然的步子，来到战将们中间。一阵掌声过后，毛泽东用浓重的湖南乡音说："莫道君行早，更有早行人。"

毛泽东用自豪的目光扫视着他所熟悉的每一张面孔。站在前排的将领纷纷向统帅行军礼，毛泽东频频点头。突然，毛泽东像是发现了什么，指着后排的一个将军，提高嗓门，大声说道："你，姓孙！孙行者！"

全场的目光一下子集聚到一位蓄着银色短须，佩戴着中将军衔的将领身上。

他就是孙毅，那富有特色的短须，是毛泽东特许在严格的军阵中蓄留的标记，也说明了毛泽东对孙毅的器重。毛泽东以他最喜欢的文学人物孙悟空称谓孙毅，无疑是对他的最高赞誉。

1969年4月"九大"开幕，河北省六位军长中只有郑三生被选为中央候补委员。毛泽东得知后，见到郑三生时就开玩笑说："见到你真是三生有幸呀！"

还有一次，毛泽东跟肖劲光将军谈话，他说："我那首《采桑子重阳》是写给你的，你看，'一年一度秋风劲'的'劲'字和'不是春光，胜似春光'的'光'字，不就是你的名字吗？"一番话说得肖劲光感动极了。

晚年毛泽东就是这样以幽默诙谐的语言，缩短了伟人与下属的距离，把

244

语言艺术升华到一个特殊的境界里。

（参见孙宝义、邹桂兰、孙吾文、孙月辰：《毛泽东的
衍名艺术》，中央文献出版社 2006 年版）

听 京 戏

毛泽东喜欢听京戏。在他高兴的时候，自己还有时哼唱，一边用手打着板眼，一边眯起眼睛唱着，一副陶醉其中的样子。每当这时候，护士小孟也会同他开个玩笑：

"主席，您真是个戏迷！"

"我称不上是戏迷，只是有点迷戏。"

小孟说："我为什么就不爱听京戏呢？我听不懂。"毛泽东说："那是因为你不熟悉历史，所以听不懂。"

他常常点戏听。《李陵碑》、《打渔杀家》、《法门寺》、《荒山泪》、《贵妃醉酒》、《钓金龟》、《霸王别姬》都是他常点的戏。对于杨宝森、尚小云、谭富英、萧长华、程砚秋、梅兰芳……这些名角，他有时还能讲出个一二来。

江青很知道毛泽东的这个特点。她曾专门组织人马，为主席录制了一批唱片、磁带。但这些毛泽东听过几次之后，已使他失去了新鲜感。

有一次，空政文工团的小丽来看望主席，毛泽东说：

"我喜欢听京戏。听唱片是一回事儿，听本人唱又是一回事儿。你能不能给我请一个会唱京戏的女孩来，让她唱给我听听。"

"那么多名角，您请谁不行呀，李维康、杨春霞，都唱得不错。"

"我不想惊动这些名人噢。"

也许，听惯了名角，再听听无名小辈的戏别有一番风味。这次主席就偏

偏不听名角唱戏。过去，他也曾请过名角，像赵燕侠、马连良、李慧芳，都进中南海给主席唱过戏。

请个人来唱戏，这个愿望当然不难实现。小丽在空政歌舞团物色了一名会唱京剧的歌剧演员。

一天下午，小丽带来了那个唱京剧的演员。她姓林，就叫她小林吧。

"主席，您想听京戏，我把小林带来了。"

小丽指着小林，向毛泽东介绍着。

"噢，好啊，欢迎你来我这里玩，你叫什么名字?"

"谢谢主席，我叫林君秋。"

"噢，与四小名旦张君秋同名嘛。只是不同姓，今天你想唱一段什么呢?"

"我唱一段穆桂英大战洪州吧。"

"可以嘛，那就唱起来，没人拉二胡，就清唱吧。"

小林清了清嗓子，用不太大声音唱起来。小林虽然多年不唱京剧了，但来之前，且练了一阵子。给毛泽东唱戏，可不能唱砸了啊。她有些紧张，但总算顺利地唱完。她音色圆润、甜美，听起来确也还动听。

毛泽东听完之后，很高兴。小林坐下来稍微歇息一下，喝了口水。

"小林这段穆桂英唱得蛮好听的，你唱段《霸王别姬》吧。"

"你喜欢听哪一段呢?"

"你最喜欢哪段，就唱哪段。"

白：看大王醉卧帐中，不免去到帐外闲游一番便了。

几句念白，很有味道。毛泽东显出很高兴的样子。

> 看大王在帐中和衣睡稳，
> 我只得出帐外且散愁心。
> 轻移步走向前中庭站定，
> 猛抬头见碧落月色清明。

小林的这段清唱，使毛泽东更有兴致。小林还没唱两句，毛泽东开始用手拍着沙发的扶手，一板一眼地跟着哼唱起来，头也摇，身子也晃动。看来，这段戏是对了毛泽东的口味。

小林虽然不是什么名角，但在毛泽东的客厅里，离得这么近，专门给毛泽东一个人演唱，确实使毛泽东感到别有一番情致。这和看舞台上的演出，这和听唱片、磁带，确实是两码子事儿。

《霸王别姬》这段戏唱完之后，毛泽东说：

"唱得不错，休息会儿，今天就先唱到这里。以后欢迎你再来。"

毛泽东喜欢京戏，这和他平时了解历史上的一些名段剧目有关。所以谈起京戏颇为内行，哼起京戏不仅有板有眼，而且对内容也很精通，常常给人以深深的启迪。

（参见郭金荣：《毛泽东的晚年生活》，教育科学出版社 1993 年版）

《水浒》中的三打祝家庄，为什么要打三次

黄有凤将军回忆说，毛泽东主席还是位风趣的幽默大师呢。他无论与人谈话还是开玩笑都有一定的目的。有时为试探你是否讲真话，故意提一些奇怪而又幼稚的问题让你回答。并能从历史故事中找出精彩的例子来启发你正确地认识问题。在枣园时，他曾对身边的同志说，《水浒》中的三打祝家庄，为什么要打三次？我看宋江这人有头脑，办事谨慎，前两次是试探，后一次才是真打。我们干革命，就得学宋江，要谨慎。有人说《金瓶梅》是写色情的书，主张不要看。你不看此书就不知道梁山好汉是如何产生出来的，就不了解当时社会的腐朽生话。梁山的好汉都是些不甘受压榨，敢于反抗的

英雄。那时的梁山虽然没有产生老马（马列）主义，但他们的所作所为，基本上是符合马列主义的。毛泽东从三打祝家庄中，联系到中国社会的实际上来，讲出了农民斗争的实质。

（参见喜民：《魂系中南海》，中国文联出版社 1990 年版）

敢管伟大领袖的吴旭君

1961 年 8 月 23 日起，中共中央在庐山召开工作会议。

晚上 9 点，"芦林一号"正在举行舞会。此时，江西省农垦厅文工团的女演员邢韵声坐在角落，默默望着热闹的舞池。毛泽东注意到了这个长得有些像自己女儿娇娇的姑娘。

毛泽东转过头低声对邢韵声说："你到休息室帮我拿支烟来。"又指指坐在对面的护士长吴旭君，叮嘱道，"不要被她看见。"

邢韵声会意地点点头，真没想到毛主席抽烟还要"偷偷摸摸"。

毛泽东抽完一支后，感到意犹未尽，邢韵声只好又去拿了一支。

刚划着火柴，邢韵声便听到严厉的警告声："主席，您已抽了一支，不能再抽了。"原来，吴旭君就站在邢韵声的后面。小邢有些不解地喃喃道："真厉害，连毛主席都敢管！"

吴旭君显得有些生气地对邢韵声说："是你拿的烟吧？"

邢韵声这才知道自己犯了错误，有些紧张地回答："是我。"

毛泽东连忙解围说："小吴呀，不关她的事，是我要她去拿的。不知者，不为罪嘛！"

然后他用带点儿自嘲、带点儿玩笑的口气对目瞪口呆的邢韵声说："你看，我不自由呀，抽烟都要受管制。"

会议结束了，毛泽东在下山前给邢韵声留了一个通信地址：北京中南海保健院毛泽东收。

1961年10月10日，邢韵声给毛泽东寄了一封信。10月21日，她收到了毛泽东以"父亲"名义的回信。

后来，毛泽东告诉邢韵声，因为她寄去的那封信"泄了密"，使他挨了护士长吴旭君一顿"批评"。原来，汪东兴得知这封信写着"北京中南海保健院毛泽东收"之后，把吴旭君狠狠地训了一顿。受了"冤屈"的吴旭君，只好去找毛泽东。在毛泽东的书房内，她指着信封说："主席，您怎么能让小邢写这样的地址呢？这可是泄密呀！"

毛泽东看了看信封，不解地问："是这个地址呀，怎么泄密啦？"

吴旭君只好耐心解释道："这就是泄密，这等于把中央首长的住址公布出去了。"

毛泽东这才恍然大悟："哎呀，不知者，不为罪嘛，小吴，我以后注意，注意就是了。"

吴旭君像教导学生似的说："外面来信的地址应该写'北京第17支局106信箱吴旭君收'。"她还反复叮嘱："主席，今后一定要记住，不能写您收，要写我收。"

没想到，毛泽东在年轻的护士长面前，居然乖乖地点了点头。

（参见王学亮著：《神秘人物眼中的毛泽东》，
《今古传奇》2006年第10期）

宴请末代皇帝溥仪

故事得从 1962 年的新春佳节说起。这天，开国元首毛泽东私人宴请末代皇帝溥仪，特请章士钊、程潜、仇鳌和王季范四位社会名流乡友作陪。家宴设在颐年堂内。

上午 8 时许，毛泽东待章士钊等人入席后，一本正经、诙谐地说："今天请你们来，要陪一位客人。"

章士钊环顾四座，觉得有些莫名其妙，急切地问道："主席，客人是谁呢？"

毛泽东吸了一口香烟，环顾大家一眼，故意神秘地说："这个客人嘛，非同一般，你们都认识他，来了就知道了。不过也可以事先透一点风，他是你们的顶头上司呢！"他的话为家宴抹了一层神秘的色彩。大家更糊涂了，都在想："这人是谁呢？"

正在这时，一位高个儿、50 多岁的清瘦男人，面带微笑，举止大方，在工作人员的引导下步入客厅。大家的目光都集中在客人身上，既不是人们熟知的国家领导人，也不是报刊上常登载照片的著名人士。毛泽东显然也是头一次见到这个人，却像老朋友似地迎上去握手，并拉他在自己身边坐下，同时向章士钊等人打招呼，用他那浓重的韶山口音微笑着说："你们不认识吧，他就是宣统皇帝嘛！我们都曾经是他的臣民，难道不是顶头上司？"章士钊等人恍然大悟。原来这位正是前年大赦的要犯，万万没想到这位清朝末代皇帝溥仪今天就坐在眼前。那年章士钊主持《苏报》还骂过他呢！

毛泽东指着在座的四位老人向溥仪作了介绍，溥仪态度极为谦虚，每介绍一位，他都站起来鞠躬致意，是那样的和善友好，根本看不出半点皇帝的"架子"。

毛泽东对他说："你不必客气，他们都是我的老朋友，常来常往的，不算客人，只有你才是真正的客人嘛！"

正是国家困难时期，一切从简。虽说设的是家宴，却没有什么山珍海味、"燕窝席"、"鱼翅席"，更无往日皇宫溥仪皇帝常见的"满汉全席"和"御宴"。桌面上只有几碟湘味儿的辣椒、苦瓜、豆豉等小菜和大米饭加馒头，喝的是葡萄酒。

毛泽东边吃边对溥仪说："我们湖南人最喜欢吃辣椒，叫做没有辣椒不吃饭，所以每个湖南人身上都有辣椒味哩。"说着，他夹起一筷子青辣椒炒苦瓜，置于溥仪位前的小碟内，见他已吃进嘴里，笑着问他："味道怎么样啊？还不错吧！"溥仪早已辣出一脸热汗，忙不迭地说："不错，不错。"

毛泽东风趣地说："看来你这北方人，身上也有辣味哩！"他指了指仇鳌和程潜，继续对溥仪说道："他们的辣味最重，不安分守己地当你的良民，起来造你的反，辛亥革命一闹，就把你这个皇帝老子撵下来了是不是？"

毛泽东妙语连珠，在座诸位无不捧腹，溥仪笑得前仰后合。真是酒不醉人人自醉啊！

毛泽东听说溥仪在抚顺时，已与他的"福贵人"离婚，于是关切地问："你还没有结婚吧？"

溥仪彬彬有礼地回答："还没有呢！"

毛泽东马上接话："可以再结婚嘛！不过，你的婚姻问题要慎重考虑，不能马马虎虎。"说到这里，他深切地望了溥仪一眼，说："要找一个合适的，因为这是后半生的事，要成立一个家。"

溥仪点点头："主席言之有理。"

饭后，毛泽东要与溥仪等客人合影留念，大家非常高兴。毛泽东还特意拉过溥仪，让他站在自己右侧，附着他的耳朵说："我们两人可得照一张相哟！"遂请新华社摄影记者为他俩拍了一张珍贵的合照。章士钊笑道："这叫开国元首与末代皇帝。"一句话说得大家都笑了。

1964 年 2 月 13 日，农历正月初一下午 3 时。毛泽东亲自主持春节座谈会，党中央有关领导同志及著名党外人士章士钊等人在场。会上，毛泽东对与会者说："对宣统，你们要好好团结他。他和光绪皇帝都是我们的顶头上司，我们做过他们的老百姓。"说到这里，他加重了语气："听说溥仪生活不太好，每月只有 180 多元薪水，怕是太少了吧?"毛泽东扭头对坐在右侧的章士钊继续说:"我想拿点稿费通过你送给他，改善改善生活，不要使他长铗归来兮食无鱼，人家是皇帝嘛!"章士钊说:"宣统的叔叔载涛的生活也有困难。"

毛泽东接话说:"我知道他去德国留过学，当过清末的陆军大臣和军机大臣，现在是军委马政局的顾问，他的生活不好也不行。"

春节座谈会刚刚结束，毛泽东立即从个人稿费中拨出两笔款项，请章士钊先生分别送到西城东观音寺胡同溥仪家和东城宽街西扬威胡同载涛家。溥仪感动至极，表示盛情可领，钱不能收，因为《我的前半生》刚刚出版，也将有一笔稿酬收入，生活并不困难。经章士钊一再劝收，只好留下了。溥仪激动万分，当即口占一诗曰:"欣逢春雨获新生，倾海难尽党重恩。"载涛接到毛主席赠送的修房款后，激动得泣不成声，提笔疾书，第二次给毛主席写下了发自内心的谢函。

溥仪与毛泽东的合影照算是他的至宝了。自合照以后，无论住在单身宿舍，还是有了家庭，他总把这张照片摆在床头茶几上，像收无价珍宝似地珍藏着。"文革"时期，他担心照片被红卫兵抄走，故上缴政协机关保存，不料因机关人员调动，竟从此下落不明。为此溥仪花了很大的精力东寻西找，但最终成终生遗憾。他对亲友们说:"毛主席与我的合照虽已失掉，但党和毛主席对我的关心与爱护永远铭记在心中。"

（参见佚名:《毛泽东宴请末代皇帝溥仪的趣闻》,《老年日报》2013 年 5 月 25 日）

西子湖畔喜结同心

1962 年夏季的一天，毛泽东像往常一样去南屏游泳池游泳。从游泳池出来时，遇上了服务员孙秋珍。毛泽东就与她交谈起来。

孙秋珍，农家的女儿，18 岁被选到毛泽东身边当服务员，负责毛泽东日常起居的内务工作。

"小孙呀，你有对象没有？"毛泽东舔了一下嘴唇，笑吟吟地问。

"主席，我年纪还小呢！"她激动得脸上泛红。面对毛主席这直截了当的提问和热情的目光，孙秋珍不知怎么回答才是。

主席一听，哈哈大笑起来，"男大当婚，女大当嫁，这是自然规律嘛！"接着又补充道："这有什么不好意思呢！"

"主席。"孙秋珍赧颜低头，窘笑不语。

"好嘛，我给你介绍一个。"毛泽东说。

孙秋珍以为主席是在开玩笑，可是，她哪里知道主席正在为她的终身大事而操心。

"谁？"孙秋珍的心剧烈地跳着，自己也不知道为什么，但还是脱口而出。

"你看小韩这个人怎么样？"毛泽东问孙秋珍。

孙秋珍脸上又泛起一阵红晕，不好意思地笑了。

"窈窕淑女，君子好逑。"毛泽东身边的服务员中，孙秋珍长得特别出众，匀称的身体，一张脸有如秋月满轮，碧空如洗，恬静爽适，令人心旷神怡。她，一个纯洁、庄重、温柔的姑娘，令一些男同志倾倒，他们纷纷托人向小孙捎话，但她一直未曾松口。

毛泽东在杭州时，省委专门挑选了一个中队的战士担任毛泽东的警卫安全工作。在清一色的年轻战士中，毛泽东特别喜欢一个叫韩成芳的青年。他憨厚朴实，给毛泽东留下了深刻的印象。

在共同为毛泽东服务的过程中，小孙和小韩相互产生了好感，但彼此都不曾有勇气向对方表露过爱的心迹，只怕招来更大的烦恼，于是把满怀的柔情闷在心里。

毛泽东恰到好处地点拨了孙、韩的喜事。

夜风吹来，心旷神怡。抬头看，一轮皓月高挂，向远眺望，绸缎般的西子湖，在皎洁的银光下，泛着粼粼波光。多么宁静的月夜啊！

当晚，在毛泽东的安排下，在溶溶的月色里，孙秋珍和韩成芳见了面，谈开了悄悄话。

两人很快坠入了情网。

一个星期过去了。清晨，雨过天晴，霞光万道，毛泽东从办公室出来，乘着一缕缕沁人心脾的晨风和小孙及几个卫士去散步。时值深秋，树叶黄红相间，衬以青松和绿色的草坪，分外可爱，就连铺如地毯的绿叶，也是五彩斑斓，胜似春花。

他们谈笑着，信步走着。突然，毛泽东转过身试探地问小孙："谈过了吧，怎么样？"

"谈过了，不错。"孙秋珍脸上一阵绯红，忍不住低头笑了。

毛泽东："你们可以多接触，多谈心嘛！"又说："多接触才能增进互相间的了解。"

孙秋珍瞥了瞥毛泽东，她羞红了脸，不再说什么了。

他们走得很慢，天色在他们的行程中，明亮起来。就这样，他们边走边聊。当小孙把经过告诉毛泽东时，毛泽东慈祥地笑了。小孙有一种好随和、好自然、好亲切的感觉。

后来，孙秋珍和韩成芳结了婚。在他们的婚姻中，有着一种高尚、纯洁的成分。他们的爱情一直是幸福的、甜蜜的。每当回忆起那段美好的日子，孙秋珍心里总是乐滋滋的，因为一位伟人给他们搭起了人间鹊桥。

（参见李林达：《情满西湖》，中央文献出版社1995年版）

你读过《西厢记》吗？

1962 年 12 月间，在一个周末晚会上，毛泽东正坐在沙发上休息，文工团员崔英立即走过去，向主席伸出手，自我介绍说："我是新调来的，在秘书室工作。"

毛泽东握着她的手，看着她的面孔说："新调来的？好像见过面嘛！"

崔英一惊，忙说："主席，您的记忆力真是惊人，1955 年我在中央宣传部工作，那时，中宣部在中南海乙区办公，夏天在游泳池游泳时，见过您，您当时还问我：'怎么学会在水面上仰卧的'呢。"

毛泽东凝神听完，笑着说："噢，我说见过嘛，7 年怎么就会忘记呢？"说完，示意她在身边的沙发上坐下，亲切地问，"你是哪里人？"

"辽东人。"

"那你一定学过日语了？"

"学过 7 年半。"

毛泽东当时正在学日语，就和她一起背诵 51 个日文字母，崔英因长期不用，背得很不熟练，有的字母发音也欠准确，毛泽东一边背，还一边帮她纠正发音，背完，毛泽东对她说："学过 7 年半，有基础，应该掌握这门外语。你叫什么名字？"

"我叫崔英。"

毛泽东微笑着说："你的爱人可能姓张了？"

崔英一时愣住了，茫然不知所措。

毛泽东不等她回答，又面带笑容地问："你读过《西厢记》吗？"

这时，崔英才恍然大悟，明白主席问她爱人可能姓张的由来。她笑了，毛泽东也笑了。两个人在姓名上心领神会了。

（参见孙宝义、邹桂兰、孙吾文、孙月辰：《毛泽东的衍名艺术》，中央文献出版社 2006 年版）

"人要吃饭，走路要用脚，子弹能打死人"

1963 年 5 月 22 日毛泽东和威尔科克斯的第二次见面，是在人民大会堂。毛泽东那天要去外地视察，时间很紧，威尔科克斯一下飞机就被接到人民大会堂。他很兴奋，刚接过服务员送上的热毛巾就问毛泽东是不是还记得四年前在天安门城楼上讲过的那句话。

毛泽东对那句话做了如下解释：

"人要吃饭"的意思是：军人也是人，要是没有饭吃，不仅没法打仗，而且根本活不下去。所以指挥员一定要重视后勤工作。可是第五次反"围剿"时，指挥红军的"左"倾机会主义领导却不懂得这样一个基本常识，只知道要部队打仗，不知道要保证前方的战士有饭吃，有衣穿。由他们指挥打仗，怎么能不失败？

"走路要用脚"的意思是：当时红军没有汽车、飞机，部队调动完全靠步行。部队常常要翻山越岭，冒着敌机的轰炸扫射赶路。可是当时的指挥者却不明白这点，他们看着地图指挥，把代表部队的小旗子从一个地方拔下来，插到另一个地方，就认为已经完成了调动部队的任务。他们在地图上不费吹灰之力就能把一支部队"调动"出几十里甚至上百里，而按照他们命令转移的部队却要徒步跋涉好多个小时，甚至好多天。等赶到目的地时，已经疲惫不堪，敌人却在以逸待劳，怎么会不打败仗？

"子弹能打死人"的意思是：这些脱离实际的军事指挥官似乎认为敌人的子弹打不死红军战士。一支部队在前线同敌人苦战了几天几夜之后，需要撤下来休整。可是指挥官们却仍然把这支部队当做生力军使用，命令他们

"猛攻猛打，乘胜追击"。在这样糟糕的指挥下，第五次反"围剿"怎么能够取得胜利？

毛泽东用这三句话作了形象的说明之后，接着说："我没有进过军事学堂，有人骂我，抱着一本《孙子兵法》指挥打仗。其实，我原来连《孙子兵法》都没看过。听说有人这样骂我，才想办法弄到一本来看。那些迷信洋教条的人瞎指挥，好多同志为之牺牲，真是血的教训啊！我们是因为打了败仗迫不得已才长征。今天颂扬长征的胜利，不能忘了30万人打得只剩两万六七千人的教训。"毛泽东用精湛的语言讲了第五次反"围剿"失败的真正原因。

（参见《毛泽东与外国首脑及记者会谈录》编
辑组：《毛泽东与外国首脑及记者会谈录》，
台海出版社 2012 年版）

观看《霓虹灯下的哨兵》

1963 年 11 月 29 日，南京部队政治部话剧团到中南海为毛泽东演出《霓虹灯下的哨兵》。在一片掌声中，毛泽东步入怀仁堂，安详地坐在第五排的座位上。演出开始了，演员的情绪格外饱满，台词讲得格外清晰，舞台各部门配合得格外默契。毛泽东兴致很浓地观看演出，随着剧情的发展变化，有时发出朗朗的笑声，有时拿出火柴却不擦燃，注视着舞台上的表演。

毛泽东指着剧中的连长、老班长洪满堂和班长赵大大说："这样的人很忠实，写他们有教育意义。"当看到新战士童阿男违反革命纪律，擅自脱下军装离开连队时，毛泽东关切地说："这个战士可以教育过来嘛！连资产阶级都可以改造嘛。"当看到第七场童阿男在指导员的教育下返回连队时，毛泽东又说："好，他是转变了。"当看到连长在童妈妈家批评陈喜"看见了没有，南京路上太平无事啦"，陈喜说"没想到"时，毛泽东说："是啊，他是没想到。"当看到连长批评陈喜"我希望你的检讨就从这里（指老布袜子）开始"时，毛泽东点着头说："对呀，就从这里开始。"

演出进行了三个多小时，毛泽东全神贯注地看完了全剧。演出结束后，毛泽东登上舞台接见全体演职员，他握着扮演连长的演员的手连连称赞："好，好！"

夜深了，毛泽东还在休息室接见了剧作者和总政治部以及话剧团的领导同志。他称赞《霓虹灯下的哨兵》是个非常好的戏，很动人，写得好，演得也好。要多给些人看看，给人大、政协都演演，一场不行，两场。他还指出，要想写好、演好，就得深入生活，对生活不熟悉是写不好、演不好的，他们（南京部队话剧团的同志）全面地了解生活嘛，上海的生活，连队的生活，资产阶级的生活。接着毛泽东说："话剧是有生命的，有前途的。现在主要搞新的、现实的、火热斗争的东西。"

（参见李树谦:《毛泽东的文艺世界》，辽宁教育出版社 1993 年版）

听毛主席谈看病

毛主席有一次参加舞会，休息时，问几个小青年，你们都已经有了工作，又能学习，还有什么困难吗？有个女孩子对主席说，她的工作和学习领导都给安排得很好，就是最怕得病，得了病，本来就很难受，可是看一次病要排半天队，好容易轮到了，医生只问了两句话，还没等你把话说完，就给开了药方，回来吃了药，病还是不好，再也不想去看病了。其他几个年轻人也你一言我一语，向主席反映了对看病的一些意见。毛主席听了后说，医生看病还是应该仔细一些，中医看病不是讲要望、闻、问、切吗？不能快刀斩乱麻，要防止欲速不达，就是 10 个病人都得了同样的病，症状也不会完全相同，得病的原因和病情的轻重也会各有不同，用药也就应该有所区别，各有侧重，不能像吃大锅饭一样，一锅粥人各一碗。把大家说得哄堂大笑。那个女孩子说，主席说得很对，看病就是应该这么做。主席笑着说，假如有人要装病号，恐怕医生就只好让他喝那一锅粥了。大家又是一阵大笑。主席接着说，医生看病本身就是对病人的一种慰问，不但要诊断清楚病人得的是什么病，还应该了解致病的原因和与病情有关的生活情况，以及病人的心理状态，这些问题都是得病的原因，也是治病的依据，如果不了解这些情况，那就只能是头痛医头，脚痛医脚了。治病也应该有全局观点，从病人身体的全局出发，抓住重点，才好对症下药，做到药到病除。治病救人是不能简单粗率的。有个女孩问主席，治病与病人的心理状态有什么关系？主席说，有关系。于是他给大家讲了个《三国志》里的故事：魏、蜀、吴三国鼎立，蜀国的军师诸葛亮精通心理学，摸透了东吴领兵的大都督周瑜的心理，于是在互相搞统一战线时，他帮助东吴军大败魏军，解除了周瑜的重重忧心，治好了他的心病。但是当蜀、吴双方进入交战状态时，他又利用周瑜争强好胜的心理，加剧了他的心病，气得周瑜心病发作，不战而亡。

听到这里又有一个女孩叹息着对主席说："主席说的都很好，可是我父亲的病恐怕是治不好了！"毛主席说，叫我看，世界上就没有治不好的病，当然生、老、病、死，那是人生的自然规律。女孩说，我父亲害的是地方病，就是没有办法治。主席说，那不是没有办法，而是由于宇宙之大，许多物质与物质之间的关系还没有被人们发现，还弄不清楚什么病应该用什么药或用什么办法才能够治好，还做不到对症下药，所以有些病一时还不能治好，但是不能说没有办法，办法是有的，不过还没有被人们发现。……

毛主席对人类的医疗保健事业的发展，充满信心，满怀希望，大家围着主席，听得津津有味。

（参见沈同：《在毛主席身边的日子》，中央文献出版社 1993 年版）

毛泽东巧谈民族性

1956 年 8 月 24 日，毛泽东会见了中国音乐家协会的负责同志，并做了长篇讲话《同音乐工作者谈话》。这次谈话从音乐展开，广泛谈论了文学艺术、文艺发展方向、"古为今用，洋为中用"、民族性等多个问题。

毛泽东在谈到民族音乐和民族性的问题时，十分风趣地说：

"我们当然提倡民族音乐。作为中国人，不提倡中国的民族音乐是不行的。但是军乐队不能用唢呐、胡琴，这等于我们穿军装，还是穿现在这种样式的，总不能把那种胸前背后写着'勇'字的褂子穿起。民族化也不能那样化。……中国的豆腐、豆芽菜、皮蛋、北京烤鸭是有特殊性的，别国比不上，可以国际化。穿衣服吃饭也是各国不同。印度人穿的衣服就和中国人不同，它是适合印度环境的。中国人吃饭用筷子，西方人用刀叉，一定说用刀叉的高明、科学，用筷子的落后，就说不通。"

毛泽东用这些形象的比喻，通俗地说明了民族性的一些特点。

（参见高伟杰：《跟毛泽东学习幽默智慧》，
上海辞书出版社 2011 年版）

超脱的死亡哲学

1963 年 12 月 16 日罗荣桓元帅逝世，有一天毛泽东和护士长吴旭君议论起生、老、病、死的话题。

吴旭君说："咱们别老说死的事吧。"

毛泽东固执地说："我这个人就这么怪，别人越要回避的事，我越要挑起来说。在战争中我有好多次都要死了，可我还是没死。人们都说我命大，可我不信，我相信辩证法。辩证法告诉我们，有生就有死，有胜利也有失败，有正确也有错误，有前进也有后退。冬天过去就是春天，夏天热完了就到了秋天等等。你都不研究这些呀？"

吴旭君说："我们研究的范围比较窄，不像主席说的这么广泛。确切地说，我们更多的研究人的生、老、病、死。在医学有的还落后于其他学科。虽然生、老、病、死只有四个字，可是在这个范畴内还有许许多多微妙复杂、无穷无尽的问题。比如，如何提高优生率，怎样防老，减缓衰老过程。对疑难、不治之症怎样找出一个预防治疗措施。如何降低死亡率，这些问题都需要继续研究，有待解决。"

听完吴旭君的话，毛泽东笑了，他掐灭烟头说："讲的不错嘛。你承认生、老、病、死是生命在不同时期的表现。那好，按这个科学规律，我和罗荣桓同志一样也会死的，而且死了要火化，你信不信？"

对这么突然的提问吴旭君一点儿思想准备也没有，吴旭君吓呆了，好久没有说话。

"你怎么了？"毛泽东问。

"主席，咱们不要谈这个问题，换个话题吧。"

毛泽东认真起来，用肯定的语气说："你不要回避问题喽。话题不能换，而且我还要对你把这个问题讲透，给你一点思想准备的时间。我书架上有本《形式逻辑学》，你拿去读，明天我们再接着谈。"

谈话就这样结束了。吴旭君从他的书架上找到《形式逻辑学》回到休息室就看起来，以应付"考试"。毛泽东说话从来是算数的，你休想打马虎眼。

第二天，吴旭君陪毛泽东吃过第一顿饭以后已是下午，他们离开饭桌，坐在沙发上，毛泽东就问吴旭君：

"你的书看得怎么样，我们接着昨天的谈。"

吴旭君说："这本书的页数不算多，我都看完了，我觉得自己得了消化不良症，有的问题似懂非懂。"

"形式逻辑讲的是什么？"毛泽东像个严格的老师似的问。吴旭君把准备好的几段有关形式逻辑的定义背给他听。他听完以后说："那你就根据概念、判断、推理举个例子，考考你学过的东西会不会用。"

吴旭君想到他会提这样的问题，想了一下说："所有的金属都是导电体，铜是金属，所以铜是导电的。"

毛泽东点点头，"讲得不错嘛，你再联系我们昨天谈的问题举个例子。"

吴旭君想，我从来没把毛主席与死联系起来想过，我的工作是保证他健康、长寿。另外，从感情上讲，我根本不愿他死，中国太需要他了。我无法在这个问题上运用残酷的"形式逻辑"，所以吴旭君直率地说：

"昨天谈的事我举不出例子。"

毛泽东看着吴旭君为难的样子说："那好，让我替你举个例子吧。"他有些得意地掰着手指说："人都是要死的，这是个概念，根据概念，然后你作出判断：毛泽东是人，看来这个判断是正确的。那么，根据判断你再去推理。所以，毛泽东是会死的。"

毛泽东接着说："我设想过，我的死法不外乎有五种。两年前在武汉见蒙哥马利时我也对他讲过。第一，有人开枪把我打死。第二，外出乘火车翻车、撞车难免。第三，我每年都游泳，可能会被水淹死。第四，就是让小小的细菌把我钻死，可不能轻视这些眼睛看不见的小东西。第五，从飞机上掉下来摔死。"他笑着说："中央给我立了一条规矩，不许我坐飞机。我想，我以后还会坐。总之，73、84，阎王不请，自己去啰。"说完，他开心地大笑起来。

吴旭君听了这些话，觉得心里很沉重，一点儿也笑不起来。吴旭君说："咱们能不能不说这些不吉利的话？"

"你这个人呀，还有点儿迷信呢。"毛泽东指着吴旭君的鼻子说："你是个搞自然科学的，应该懂得自然规律的严肃性。"他说，"我死了，可以开个庆祝会。你要打扮得漂漂亮亮的，最好穿颜色鲜艳的红衣服或花衣服，要兴高采烈，满面春风地参加庆祝会，然后你就大大方方地上台去讲话。"

"讲什么呢？"吴旭君茫然地问。

"你就讲：同志们，今天我们这个大会是个胜利的大会。毛泽东死了，我们大家来庆祝辩证法的胜利。他死得好，如果不死人，从孔夫子到现在地球就装不下了。新陈代谢嘛，沉舟侧畔千帆过，病树前头万木春，这是事物发展的规律。"停了一会儿，他又认真地对吴旭君说："我在世时吃鱼比较多，我死后把我火化，骨灰撒到长江里喂鱼。你就对鱼说：鱼儿呀，毛泽东给你们赔不是来了。他生前吃了你们，现在你们吃他吧，吃肥了你们好去为人民服务，这就叫物质不灭定律。"

"不能，不能，万万不能。"吴旭君连连摇头说，"平时我一切都听你的，这件事不能听，我也不干！"毛泽东不再笑了，脸上显出不高兴的神情。他说："你在我身边工作了这么久，离我又这么近。都不能理解我呀。我主张实行火葬，我自己当然也不能例外。我在协议上签了名的。"

1976 年 9 月 9 日，毛泽东逝世了。当时出于种种需要，在第二年建成了毛主席纪念堂，按说这种做法是不符合他本人意愿的。

正如美国作家 R. 特里尔所说的：毛泽东自身的闹钟敲出的谐音与社会的闹钟敲出的不一致。这正说明了毛泽东的辩证思维的特殊性。

（参见中央文献研究室：《缅怀毛泽东》，中央文献出版社 1993 年版）

"今天我做东，每人 5 块钱标准"

王荣生（曾任中央警卫局副局长）说，那是 1963 年 12 月 26 日下午两点多钟，我和局长岳欣和公安部副部长徐子荣、公安部部长谢富治谈完工作后，谢富治说："今天是 12 月 26 日，是毛主席的生日，我们去看一看，喝一杯吧。"徐子荣说："主席怕不会答应吧？"谢富治说："咱们请'场外指导'想想办法吧。"

"场外指导"指的是前任公安部部长罗瑞卿。

下午 5 点钟，毛主席来到人民大会堂。他老人家走进 118 房间，发现谢富治、罗瑞卿、徐子荣三位都在这里，就问："我没叫你们来呀，你们也没打招呼怎么就突然来啦？来干什么，有什么要事吗？"

无奈，谢富治只好绕着弯子对毛主席说："主席，今天是什么日子？"主席说："今天是 1963 年 12 月 26 日，这日子有什么？26 日……26 日……26 日，要干什么你们就说吧。"

"我们商量了一下，今天是主席 70 岁生日，我们来是给主席过生日的。"话音未落，贺老总、陈老总和彭真同志进来了。主席对他们说："我该请的人还没来，你们来这里干什么？"

贺老总接过话头说："愿意来就来，你管人家来干什么。"

主席笑道："噢，我知道了，原来如此，你们是串通一气对我搞突然袭击呀，是要敲我的竹杠啊。打着给我过生日的招牌想让我破费一点打打牙祭吧？如果是这样，要打牙祭可以，但不能用给我祝寿的名义。"又说："今天我做东，每人 5 块钱标准。"

陈老总听了这话忙说："我要喝茅台酒，5 块钱能干什么？"

"四菜一汤还不行，你还要喝茅台？"

陈老总风趣地说："今天不仅要喝茅台，我还要喝陈年老窖呢。"

"好。哪里有？"

这时不知是谁说了一句，北京饭店可能有。工作人员就给北京饭店打电话联系。正在这时，周总理和小平同志来了，主席亲切地和他们握手后，笑着说："今天的事情不谈了，他们来这里要敲我的竹杠。"

贺老总说："今天是主席 70 岁生日。"毛主席对周总理和邓小平同志说："好，好，你们两个也参加吧。"

就这样，我们用特殊的方式，向毛主席祝贺了七十大寿。

（参见李静主编：《实话实说丰泽园》，中国青年出版社 2007 年版）

盐城有"二乔"

在毛泽东七十一华诞的宴席上，当伟大领袖搁下酒杯，盯住来自盐城的知青代表董加耕，笑吟吟地发问。董加耕顿时张皇失措，如坠五里雾中。

"盐城有二桥？"他一开始就把"乔"听成了"桥"，盐城的桥很多，毛主席为什么单问二桥？是不是他老人家到过盐城，走过那两座桥？还是那两座桥特别有名，都传到主席耳里了？盐城的大桥小桥长桥短桥老桥新桥在董加耕的脑海里急速打架，奈何场面隆重，众目睽睽，由不得他细想，董加耕于是硬着头皮，放胆应对："西门登瀛桥，东门朝阳桥。"

"哈哈，我说的是人，不是桥。"

毛泽东这里再次展示了他借古喻今、涉典成趣的艺术魅力。但见他环视左右，掰着手指头解释："盐城'二乔'，一个是胡乔木，一个是乔冠华。"

此事发生在 1964 年 12 月 26 日，地点在中南海；"盐城二乔"的美谈出是飞出餐桌，飞出京城，迅速传遍大江南北。

胡乔木，原名胡鼎新。祖籍盐城鞍湖乡张本庄，1912年生人，扬州中学毕业，清华大学、浙江大学肄业。1936年奔赴延安，改名"乔木"。改名是当时革命青年的风尚，以示告别旧我，焕然一新。"乔木"这名儿，显然是受了《诗经》"伐木"篇的启示："出自幽谷，迁于乔木。"乔，形容高大，乔木就是高耸、挺拔的大树。号角在前，光明在前，大时代在前，延安的红色青年，谁不希望自己成为一株拔地擎天的大树！乔木不仅自己全身心向往，还动员妻子李桂英改名"谷羽"。你有没有悟出其中的奥妙？"谷"，就是山谷，"羽"，就是鸟，鸟儿从深谷飞出，一翅落在高枝上——不正象征着嫁给了乔木吗！

乔冠华，祖籍盐城庆丰乡东乔庄，1913年生人。先后毕业于清华大学和德国杜宾根大学，获哲学博士学位。1939年在香港参与创办《时事晚报》，负责撰写国际时评。他的评论，既目光如炬、洞中肯綮，又文气淋漓、感性十足，影响很大。有同事梁先生出主意，说：这么好的文章，只发《时事晚报》一家，太可惜了。你不如换个笔名，通过中国新闻社发往南洋，供华侨报纸刊用；笔名，可以就叫"乔木"。借助中国新闻社，一稿多发，尽量扩大影响，乔冠华自然乐得赞成；至于笔名，他觉得自己姓乔，又长得身高体瘦，活像一株乔木——难得梁先生考虑如此周密，也便一并笑纳。

从此，中国有了两位"乔木"。都是盐城人，都念过清华大学，都在共产党内，又都擅长写理论文章；世人为了分辨，通常称他俩为北乔和南乔。

1945年，南北二乔在重庆碰到一起。前者是重庆《新华日报》的编委，后者是赴渝参加国共谈判的毛泽东的随员。两位乔木都是才子，都是大手笔，日常难免混淆不清。尤其当他俩在报上发表署名文章，更让人有"两兔傍地走，安能辨我是雄雌"之叹。于是，有人提出请他俩中的一人更名。更名？更改一个已为社会普遍仰视，并且日益发出强光烈焰的大名？让谁谁都不干。南乔说自己的列祖列宗就姓乔，而且身高一米八三，站在哪儿都像一棵树，乔木一名自是非他莫属。北乔说自己"注册"在先，早在1935年，他在上海《时事新报》发表文学评论，署的就是"乔木"；何况连老婆谷羽的名字，含的也是同一典故。双方各以全力"对掌"，寸步不让。事情惊动了毛泽东，于是就生发出毛公为二人"断名"的佳话。关于这件事的时间、地点，版本不一，有说是在当日的重庆，有说是在新中国成立后的北京。据叶永烈考证，应以重庆为正确。大致经过是：有次聚会，适逢毛公和二乔都在座，两人重名的事儿，又被在一旁的好事者提了出来。毛公仰脸问南乔，你原来叫什么名字？南乔回答说"原来叫冠华"。毛公听罢，双眸一亮，拊掌道：冠华，冠华，这名字很好嘛！你以后仍叫乔冠华，名字既响，又不改姓。这边敲定，那边就好办了。毛公转脸向北乔，说：你可以保留"乔木"，但你原来姓胡，要加上姓，叫胡乔木。

一团死结，在毛泽东手里迎刃而解。

名字这玩艺儿，有时仿佛通灵。从历史的角度看，北乔长期担任毛泽东的秘书，就像背靠一株参天蔽日的大树，说他"出自幽谷，迁于乔木"，颇为形象、传神。而南乔，弃"乔木"而取"冠华"，于是"名至实归"，冠华，冠华，他在新闻和外交领域的建树，不管后人如何评说也堪称"名冠中华"了。

（参见王光远：《盐城"二乔"》，《炎黄春秋》2001年第2期）

乔老爷卖报赚钱多

1973年4月的一天，毛泽东召集会议听取关于中美谈判的汇报。有人说1972年尼克松、田中相继访华，我国的外交形势大好。毛泽东也非常高兴。外交部长乔冠华一时诗兴大发，写了两句打油诗，可惜还缺三、四句。毛泽东笑着说："我来给乔老爷填后两句。乔老爷你的前两句是'八重樱下廖公子，五月花中韩大哥'。我现在给你填后两句：'莫道敝人功业小，北京卖报赚钱多！'"

毛泽东的诗刚一出口，大家齐声称赞："妙，真妙！"

诗的前两句是说 1973 年 4 月，正值日本八重樱花盛开之际，廖承志率领中日建交后最大的代表团访日，与此同时，在美国"五月花"旅馆，韩叙正代表中国政府与美方商谈建立中国驻美联络处的事宜。

另一个典故是：1967 年，身为外交部长的乔冠华被造反派责令，去王府井大楼前卖他们关于打倒陈毅、乔冠华等外交部领导人的小报。乔冠华心生一计，他用承包的办法，以一张两分钱的出售价算出总价，待造反派一离开，他就将整摞小报往地下一放，便溜之大吉。两小时后他慢慢踱回外交部，把他在小酒馆里用整票子换来的零钱上缴给造反派，说是卖报所得，而且每次都多上缴几毛钱，造反派讥讽他"会卖报赚钱"。毛泽东知道这件事后，便揶揄他为"莫道敌人功业小，北京卖报赚钱多！"盛赞乔冠华的聪明机智。

（参见高伟杰：《跟毛泽东学习幽默智慧》，
上海辞书出版社 201 年版）

毛泽东的话让女兵惊讶

1965 年 1 月 1 日，南京紫金山天文台发现了一颗彗星。

消息报到北京中南海，毛泽东在中央办公厅举办的元旦迎新春联欢晚会上，一边跳舞一边对前来报告消息的汪东兴说："这是个好兆头，'开门见彗'，大吉大利！"

陪着毛泽东跳舞的是空政文工团的一位从事舞蹈的年轻女兵，这时她听了毛泽东的话，扬脸笑道："毛主席还迷信？"

毛泽东随即也笑了："这不是迷信，只是取一个吉祥之意罢了……"

刘少奇和王光美也出席了晚会，只是两个人这次没有像往常一样结伴下场跳舞。毛泽东注意到了刘少奇和王光美的这一"变化",一边跳舞一边有意识地对他的舞伴说:"跳舞是一项很好的活动,既可以活动身体,放松情绪,又可以接近群众,了解到下边的一些情况,要比坐在办公室里听汇报强得多呢!"

文工团的女兵不明白毛泽东话中的含义,只是既高兴又深感幸福地尽心陪着毛泽东迈着不合节奏的舞步……心里在琢磨毛泽东的话。

新年的第二天,中国人民解放军空军部队在我国东南地区上空,再次击落入侵的美国军用无人驾驶高空侦察机一架。

当周恩来向毛泽东打电话汇报这一捷报时,毛泽东高兴地说:"我昨天说'开门见彗',今天就应验了,也真是大吉大利呢!"

毛泽东把开门见彗同击落入侵的美国军用无人驾驶高空侦察机联系到一起,是思维上的巧合,还是诙谐上的联想,竟使女兵感到惊讶和不解。

(参见邸延生:《"文革"前夜的毛泽东》,新华出版社 2006 年版)

"吃了虫子算什么"

1965 年,毛泽东重上井冈山。苏南回忆说:"那时毛泽东身体非常好,常常是吃完早饭就散步。他的散步用'大步流星'形容最恰当。他随手找一根竹棍,兴致极高地往前走,我和护士长总是被他落下好远。"

"在井冈山我们赶上了几场雨,有一次大雨过后我们和主席走入一片竹林,主席好像被这里的景致陶醉了一般。忽然,他像个孩子似的问卫士和我,'你们谁知道为什么不能在下过雨的竹林里屙屎?'没等我们回答,他便哈哈笑着说,'雨后春笋节节高,形容竹子长得飞快,谁要在下过雨的竹林里屙屎，竹子就会把他串起来……'主席爽朗的笑声在竹林里回荡……"

"毛主席重上井冈山那首词里也反映出这种陶醉大自然的情趣。我想起那脍炙人口的'到处莺歌燕舞，更有潺潺流水'的名句，并不像有些人解释的那样，是什么歌颂'大好形势'，而完全是诗人对自然风光感受的表达，就像后面突然转向对国际政治形势发表议论一样。毛主席既有人类最常有的美好情感，也有作为一个大政治家的那种高深莫测。"

这次在井冈山，苏南也写了首小诗："竹笋虽小志气傲，泥土生来春雨浇。有朝一日参天起，风雪方知青竹俏。"

当时，苏南读给毛泽东听，毛泽东笑着说："你没白来井冈山，认识了竹子，学会了作诗，收获不小嘛！"

（参见许祖范、姚佩莲编著：《毛泽东幽默趣谈》，中共党史出版社 2013 年版）

竹 拐 杖

1965 年毛泽东在长沙会见越南共产党主席胡志明。当时美国正扩大侵越战争规模，越南人民处于严重困难关头，毛泽东站在无产阶级国际主义立场上，对越南党和国家提出的援助要求尽力予以支持。毛泽东还亲自到蓉园看望了胡志明，招待胡志明吃饭，请他观看湖南木偶戏，并和他一起合影留念。胡志明极为高兴，也很感激。分别时，他提出要用自己漂亮的拐杖与毛泽东的竹拐杖交换，作为这次会见的纪念。毛泽东拒绝了，他风趣地对胡志明说："不换。你的太漂亮了，我还是用我的讨饭棍好。"

随后，毛泽东带着自己的竹拐杖重上井冈山。有一天，毛泽东拄着它攀登宾馆后山，爬上山坡，他高高地举起手中的拐杖，寓意深长地说："这东西是个好武器，平时可以帮助我们走路，坏人来了可以用它自卫，打击敌人。"毛泽东说完又自信地往前走。井冈山陪同人员提醒他："主席，那边没有路，不能去了!"毛泽东听罢，说："路是人走出来的嘛，我就不信前面没有路，有山就有路!"说着，他挥起拐杖拨开两边的荆棘，继续往前走，随即给随从人员踩出一条小路。恰好这时山坡的甬道上走过一群活泼可爱的幼儿园小朋友，他们朝着毛主席高喊："毛主席! 毛主席!"毛泽东只好停下频频向他们招手。

1966 年 6 月 17 日，毛泽东回到韶山，这是他最后一次回故乡，在韶山滴水洞住了 12 天。到达之前，韶山管理局的工作人员在做准备工作时，想到 1959 年毛泽东回故乡，清早爬上南竹圫拜谒父母墓，山高路滑，很难上去，他们没想到要为他准备一根拐杖，还是村民庞阿公赶紧打发儿子庞景霞送去一根踩田棍。于是这次他们特意上长沙买了一根精致的雕花拐杖，放到他的房间里，告诉他外出时用。毛泽东感谢乡亲们想得周到，但没有接受拐杖，他仍旧挂着自己的竹拐杖，踏遍故乡的山山水水，离开时也绝没有忘记随身带着。竹拐杖陪伴了毛泽东的晚年外出活动。毛泽东的这根竹拐杖引起了人们的注意，它赋予了主人的人品性格在里面。

(参见韶山毛泽东同志纪念馆编：《毛泽东遗物事典》，红旗出版社 1996 年版)

毛泽东接见李宗仁

1965 年 7 月 20 日，经毛泽东和周恩来近十年的争取，并经程思远五上北京，两赴欧洲牵线搭桥，在美国定居的原国民党南京政府代总统李宗仁先生，终于回到了自己的祖国。7 月 26 日毛泽东在游泳池接见了李宗仁、郭德洁和程思远。

毛泽东见李宗仁他们到了，便上岸来，很亲切地同李宗仁与郭德洁握手，声音洪亮地说道："你们回来了，很好，欢迎你们。"

李宗仁赶忙回答说："我回到祖国感到很高兴。"

随后，毛泽东和程思远握手，边握手边对程思远说："久闻大名，如雷贯耳。"程思远一闻此言，不知所措，竟然无言以对。

但是，程思远心里清楚，毛泽东所说的"久闻大名，如雷贯耳"，对他是一种很亲切的鼓励和肯定。在过去的年代，他相信毛泽东听说过他。但是，毛泽东将话说得这样重，主要地还是指他五上北京，为李宗仁的归国牵线搭桥一事。

说着，大家在凉棚内的椅子上坐下来。一阵凉风吹过，赶走了盛夏的炎热，大家感到了一丝凉爽的惬意。

刚刚坐定，毛泽东便以浓重的湖南乡音幽默地对李宗仁先生说："德邻先生，现在台湾、香港都在骂你们。这不要紧，他们骂我们是'共匪'，已经几十年了。你这一次归国，也来当'匪'，是误上'贼船'了。台湾当局口口声声将我们叫做'匪'，还将祖国大陆叫做'匪区'，你不是误上'贼船'是什么呢？"

毛泽东的幽默，竟然使李宗仁一时语塞。还是程思远反应得快，他赶忙替李宗仁答道："我们搭上这条船，已登彼岸。"

"是的，登了彼岸。"在一旁的彭真副委员长跟着说。

于是，毛泽东和大家哈哈大笑起来。

"我是登上了彼岸。"李宗仁边说，也边和大家一起开心地笑着。

毛泽东又说："现在，连白崇禧也在骂你。我看他骂你，一是没有办法，二是无可奈何，三是表示遗憾。他是留有后路的，你回来也给他们开了一条路。"

李宗仁的心情立即显得有些沉重，他慢吞吞地说："他有难言之隐。"

已经年迈的李宗仁，终于见到了毛泽东主席，他在高兴之余，也显得有些拘束。加上天气炎热，他的额头布满了汗珠，不时地掏出手绢来擦拭着。

见此情景，毛泽东平和地说："台湾通过美国阻止你回来，但是没有搞清楚你是怎么回来的。"他说着，显然是对周恩来精密地安排和部署李宗仁归国一事表示满意，不无兴奋地注视着李宗仁。

李宗仁说："在海外的许多人士都怀念祖国。他们渴望回到祖国来。他们的心是向着祖国的。"

这时，程思远插话说："我曾经同×××谈过，他也想回来，条件是要当个部长。"

毛泽东挥了挥手，马上表示说："跑到海外的，凡是愿意回来的，我们都欢迎，他们回来，我们都以礼相待。×××可以回来，给个部长也可以嘛！章伯钧、罗隆基、章乃器不是都当过部长嘛！民社党、青年党都可以回来。张君劢、张嘉璈也可以回来。"

说着，毛泽东将头转向李宗仁，对着李宗仁说："蒋介石比你高一级，你是他的部下，他回来我们更欢迎。"

1966年10月1日，中华人民共和国成立17周年。此时，"文化大革命"已经在全国掀起来了。李宗仁应邀登上天安门参加庆祝活动。

站在天安门城楼上的李宗仁，目睹到波澜壮阔的场面，并没有激动起来。他很高兴毛主席和国家领导人在这样的"大革命"中，依然给予他的礼遇。一方面又为这动荡不安的局面深深忧虑着。他听了林彪的讲话，说这场"文化大革命"就是因为存在有"资产阶级反革命路线"而搞起来的。可是，这么搞起来，究竟是治国安邦之道，还是致乱之源，他在担心。

此时的毛泽东很高兴很活跃，他和林彪热情地检阅着红卫兵队伍，兴高采烈地接见了红卫兵代表。

随后，毛泽东看见了李宗仁，便马上兴致勃勃地向李宗仁走过来，边走边向李宗仁伸出手来，李宗仁赶忙伸出双手，去握住毛主席的右手，两人一边握手一边摇晃。

当时在场的解放军画报摄影记者孟昭瑞迅速抓拍下了这一场面。并且做了如下记述——

1966年国庆节，毛主席邀请李宗仁先生上天安门，故意地站在城楼的中间热情地握着他的手，似乎为了让所有的人都能看到这一历史性的会见。这充分地体现了党的统一战线政策是坚定不移的。当时，我只是不停地拍照，但仍然能清晰地听到毛主席带着浓重的湖南口音对李宗仁说："请多保重身体，共产党不会忘记你的。"两位老人的会见是那样地和谐、亲切、诚恳，它将永远留在人们的记忆中。

毛泽东边与李宗仁握手，边请李宗仁到休息室去吃茶。来到休息室，毛泽东请李宗仁坐在沙发上位，李宗仁说："主席在这里，我怎么好坐在上位呢！"

毛泽东说："你比我年岁大，是老大哥，应该坐在这里。"

坐下之后，毛泽东点起香烟，边吸边说群众是发动起来了，群众一起来，那就不能完全依靠个人的想法去做。毛主席说火头是他自己烧起来的，点火容易灭火难。看来这火还要烧一个时期。接着毛问李宗仁对这场"文化大革命"有什么看法，有什么意见，希望李宗仁坦率地谈谈。

李宗仁很谦逊地说："毛主席高瞻远瞩，英明伟大，古今中外任何国家领袖，没有一个人能有这么大的魄力来发动这场革命。目前虽然稍乱一点，但是为子孙后世着想是要付出一些代价的。"

（参见高建中：《毛泽东与李宗仁》，华文出版社 2012 年版）

官作大了，骄娇二气

1965 年 12 月 26 日临近中午的时候，陈永贵坐着周恩来的轿车，由周恩来总理陪同，第一次进了中南海。

他是毛泽东邀请的特殊嘉宾——一个农民。

毛泽东握住他长满老茧的手："你是农业专家啊。"

陈永贵听不懂毛泽东的湖南话，他双手紧握毛泽东宽厚的手掌，一个劲地咧开嘴笑着。周恩来总理在一旁笑着告诉陈永贵："主席说你是农业专家。"

陈永贵连忙摇头："不，不，我不是农业专家，不是农业专家，我是农民。"

毛泽东说："大寨搞得好。"

毛泽东拉着陈永贵在自己身边落座，他请客人们抽烟、吃糖。

毛泽东亲切地问陈永贵的年龄。

"50岁啦！"陈永贵说。

"五十而知天命！"毛泽东说。

陈永贵一个劲地笑着。

坐在毛泽东右边的也是一个农民，一个年仅23岁的与陈永贵不同的新农民——来自江苏省盐城县的下乡知识青年董加耕，董加耕旁边也是一位下乡的知识青年，来自河北宝坻县的邢燕子。和陈永贵不同的是，他们是有文化的一代新人。

董加耕是高中毕业生。他还是个年轻的共产党员，为了改变家乡的贫穷面貌，他放弃了报考大学和去邮电所工作的机会，他在与泥土和农村的锻炼中发出了光和热。他也是来北京参加第三届全国人民代表大会的。

毛泽东侧过头来，问董加耕："读了几年书？"

"12年。"

"好啊，在农村有这么多文化可以办点事了。"毛泽东称赞他说。

记者的闪光灯不停地刺他的眼睛。

毛泽东谈笑风生。当服务员给每个人送餐巾纸时，毛泽东说："人不能太干净，太干净要出修正主义。好事会变成坏事。"

毛泽东讲了一个不知从哪里听来的农民的传奇故事：过去有个人有胃病。有一次发作，晕倒在阴沟里。他抓了一把泥土吞下肚，结果胃不疼了。医院化验了一下，原来阴沟泥土中有盘尼西林的成分。

人们静静地听着，没有一个人插话，也没有一丝笑声。

1958年就下乡当农民的女知青邢燕子理解毛泽东讲的这个传奇故事，她想起了毛泽东说过的农村是大有可为的，知识分子应该与工农群众相结合的教导。她是1958年下乡，她不怕脏，不怕苦，下河捕鱼，改土治碱。一身泥巴两手血泡使她懂得了农民的伟大，她爱上了农村，在农村落了户，她离不开这广阔的天地。

"脱离人民群众，脱离基层生活。官作大了，骄娇二气。拒绝到农村去，城市里生活舒适哟，不出修正主义才见鬼！"毛泽东的话仿佛是对董加耕和邢燕子的赞扬。

（参见徐志耕：《忧乐万家》，江苏文艺出版社1995年版）

听卫士耍贫嘴

卫士在毛泽东面前无话不说，没大没小，敢吹牛，敢贫嘴，热闹极了。

一次，毛泽东在合肥视察。休息时，封耀松和田云玉唱起了"对花枪"。小封当着主席的面，首先向小田发难："主席，今天我要打瞌睡你可别怪，要怪怪小田。昨天夜里他翻饼子，床板响一夜，吵得我没合眼。"主席信以为真，问小田："是不是娘老子又病了？"主席这一句问得小田红了脸。因为，这里面有个小典故：有一次，卫士们随主席出发在外地，小田家里来电报："母病重速归"；主席听到这个消息，对小田说："尽孝心是应该的，是必须的。你还是回去看看吧，你去准备一下。"主席让罗秘书从稿费中支 100 元给小田回家给母亲治病。小田回家后看到母亲满面红光正干活，才知道母亲想儿子拍电报说了谎。主席听到实情后，不但不批评，反而从正面教育卫士们孝敬父母："儿行千里母担忧啊。这回你们该懂了吧？所以说，不孝敬父母，天理难容。"

小田急得要命地说："主席，他造谣，造谣……"小封继续进攻："娘老子没病，是西子姑娘病了。那边相思，这边也睡不着。"主席一边随大家笑，一边顺着小封说小田："好事么，不爱不相思。"这时，小田对小封发起进攻："主席，你还不知道，他来合肥又'跳'上了一个。"主席问："真的吗？"

小田紧接着说："没错。这么搂着人家转，转晕了就甜言蜜语说悄悄话……"大家哈哈大笑，小封露出狼狈相。张仙鹏说："主席，我作证。小封跳舞跳上个对象，满不错的。"小封拔腿就跑，主席指令小田把他抓回来。小张顺口说出了那姑娘的姓名。

主席望着小封说："你是不是速胜论呀？""不要一时头脑发热，要多了解了解。"防止简单了事。

（参见王佰福主编：《毛泽东轶事大观》，山东人民出版社 1997 年版）

我知道我在那里站岗！

1966 年 6 月毛泽东第二次回韶山时，韶山已建有"毛主席旧居陈列馆"，每年接待着上百万的观众。

一天中午，与毛泽东同来韶山的随行人员去陈列馆参观。汽车停在滴水洞别墅前的大坪里，人们有说有笑地陆续上车。

这时，毛泽东从他所住的一号房走了出来。他一见这情况，便细声问贴身服务员："你们都上车，去么子好地方？"

服务员笑道："我们是去瞻仰您的旧居，还要参观陈列馆。"

毛泽东"哦"了一声，将目光转向了车上的人。

车上的一个服务员热情地对毛泽东介绍：

"新建的陈列馆据说是好气派好精致哩！主席，您也去看看吧！"

毛泽东摇摇了宽厚的大手，又摇了摇头，先前的兴致消失殆尽，但不失诙谐地说："你们去吧。我不去，我知道我在那里站岗！"

服务员们被毛泽东的话逗得嘻嘻哈哈笑起来，汽车载着一车笑声开走了。毛泽东巧妙地回答了工作人员们的这次行动。

（参见谭逻松、张其俊编：《毛泽东的幽默
故事》，同心出版社 1993 年版）

"你们也不可怜可怜我"

毛主席性格的魅力主要还表现在那强烈的幽默感。广博的知识使他的话妙语连珠，幽默含蓄。这种趣味横生的幽默感是他那博大精深的知识与充满深刻辩证法思维方式的有机结合。他的幽默总是能给人以信心、欢乐和智慧，甚至是斗争的一种武器。

有一年，毛主席在杭州准备到农村乡下走一走。浙江省公安厅的同志为了主席的安全，保守秘密。那天，主席要去的那个村庄，全村的老百姓都被招到一块开会去了。

主席来到村子看见的是空无一人的村庄。恰巧从一个院子里传来大公鸡的叫声。主席问身边的浙江省公安厅同志："怎么只有它欢迎我们呢？"

省公安厅的同志无言以对。

结果主席来到农村的消息还是不胫而走地传开了，人们潮水般地涌向主席。

在全国人民发自内心为表达对领袖的崇敬和爱戴而高呼"毛主席万岁"的年月，主席开始警惕这种个人崇拜的发生和发展。他常说："我就不喜欢这个口号。哪有人能活一万岁的？"

记得是 1974 年的一天，主席来到北京王府井，他想坐车在这周围看看。当时车上还坐着身边的工作人员周福明、吴旭君和张玉凤。

汽车出中南海沿着长安街向东行驶的时候，主席沉默不语，他的视线投向车窗外不停地左右来回移动。途经人民大会堂，主席的目光正好与大会堂北门外那幅巨大的毛主席像的目光相遇，主席收回目光转向车内在座的人们："你们也不可怜可怜我，我整天在那被风吹雨打着。有家难归！"

毛主席晚年有病，身体经常不适，但有时候病情好转，他老人家的精神、气色也挺好。医务人员对他讲：你的身体不错，能长寿。

主席摆着手说："不，你们没有那么高明。你们不比皇帝御医。如果御医高明，皇帝现在还活着。中国有句俗话'七十三、八十四，阎王不叫自己去。'他不叫我，我自己还去呢。"

（参见亓莉：《毛泽东晚年生活琐记》，中央文献出版社 1998 年版）

"给老百姓下田"

1966 年 6 月 21 日，毛泽东在湖南省委代理书记王延春等人陪同下，在韶山水库游泳。

这一次，毛泽东游得很痛快。那些陪游的健儿们对毛主席的水中表演惊赞不已。只见主席自由自在地踩着水，一会儿表演"立正"、"稍息"，一会儿表演"睡觉"、"坐凳子"。主席情不自禁地对陪游人员说："立正稍息是战士们的工作，坐凳子是我的工作。"一句话，把大家逗乐了。游至水库中心，水很凉。主席说："这里上面是夏天，下面是冬天，正好避暑哩。"

游了近一个小时，主席游回岸边，接过工作人员送来的肥皂，擦洗净身体。本该上岸了，而他又向深水游去，转了一圈回来，又要肥皂。工作人员说："主席，您已洗过一次了。"主席说："多洗一点肥料，好给老百姓下田。"

风趣极了。

（参见王伯福主编：《毛泽东轶事大观》，山东人民出版社 1997 年版）

"王保东"改为"保卫东方"

1966 年 7 月 16 日，毛泽东以 73 岁高龄再次畅游长江，又一次创下"万里长江横渡"的新纪录。游完长江后，毛泽东上了快艇。快艇在激流中迎风驰骋，他兴奋地向在江中游泳和在岸上观看的数以万计的武汉市民挥手。"毛主席万岁"的欢呼声响彻大江南北。

在离开快艇时，毛泽东与身边的一中队警卫战士握手，并一一询问名字。轮到王德修时，他高声回答说："报告主席，我叫王德修！"

毛泽东虽然知道他叫王德修，却不知道具体是哪几个字，于是问道："是哪个德？"

"是道德的德。"王德修回答。

毛泽东又问："是哪个修？"

王德修回答说："是修养的修。"

毛泽东问道："是不是修正主义的修？"

大家笑着回答说："是的。"

"好啊，德国的修正主义，还是个老牌的呢！"毛泽东笑着说。

这时"文革"烈火已经在北京点燃，并且向外地扩展。一中队的战士们随毛泽东回到北京后不久，"批四旧、立四新"之风在全国兴起。王德修回想毛泽东当初对自己名字的解释，盘算来盘算去，觉得这"德国的老牌修正主义"确实不好听，于是决定改名。报总参谋部批准后，他正式更名为"王保东"——意思是保卫伟大的领袖毛泽东。

一年后，1967 年 5 月，毛泽东住在中南海游泳池，一中队也守卫在他身边。一天，战士们正在搞卫生，毛泽东来了，见着王保东，老远就喊道："老朋友。"

王保东愣住了。毛泽东笑着说："老牌的修正主义。"

随行的吴旭君立即告诉说："他改名了。"

毛泽东问道："改的是什么呀？"

"叫王保东。"

毛泽东握着他的手问："你能保卫东方吗？"

王保东立刻挺胸抬头，大声回答说："能！"

事后，一中队队长丁钧说："主席是何等聪明的人，一听这名字就知道王保东是'保护毛泽东'的意思，但他不喜欢这一套。他有他的办法，巧妙地转化为'保卫东方'。"

(参见《中国故事》2013 年总第 402 期)

"那我就非常感谢你们了"

毛泽东和他的警卫战士之间有着十分深厚的感情。他们为毛泽东站岗放哨，不计名利，认真负责地工作着。对此，毛泽东曾在来西柏坡之前的一次行军路上对警卫员戏言："我向你们提一个问题，你们对我为什么那么好啊？这个问题，我想了很久才想通了。你们这些同志只能为官，不能为人。"

毛泽东这句话一说出来，警卫员们目瞪口呆，不知为何这样批评，还是有别的意思。尽管主席问"这样讲对不对？"大家仍然精神紧张，不作回答。这时，毛泽东才笑着解释说："说你们只能为官，这就是说你们都对我好，不是都为了我这个当官的吗？说你们不能为人，是说你们不能为你们个人考虑考虑嘛。我看到你们这么多的人在我这里站岗放哨，一呆就是好几年，要是你们在前方，早就是什么长了。"大家恍然大悟，向主席说出内心话："主席不是官，主席是人民的领袖。我们为主席服务，也就是为人民服务，只要工作需要，为主席放一辈子哨，我们也情愿啊。"

毛泽东十分愉快地说："那我就非常感谢你们了。"

（参见王伯福主编：《毛泽东轶事大观》，山东人民出版社 1997 年版）

"站岗"之说

"文化大革命"兴起后，全国各地盛行挂毛主席像，跳忠字舞，背诵毛主席语录，各个机关、单位也被中央文革小组要求实现"语录化"、"红海洋"。然而，毛泽东不喜欢这些。

毛泽东长期住在游泳池，陈长江带着两个分队的战士住在院北侧的几间小平房。久而久之，战士们也把这里当成了自己的宿舍。1968 年夏，毛泽东在工作了一天之后出来散步，信步走进了警卫战士住的宿舍。

这时一中队正组织战士进行政治学习。中队长陈长江见毛泽东进门了，立即下达口令："全体起立，向主席敬礼！"

"你们在做什么？"毛泽东笑着问道。

"报告主席，我们正在看书学习。"陈长江回答。

毛泽东听说他们在学习，很高兴，笑着迎上前去，与每个战士握了手。然后，开始环顾大家的住所。宿舍虽然是小平房，战士们住大通铺，但床单、褥子铺得很整齐，被子也叠得有棱有角，干干净净。毛泽东称赞说：

"你们爱学习，卫生也搞得很不错。"

宿舍正面墙上挂着一张毛泽东的彩色画像，画像两边贴着用毛泽东语录写成的一副对联，中心意思是提高警惕，保卫党中央。毛泽东看了看，接着又仔细看了看战士们办的墙报，然后指了指墙报和那些对联，又指了指那幅彩色画像，风趣地对战士们说："你们都是保皇派呀。"

警卫战士齐声说："我们就是要保卫毛主席！"

毛泽东指着自己的画像说："你们都是为了保卫他呀！"

"是的。"战士们齐声说。

此时各部队被要求实现"语录化"、"红海洋"。陈长江等人知道毛泽东不喜欢这些，因此没像别的单位那样大张旗鼓地去搞，只是象征性地在墙上贴了几条语录。毛泽东指着那些语录说："这个，你们也贴了那么多啊？"

陈长江说："上级要求'语录化'、'红海洋'……"

毛泽东盯着他问道："那样，有用吗？"

"学习起来……方便呗。"陈长江发现毛泽东不喜欢这样，说了半截便打住了。

毛泽东动了动嘴唇，欲言又止。陈长江猜想他对自己的回答不满意，而又不想在战士们面前驳他这个中队长的面子，才把想要说的话又咽了回去。

毛泽东转过身，看见另一面墙上还挂着一张同样的毛泽东彩色画像，还贴了几张较小的画像，于是又说："长江，你们到处挂我的像？"

在这次挂像章、贴语录运动中，陈长江等人都知道毛泽东不喜欢这些做法，因此身边的工作人员都不戴毛泽东像章。但是社会上很流行，且形成了一种"红色时尚"，人人都戴毛泽东像。

一次，中南海机关一位女工作人员戴了一枚新出的很漂亮的毛主席像章，去毛泽东那里时忘记摘下来了，结果被毛泽东看见了，他很不高兴。

她急忙解释说："我们都有，是表示热爱……"

话还没说完，毛泽东就指着那枚像章说："那有屁用！"结果，闹得这位女同志很难堪。

毛泽东对女同志发脾气是极其少见的，而这次竟然一反常态。以后，尽管社会上人人都戴像章，且成为潮流，但毛泽东身边的人和警卫战士一律不戴。陈长江也不戴。

但是，在陈长江眼中，彩色画像和像章不同，挂一挂，未尝不可，甚至还可以使房子显得严肃、大方、美观。然而，没料到这次还是被毛泽东批评了。他一时语塞，无言以对。

接着，毛泽东以平缓的语调说："你们到处挂像……有的还在大门口塑了个像。"接着，幽默地说："你们在门口站岗，让我也陪着你们站岗。你们两个小时一换回去了，我还站在那里没人换，倒成了我为你们站岗了！"

他的这个"站岗"之说，逗得战士们忍不住想笑。但毛泽东没有笑，一字一顿地说："我站岗是没人换的，任由风吹日晒雨淋。到处塑我的像，到底有什么用？"

他越说语气越重，战士们笑不出来了。

毛泽东走后，陈长江立即对战士们说："主席不喜欢这一套。"于是领着战士们把房子墙壁上的毛泽东画像一一取了下来，语录也不挂了。

没过几天，汪东兴向陈长江传达了中共中央关于叫停建造毛主席塑像的"特急"通知文件，文件内容很多，但中心意思就是一个：制止再造毛主席像，其中有一段话说："毛主席7月5日指示：'此类事劳民伤财，无益有害，如不制止，势必会刮起一阵浮夸风'。"

若干年后，有人说"文革"中毛泽东搞个人崇拜，说他是斯大林。他身边的警卫战士非常气愤地说："挂像章、跳忠字舞，是某些人搞的。我们亲眼所见，主席十分反感，并且批评人从来没这么严厉过。现在有人把脏水泼在主席身上，完全是居心叵测，是栽赃。"

（参见《中国故事》2013年总第402期）

"今天我又要罚站去了……"

据警卫队长陈长江回忆：

这一天，又是毛主席预定接见红卫兵的日子。在出发之前，毛主席照例在院子里散步，又跟我们聊起来了。

他风趣诙谐，仍如往日。

他说："今天我又要罚站去了……"

我知道毛主席这里所说的"罚站"，是指会见红卫兵时，不管路途多远，时间多长，也不管是在天安门城楼上，还是乘敞篷吉普车，他都是要站在那里。起初，他做起这些动作来，似乎还有些新鲜感，甚至有一种兴奋的情绪，可是随着时间的推移，接见次数的增多，接见的方式又很少改变，基本上还是重重复复，没有多少新意，尽管毛主席那时身体很好，竟也觉得是种负担，时有疲劳的表现，足见接见红卫兵这件事并不轻松，因而也就有被罚站的感觉了。

我说："主席，你可以坐下么，何必一定要站着呢？"

毛主席说："我哪里能像你们有那样多的自由，想坐就坐在那里。"说着他又做出正襟危坐的样子，既严肃，又拘谨，既神情紧张，又木然呆板，就像坐在吉普车上做警卫工作的我们似的，十分可笑。

的确，当时的我们，坐在吉普车上，行驶在毛主席等党中央领导所乘汽车的两侧，似很神气。其实，那也是有严格要求的。比如，必须得坐下，不许站起来，以免妨碍红卫兵看领导人的视线。不许我们左顾右盼，又必须能看清车队前后左右发生的任何事情，并做出准确的判断，有随时采取适当措施的精神准备。这就必须注意力高度集中。因而，毛主席看到我们的样子，也是很可笑的。

毛主席说:"不行。每次我都得站着,不站不行啊!坐下就低了,人家看不到我,就不高兴,就过不了关!"

"他们大都是外地来的。来一趟不易,见上我更不易,难得有这么一次,看不见怎么会高兴呢?"

毛主席这么一说,使我忽然明白了许多,他总是处处想着别人,不把个人的辛苦当回子事。这时的我也认为,毛主席只能在车上站着,别无选择。

这一天,毛主席与周恩来总理谈起这一问题。

周恩来说:"主席,你不见,他们不走啊。"

毛主席说:"不是发了通知,贴出了布告,也登了报,停止串联,要回原地闹革命么!"

"是啊。"周恩来担心地说:"天冷了,这些小将已经来了,北京市压力很大,要尽可能早日接见,然后让他们赶快回去。"

毛主席和周恩来总理商定,在11月25、26两天,把在京师生全部接见完毕。

一旦决定,就进行组织与动员,一天见150万,两天共计300万。从东西长安街、天安门广场直到西郊机场都安排满了,除中间留下通道之外。路的两侧都是蹲着的、坐着的和站着的人们。

毛主席和党中央的领导乘车从人民群众的夹道中间徐徐穿行而过,与来京的红卫兵见面。

头一天接见,从中南海出发,经天安门广场,东西长安大街直到西郊机场,全程几十里。我坐在敞篷吉普车上,都觉得迎面扑来的冷风钻心般地寒冷。可是,毛主席却挺立在车上,回应来自群众队伍中的不断的欢呼与问候,很是辛苦。我见他接见回来,因站得久了,下车时连路都走不了了。

一个时期以来,从毛主席的言谈中,我隐约地感到他对接见红卫兵这种做法,并不都是情愿的,简直成了他的一大负担。你不见,他们就不走,就得给吃、给住,就有许多难办的问题。

这天下午,毛主席在游泳池边散步,谈起了在北京的红卫兵很多,连宽阔的北京街头也很拥挤时,他说:"总理几次来谈要让见红卫兵,你不见,他们就不走……这些红卫兵娃娃来了,你不见。怎么能让他们走呢?再不见，了不得了。"

我见主席面有倦容，便不由地说："昨天刚见了，今天还要见，你太累了……"

"累也要见，不然，娃娃们不走，你有什么办法。"毛主席笑着说："这也是逼上梁山呀！"

（参见陈长江、赵桂来：《毛泽东最后十年》，
中共中央党校出版社 2009 年版）

学坐"喷气式"

据纪登奎回忆：

"文革"开始不久，我被造反派关了起来，完全没有自由，经常挨批斗。1967 年毛泽东主席路过河南，跟当时省军区的负责人提出，要见我，说"我那个老朋友哪里去了。"他们没敢说我被关着还没有人身自由呢。省军区领导人匆匆赶来告诉我，说："毛主席要找你谈话。"我连忙收拾了一下，第二天即被带去见毛泽东。

他一见面就说："纪登奎，老朋友了。"问我挨了多少次斗，坐喷气式什么滋味？我说，挨斗不少，有几百次，坐喷气式没有什么了不起，就跟割麦子差不多，还可以锻炼身体呢。毛主席听了，哈哈大笑，他老人家还亲自学坐喷气式的样子，低头、弯腰，并把两手朝后高高举起，逗得大家哄堂大笑。毛主席走后，我被解放了。"老朋友"的说法也慢慢传开去。

后来，他老人家每巡视一地，常常给有关负责同志讲我如何挨斗，坐喷气式，说跟割麦子差不多，夸我能正确对待群众运动。这样一宣传，我的作

287

用就不那么好了。老干部们在"文革"中吃了不少苦，都有怨气，都让向我学习，他们吃苦更多了。

以后，我被调到中央工作。包括九大选我当中委，九届一中全会选我当政治局候补委员，这都是毛泽东亲自提议的。所以，他老人家犯错误，我也跟着犯。

> （参见王灵书：《纪登奎与我的一次谈话》，见郭思敏编：《我眼中的毛泽东》，河北人民出版社 1990 年版）

陈毅是个好同志

1967 年 7 月 14 日，周恩来总理在武汉向毛主席谈到了几位老帅在"文化大革命"中的处境。毛泽东逐个作了评论。

主席说："聂荣臻同志，那可是个厚道人。""徐老总过去的事情不能搞了。河西走廊失败，他要饭回到延安。在过草地时，他反对红军打红军。"谈到陈毅时，主席说："陈毅是个好同志。"后来陈毅巧借这句话摆脱大难，一时传为美谈。

当时，周总理、杨成武从武汉回京后，立即赶到外交学院师生批斗外交部长陈毅的现场。陈毅问杨成武："有什么消息？"杨说："有。毛主席说：陈毅是个好同志。"陈毅认真地询问："主席讲这句话的时候，是什么样的表情？"杨说："毛主席当时坐在沙发上，抽着烟，很高兴。"陈老总一听，来了劲了，他突然向全场高声宣布："请打开《毛主席语录》最后一页，伟大领袖毛主席教导我们说，'陈毅是个好同志'。"下面的"造反派"开锅了："你造谣！根本没有这一条！"陈毅元帅开心地望着大家。稍一平静，陈毅接着讲："杨成武同志传达，有周总理证明，伟大领袖毛主席说的，陈毅是个好同志。请同志们跟我一起念这条最高指示！"

周总理当场证明："主席是这样说的。"于是造反派无可奈何了。

（参见孙宝义、邹桂兰、孙吾文、孙月辰：《毛泽东的
衍名艺术》，中央文献出版社 2006 年版）

"中国的文字很有道理，'饭'字缺了'食'就剩下了'反'字"

1969 年 11 月间，毛主席乘坐的列车抵达武昌车站。曾思玉和刘丰上了公务车。毛泽东问："湖北乡村形势如何？"

曾思玉汇报后，毛泽东说："对，你这是抓到了点子上，人是要吃饭穿衣的。湖北是个好地方，是鱼米之乡。自古以来就有'湖广熟，天下足'之说。中国的文字很有道理，'饭'字缺了'食'就剩下了'反'字，如果老百姓没有饭吃，就要起来造反的。民以食为天嘛，粮食是基础的基础。我们经济形势的好坏依农业形势的好坏而转移的。湖北这个地方产粮食和棉花，你们要抓紧不放，人民有饭吃，有衣穿，事情就好办了。告诉你们，做任何事情都要抓紧，抓而不紧，等于没有抓的。"

毛泽东的话很有哲理，既有知识性又有启发性，把"饭"字调侃到国计民生上，令领导干部们深受教育。

（参见孙宝义、刘春增、邹桂兰、李凯旗编
著：《毛泽东谈读书学习》，中央文献出版社
2008 年版）

"音貌奇特"

　　1970 年 7 月 7 日，毛泽东在北京人民大会堂会见老挝人民党总书记凯山·丰威汉。他讲了一个迷人的，然而又非常难以听懂和记录的故事。他说：中国有一部古书，名叫《启颜录》(是隋朝侯白写的一本笑话集，原书早佚，有辑本)。这是隋朝时候写的一部讲笑话的书。其中有一则笑话，说中国北朝，信奉佛教。有一次开法会，由一位高僧登坛讲经，讲到中间，一个人站起来问他，释迦牟尼平时出门骑的是什么牲口？高僧回答：释迦牟尼在家是坐在莲台之上，出门时则骑白象。这个提问的人说：不对，你根本没有读懂佛经。释迦牟尼出门骑的是牛而不是象，佛经上说，"音貌奇特"，"奇特"不就是说骑牛吗？(在中国古籍中，"特，牡牛也"。此处的"音貌奇特"，原意亦指释迦牟尼长相风度奇特。)高僧听了，笑也不是，哭也不是，对付不了这个人。说完，毛泽东大笑起来，在座的其他中央领导人和凯山等外宾也都跟着大笑起来。

　　　　　　　　　　(参见盛巽昌编著:《毛泽东与西游记、封神
　　　　　　　　　　演义》，广西人民出版社 1997 年版)

"罗旭是九个太阳"

1970 年 7 月，法国计划和领土整治部长安德烈·贝当古率领政府代表团访问中国，李先念副总理率中方代表团与贝当古举行会谈，由罗旭担任译员。依罗旭当时的境况，自然无从担任毛泽东、周恩来会见贝当古的译员。好在贝当古是古道热肠、慧眼识才的洋伯乐，他对罗旭的译技颇为赞赏。在一个偶然的机会里，李先念向周恩来说起了贝当古的评价，于是罗旭第二次"脱颖而出"，重新开始为中央高层领导担任译员。在她不满 40 岁之际，已出任非洲司司长。

在此其间，罗旭有机会与毛泽东再度交往。一次，非洲某国家元首来访，毛泽东会见的那天，罗旭与王海容、唐闻生一起前往中南海。外宾到来之前，平易近人、幽默风趣的毛泽东与这些女工作人员聊上了："你们这些人的名字好厉害！"素有大家风范的毛泽东微笑着逗趣，"唐闻生是闻生不闻死，罗旭是九个太阳（旭可分解成'九'、'日'两字），和后羿一样，会射下九个太阳……"

言毕，毛泽东开怀大笑，领袖豪气毕见。

（参见孙宝义、邹桂兰、孙吾文、孙月辰：《毛泽东的衍名艺术》，中央文献出版社 2006 年版）

"我就是这个命，喜欢吃粗粮"

　　毛泽东的主食基本上是粗粮，并长期养成了吃糙米的习惯。他常说："我就是这个命，喜欢吃粗粮。"革命战争年代，他创造了一种"八宝饭"，即把大米、小米、玉米、小麦、大豆、绿豆、蚕豆、红薯等主杂粮混在一起煮成的干饭（不大容易熟的就先焖烂），这种饭清香可口。他认为经常吃这种饭，一来可以永远铭记战争年代的艰辛生活，二来吃点五谷杂粮，有利于身体健康。新中国成立后，保健医生考虑到领袖的营养需要，提出购买一些名贵菜肴放在餐桌上。他皱起眉头说："要开国宴呀！你这些名贵菜，价钱肯定贵，可贵了不见得就好，不见得就有营养。依我看，人还是五谷杂粮什么都吃为好，小米就是能养人。小地主、富裕农民都比大资本家活得长，你信不信？"

　　从毛泽东这样的饮食观可以透视出一定的科学道理，不仅仅反对铺张浪费，而是朴实的养生之道。

韩厨师的趣闻

　　毛泽东的厨师韩师傅回忆说：

有些小事情，我的印象还是很深的。比如，有一次我给毛主席烧菜，盐放多了，咸了。他把我叫了去，问："你这个师傅姓什么？"

我不知道主席是什么意思，就说："主席，我姓韩啊！"

主席一脸严肃，说："我看你这个韩师傅不是韩师傅，变成咸师傅了！"

我这才明白菜烧咸了。

有一天端上去的饭菜原样又端了回来。我心里犯嘀咕，是不是我做的菜不对味儿了？问问尝过菜的管理员，他说味道是对的。这怎么回事？

到晚上，我们把饭菜烧好，等着卫士来取。卫士来时，我就问他，主席是不是嫌我做的菜不好？他说过会儿问问看。

谁知到了夜晚，主席还是没怎么吃就端了回来，我心里更加不安了，这到底是怎么啦？我问卫士，卫士说，下顿他一定要问问主席。第二天，卫士来告诉我，他问过主席，主席说："告诉韩师傅，不是他做的饭菜有问题，是我这几天心里有事。一点都不想吃。过几天就好了。"

这时我心里才一块石头落了地。

"文化大革命"时期，主席的活动比较多，体力消耗也大，所以特别能吃肉。我有一次给他做米粉肉，心想半斤差不多了，谁知他吃了个干干净净。第二次又给他做了六块。他又全吃了。护士长吴旭君跑过来说："韩师傅，你知道主席说什么了吗？"我摇摇头。她说，主席说："大师傅真小气！舍不得给我吃！"我说："六块已经不少了。"护士长说："你还可以适当地加一点。"

后来，我给他老人家做米粉肉，总要做十几块。

有一段时间，主席在钓鱼台，我们也跟着过去做饭。那天我正在烧菜。毛主席走进来了，边走边说："我看看韩师傅怎样烧菜！"

我忙停下手里的活儿，说："主席，这没有什么好看的。"

他抽抽鼻子，说："够香的。"

我指指锅里，说："那是葱味儿！"

他说："你是很辛苦的。"

我说："这是为主席服务，应该的。"

他说："注意休息。"

他关心我们厨师的事，是有很多的。说来好笑。有一次我在火车上给他烧饭，天气太热，厨房的温度40多摄氏度，我只穿了个裤头，光着膀子，形象不佳，毛主席推门进来，说："怎么这么热啊！"

我说："主席你赶快出去，是太热了。"

主席说："是太热了，你赶快下去休息休息。"

周围的人都笑了。

在日常生活中，毛泽东常拿一些小事情来逗趣，来融洽和谐的气氛。

（参见《毛泽东厨师谈访录》，《文苑》总第135期）

不能总是吃的山珍海味

毛泽东的堂弟毛泽嵘听说二十多年没见面的三哥毛泽东当上了国家主席，急于想去探望，他要把"皇宫"里的西洋景看个一清二楚，皇帝老子们吃过的山珍海味也尝尝鲜。

当毛泽嵘应邀来到中南海时，看到三哥穿的是褪色布衣，躺的是木板床，而且吃饭时餐桌上放了一碟花生米、一碗青菜、一个汤，最好的一个菜是腊肉。毛泽嵘百思不解其意，看来他是无法吃到山珍海味了。他问道："三哥，你当了个堂堂主席，平时就吃这么一点儿菜？"

毛泽东有几分新奇地说："怎么？你怀疑我不把好吃的拿出来？"

"那倒不是，我担心别把身体弄坏了。"毛泽嵘答道。

毛泽东爽朗地笑了："我这不是蛮好嘛！"

毛泽东日常俭朴，终生倡廉，从不追求山珍海味，尤其是厌烦宴会。对于接待外宾他也做过指示："不能总是山珍海味，既浪费又不实惠。"

他对身边卫士们说："我们在这个世界上，不是为了吃世界，而是为了改造世界。这才是人，人跟其他动物就有这个区别。"

毛泽东对那些在别人眼里稀罕之物并不看重。就是到了晚年，他还坚持认为："所谓高级的东西，它们并没有什么特殊之处。只不过物以稀为贵罢了。有些人有一种特殊心理，似乎某些食品皇帝皇后吃过了，什么名人大官吃过了，它的名望就高贵起来了，甚至高不可攀，神乎其神。仿佛吃了皇帝、名人吃过的东西，自己就身价百倍了，这也可能叫沾光吧。"

其实总吃所谓高级的东西，造成身体营养比较单一，不一定是一件好事。毛泽东的"沾光"思想，曾经教育过许多一起就餐的人。

（参见王鹤滨：《毛泽东的保健生活与养生之道》，中国青年出版社 2005 年版）

"天上也要划分势力范围"

一次，一群日本客人向毛泽东谈到美国占领者如何歧视日本人。当客人的话一讲完，毛泽东就敏捷地一针见血地指出："他们很看得起有色金属，却看不起有色人种。"听了这句机智俏皮的比喻，客人举座大笑，赞叹毛泽东有着特殊的洞察力和敏捷的、高深的智慧，称颂他不愧是一位深而豁达的政治家、思想家。

毛泽东几乎对所有领域的事都感兴趣，他的脑海里充满了当代世界风云，而他的视野却往往超越了眼前的时空。

有一次，他同一个来自阿拉伯国家的代表团谈到人世间纷争不断的问题，客人十分感慨。忽然，毛泽东的谈话离开了正题，他问客人："伊斯兰教的真主是谁？"对方对他提出这个问题，感到意外。毛泽东吸了两口烟，看着带有满脸惊讶之色的客人笑了起来，却又连连发问："谁是佛祖？""谁是基督教的上帝?"也许是他那有感染力的笑容和学者的优雅神态使对方意识到了,他是正在思考着什么深奥的问题,对方于是有礼貌地一一作了回答。他告诉客人:"按照中国道教的看法,天国还有位众神之王,他叫'玉皇大帝'。"跟着,毛泽东话锋一转,说:"如此看来,天堂也不会那么安宁了,因为天上也要划分势力范围呀!"

这番风趣横溢的话,说得客人个个鼓掌叫好。他们称赞毛泽东真是一位富有想象力而又很含蓄的人,一句普通的话,从他的口中说出来,就能赋予新的涵义,打开人们的思路。

(参见高凯、于玲主编:《毛泽东大观》,中国人民大学出版社 1993 年版)

妙论"空对空"

1971 年 7 月 9 日,美国国家安全事务特别助理基辛格秘密抵华,为尼克松访华打前站。周总理对基辛格一行的生活起居十分关心,反复交代要保证客人的身体健康。

一天下午,基辛格的助手、美国国家安全委员会东亚事务助理约翰·霍尔德里奇,拿着一叠新华社英文新闻稿,找到了接待组负责联络的人员,他指着封面上的毛主席语录,问这是怎么一回事。

联络人员一看,那段语录摘的是"全世界人民团结起来,打败美帝国主义及其一切走狗!"霍尔德里奇说:"这是从我们个人的住房里搜集到的,我们希望这些新闻稿是被错误地放到了房间里。"很显然,美方人员误以为这是中方怀有什么用意特意这样做的。

其实,给下榻的外宾房间送新闻报刊,是国宾馆的例行公事,但这件事还是被汇报到周总理和叶剑英元帅那里，周总理明确交代，以后所有报刊、杂志均放在走廊，由下榻的外宾自愿选择提取。

这件事后来又向毛主席做了汇报，毛主席听罢哈哈一笑，对在场的人说：你们告诉他们，那是放空炮。他们不是也整天在喊要消灭共产主义吗？这就算是空对空吧。从那以后，"报刊事件"和毛主席空对空的妙论，就成为参与中美关系"解冻"过程相关人员聚首时，要反复学说的"笑话"。

（参见邬吉成、王凡文：《红色警卫——中央警卫局原副局长邬吉成回忆录》，中国青年出版社 2009 年版）

那就减少一千年，但是不能再减了

美国记者斯诺先后六次访问中国。一次他问毛泽东："苏联人害怕中国吗？"

"有人是这么说的，但是他们为什么要害怕呢？中国的原子弹只有这么大。"毛泽东伸出他小拇指晃了晃，继而又伸出大拇指说："苏联的原子弹这么大，而苏联和美国的原子弹加起来有这么大。"毛泽东把两个拇指一靠，"一个小指头怎么能对付两个大拇指呢？"

"但是从长远的观点看，苏联人害怕中国吗？"

"听说他们怕。"毛泽东说，"即使一个人的房子里有几只老鼠，这个人也可能吓坏了，怕老鼠吃掉他的糖果。比如我们挖防空洞，苏联人就感到不安，其实，我们真要躲在防空洞里，又怎么能打别人呢？"

斯诺笑了，问道："关于意识形态的争论，你们是谁开的第一枪呢？"

"他们骂我们教条主义，我们骂他们修正主义，我们刊发了他们骂我们的文章，他们却不敢。"毛泽东继续说，"骂累了，他们派古巴人和罗马尼亚人来要求停止公开论战，我说，那不行，如果必要的话，要争论一万年，后来柯西金本人来了，不好回去交差，我说'那就减少一千年。但是不能再减了'。"

毛泽东讲了中苏论战自己的观点，嘻笑怒骂别出风采。

（参见谭逻松、张其俊编：《毛泽东的幽默故事》，同心出版社 1993 年版）

打麻将与"搬砖头"

打麻将曾经是毛泽东所喜爱的一项娱乐活动。工作之余，他有时也以打麻将来消遣。在延安时期，他经常和叶剑英、江青及他的政治秘书师哲等人一起打麻将。他曾说："中国对世界有三大贡献，第一是中医，第二是曹雪芹的《红楼梦》，第三是麻将……你要是会打麻将，就可以更了解偶然性与必然性的关系。麻将牌里有哲学哩。"

别人打麻将是聚精会神，专心致志。毛泽东则不然，他从不把任何娱乐性活动视为单纯的休息，他经常一边打牌，一边不停地吸烟，同时在脑海里思考着党、国家和军队的大事，一旦他的问题思考成熟，即使是活动刚刚开始或大家玩兴正浓，他也会立即起身，匆匆离席而去。倘若问题没有思考出结果，他就会在牌桌上一直"泡"下去。有时，毛泽东打麻将特别健谈，他能从麻将的排列组合中找出辩证关系，进而借题发挥，向大家讲述一些引人深思的哲理，使人在娱乐中受到教育。

一次，毛泽东和叶剑英等一起玩麻将，第一盘开始，毛泽东就幽默地说："咱们今天'搬砖'喽！"同志们以为他是随口说笑话，都没有在意。毛泽东发现大家没有理解，就解释说：打麻将就好比面对这么一堆"砖头"，这堆砖头就好比一项艰苦的工作，不仅要用力气一次一次、一摞一摞地把它搬完，还要开动脑筋，发挥智慧，施展才能，就像调兵遣将、进攻敌人一样，灵活利用这一块一块"砖头"，使它们各得其所，充分发挥作用。你们说对不对？同志们听后才明白了他一再说的"搬砖头"的含义，都笑了起来。这次打麻将一连打了数盘，毛泽东越打越有兴趣。他边打边说：打麻将里边有辩证法。有人一看到手上的"点数"不好，就摇头叹气，这种态度，我看不可取。世界上一切事物都不是一成不变的。打麻将也是这样，就是最坏的"点数"，只要统筹调配，安排使用得当，也会以劣代优，以弱胜强。相反，胸无全局，调配失利，再好的"点数"拿在手里，也会转胜为败。最好的可能转变成最坏的，事在人为！说到这里，他爽朗地哈哈大笑起来。

毛泽东还曾巧妙地借助麻将的术语做统战工作，曾任全国政协副主席的刘斐，原是国民党高级将领，曾代表国民党到北平同共产党人谈判。和谈失败后，刘斐思想斗争十分激烈，是留北平呢？还是回南京？一次宴会上，他和毛泽东谈话时，以麻将为题，试探着问道："打麻将是清一色好还是平和好？"毛泽东想了想，笑着答道："清一色难和，还是平和好。"刘斐豁然领悟："平和好，那么还有我一份。"就这样，毛泽东的一席话终于使刘斐下决心留在了北京。这是毛泽东巧用麻将把国民党高级将领争取过来的妙招。

毛泽东的"麻将玩法"与众不同，充分显示了毛泽东高深的哲学思维和敏锐的政治眼光，从此也可以折射出毛泽东那不同寻常的伟人风采。

（参见《中华遗产》2009 年第 2 期）

一首"朦胧诗"

　　一代伟人毛泽东视诗为余事,却为我们留下那么多惊心动魄的不朽诗篇。更有意思的是,在毛泽东生命的后期,他还写过一首比"朦胧诗"更加朦胧的"朦胧诗"。让我们惊奇、诧异,让我们久久猜测但很难捕捉诗人真实的用意。

　　诗是 1972 年为欢迎美国总统尼克松来中国而写的。诗只有三句:"老叟坐凳/嫦娥奔月/走马观花。"确实,和诗人那些庄严、雄奇而且绚丽的诗篇相比,这几句诗真还有点儿"玄而又玄,众妙之门"的意思。这几句诗随着诗人的拒绝自我解释,成为永远的谜了。据尼克松和他的顾问猜测,"老叟坐凳"可能是诗人的自我描写,一个老人,他历经了革命斗争中的生生死死,历经了人生历程中的风霜雨雪,"冷眼向洋看世界";"嫦娥奔月"可能是暗示当时的美国卫星上天;"走马观花"则暗暗讽刺尼克松来中国也不可能真正了解中国的情况,只不过是"走马观花"而已。如此看来,这里依然流露出一个伟人的民族自信,以及"阅尽人间春色"的非凡气度。这首朦胧诗既很诙谐,又很令人费解。

　　　　　　　　　　(参见金汝平:《毛主席唯一的"朦胧诗"》,
　　　　　　　　　　《文萃报》2002 年 9 月 20 日)

看来得去"卖年糕"了

　　毛泽东晚年时，有几次和身边工作人员感慨地说：我老了，看来得去"卖年糕"了，这是毛泽东的幽默自嘲。"卖年糕"之说来自传统相声《歪批三国》。

　　在这个经典相声中，苏文茂以其"独家"的"苏批三国"版本考证出张飞他姥姥家姓吴（吴氏生飞），三国里有三个做小买卖的（如赵子龙：赵子龙他"老卖年糕"），还有三个数学家（如曹操：对酒当歌，人生几何）等，其中有这么一段：

　　甲：哎，对。姜维唱的几句流水板，把赵子龙这点儿家底儿，全给抖搂出来了。后人才知道他是卖年糕的。

　　乙：哦，姜维是怎么唱的？

　　甲：这样唱的。

　　乙：您学一学。

　　甲：（唱）"这一般，五虎将俱都丧了，只剩下那赵子龙他老迈年高！"说赵子龙是"老卖年糕"。也就是说一辈子没卖过别的。

　　这个相声段子毛泽东很喜欢听。他一直以来对相声兴趣颇浓。

　　1973 年 12 月 21 日，毛泽东在中南海里，接见 43 位参加中央军委会议的成员。

　　此时，毛泽东已年届八旬。

　　毛泽东并不理会那些面面相觑的将军们，继续沿着自己的思路说下去，"这一般五虎将俱都丧了，只剩下赵子龙老迈年高。我年老了，也要去'卖年糕’，要到福州去卖年糕。南京不去，南京太热了。”

这是毛泽东第一次在正式场合里提到“卖年糕”，幽默之中夹杂着一丝伤感，但更多的还是抒发了他“虎老雄心在”的暮年壮志。

1975 年 5 月，毛泽东对身边的工作人员吟诵了清代严遂成的《三垂冈》中的两句“风云帐下奇儿在，鼓角灯前老泪多”。接着说“这就是我此时此刻的心情！”

“不吾与”、“老泪多”与“卖年糕”有异曲同工之妙，都折射了毛泽东晚年“英雄迟暮”的沧桑情怀，以及对时光无情飞逝的无限感慨。

毛泽东借用“卖年糕”来表达自己暮年“英雄迟暮”的沧桑情怀，以及对时光无情飞逝，事业未达最终理想的无限感慨。

（参见孙宝义、刘春增、邹桂兰编著：《毛泽东品三国用三国》，国际文化出版公司 2011 年版）

那个大臣会拍马屁

小孟来到毛泽东身边后，毛主席与她有说有笑。饭后茶余，花园小径的散步，卧室、客厅里的谈天，显得十分和谐，主席常常把小孟逗得开怀大笑。他们在随心所欲中，透出做人的自在。

人的智力不发展到一定程度，就不会有幽默，幽默实在是人们智慧从容有余的产物。多一点幽默，生活中就多一些欢乐的音符。

“孟夫子，来，我给你讲个故事。”主席喜欢用这个名字来称呼她。

小孟把沙发椅向主席的身边搬近一些，主席操着难懂但还能让人听懂的湖南话，给小孟讲起来。此时的小孟，就像几岁时，听爷爷奶奶讲那美丽动人的传说故事一样，听得那么专心，那么入迷。

"有一个人，从自己脖子上捏下一个虱子，害怕别人嫌脏，赶忙扔到地下说：'我当是一个虱子呢，原来不是个虱子！'另一个人马上捡起来说：'我当不是个虱子，原来是个虱子！'"

小孟听完了这个简单得不能再简单的故事，瞪着她那对清澈如水的大眼，像个不懂事的孩子似地发问了：

"这个故事有什么意思，一点儿也不好听。"

"傻丫头，你什么都不懂噢，这就是说，告诉我们要讲实话嘛，虚伪的人真是可笑。"

小孟听了恍然大悟，于是她也觉得这样的小故事很有意思。

"主席，再给我讲一个，你看看我能不能猜出什么意思。"

主席又给小孟讲了另外一个故事：

"有一天，乾隆皇帝和一个大臣来到一个庙里，迎面是一个大肚子弥勒佛。乾隆便问大臣，弥勒佛为什么对着我笑啊。那大臣说，这是'佛见佛笑'。乾隆听了很高兴，当他往佛的侧面走几步之后，又回头一看，见弥勒佛正对着那大臣笑呢，于是便又问那大臣：'弥勒佛为什么也对你笑呢?'那大臣赶紧回答说：'他笑我今生不能成佛。'"

小孟听到这里，咯咯地笑起来，急忙说："我知道，我知道这个故事是什么意思，这是讲那个大臣会拍马屁。"

主席点头称赞："进步很快嘛，好聪明的傻丫头！"

就是这样，主席高兴的时候，常常给小孟讲着一些有趣的故事。这些故事讲起来是那样轻松、自然，透出一种强烈的幽默感。他们之间的相处，显得十分和谐。

（参见郭金荣：《毛泽东的晚年生活》，科学教育出版社1993年版）

经典幽默的语言大师

幽默是睿智和机敏的表现。毛泽东就是一位公认的幽默高手。凡是与毛泽东交谈过的人，都为他那幽默风趣的语言所折服。

1947 年，蒋介石全面进攻解放区失败后，把战略改为"重点进攻"。

1947 年 3 月 13 日，胡宗南的 14 个旅分兵进犯延安。50 多架敌机对延安狂轰滥炸了一整天。

那天下午，敌机扔下的一颗重磅炸弹在王家坪毛泽东的窑洞门前不远处爆炸，一阵山摇地动之后，便见硝烟弥漫，负责保卫毛泽东的卫士很为他的安全担忧，警卫参谋贺清华心急如焚地推门而入，但见毛泽东从容自若，根本没事儿似的，他右手拿着的那支笔正在大地图上移动着。他身旁的彭德怀目不转睛地注视着地图上移动着的那支笔的笔尖。

贺清华的推门而入惊动了毛泽东，但他的注意力还在那张地图上。他看着地图问："客人走了吗？"

贺清华丈二和尚摸不着头脑，他愣了：哪有客人呀？于是反问："谁？谁来了？"

"飞机呀，"毛泽东微笑着说："真是讨厌，喧宾夺主。"大家听毛泽东这么一说，都笑了起来。

一个卫士拿着散落在门前的一块炸弹片给毛泽东看。毛泽东接过来掂量一下，又风趣地说："嗯，发财发财，能打两把菜刀呢。"在硝烟弥漫的爆炸声中，毛泽东镇静幽默的话语，给大家带来了蔑视敌人的笑声。

"谁封我四个官啊"

1970 年 12 月 18 日，毛泽东在同美国记者斯诺谈话时谈到"四个伟大"时，斯诺回忆：主席说，要人们去克服 3000 年迷信皇帝的传统习惯，是困难的事情。所谓"四个伟大"讨嫌。总有一天要统统去掉，只剩下"TEACHER"导师这个词——就是教员。毛历来是当教员的，现在还是教员。甚至在他成为共产主义者以前，他就是长沙的一个小学教员了。其他的称号一概辞去。

斯诺说："我常常想，不知道那些呼毛泽东口号最响、挥动旗手最起劲的人，是不是（就像有些人所说的）在打着红旗反红旗。"

毛泽东点点头。他说，这些人分三种。一种是真心实意的。第二种是随大流的——因为别人喊"万岁"，他们也跟着喊。第三种人是伪善的。你（指斯诺）千万不要受这一套的骗。

（参见孙宝义、邹桂兰、孙吾文、孙月辰：《毛泽东的衍名艺术》，中央文献出版社 2006 年版）

"那个'副统帅'上哪儿去了"

1971年10月16日晚9时许,周恩来、叶剑英、姬鹏飞、熊向晖、章文晋等到毛泽东住处汇报接待公开访华的基辛格的方案。

一见到熊向晖,毛泽东就笑眯眯地问:"那个'副统帅'呢?那个'参谋总长'哪里去了?"

熊向晖也笑着说:"主席问我的时候,我确实不知道呀!"

毛泽东打趣地问:"现在知道了吧?"熊向晖说:"现在当然知道了。"毛泽东幽默地说:"你什么也没有嗅出来,是不是伤风了感冒了?"他又连连地说:"我的'亲密'战友,啊!多'亲密'啊。"接着念了唐朝杜牧的诗:"折戟沉沙铁未销,自将磨洗认前朝。东风不与周郎便,铜雀春深锁二乔。"他接着说:"三叉戟飞机摔在外蒙古,真是'折戟沉沙'呀!"

10月26日,传来联合国第26届大会以压倒多数通过中国在联合国合法席位决议的消息。当晚,毛泽东要周恩来等人去他的住处。

毛泽东穿着浴衣,很高兴地同大家握手,他说,今年有两大胜利,一是揭露了林彪,二是联合国恢复了我们的席位。要派代表团去联合国,回来还要接待尼克松。然后,他又笑着望着熊向晖,问:"那个'参谋总长'呢?那个'副统帅'上哪里去了?"

室内顿时充满了开心的笑语声。

(参见孙宝义、邹桂兰、孙吾文、孙月辰:《毛泽东的衍名艺术》,中央文献出版社2006年版)

点评十大元帅的精辟考语

　　毛泽东对十大开国元帅的点评，眼光非常独到，赞誉也很特别，不仅有深邃的内涵，而且有极耐人寻味的情趣。

　　自从井冈山会师后，朱德就成为解放军偶像级的人物，各个时期担任总司令，与毛泽东的配合相当默契。朱德宽和忍让、纯朴谦逊、忠厚绵长，毛泽东对他赞誉有加。称朱德是"度量大如海，意志坚如钢"。

　　彭德怀性格刚烈，疾恶如仇，而且有些特立独行，但打天下绝对是猛将。在战争年代，毛泽东就是依仗彭德怀这样的"大将军"，取得了一个又一个胜利。称彭德怀是"谁敢横刀立马，唯我彭大将军"。

　　朱毛在井冈山会师时，毛泽东看见一个娃娃模样的军人在给部队讲话："其实这个土匪，那个军阀，只要有枪，就有一块天下。我们也有枪，也能坐天下！"毛泽东得知这个人是指挥部队在敖山庙、耒阳城打了胜仗的林彪营长，于是感慨道：一般的营长中只是领兵打仗，没什么政治头脑，而面前这个娃娃营长却满是"红色割据"的道理，与自己的主张完全一样，今后堪当大任。称林彪是"这个娃娃堪当大任"。

　　红军长征途中，前有金沙江天险，后有数十万追兵，许多人都担心部队过不了江，毛泽东则风趣地称赞刘伯承是"一条龙下凡，肯定能让我们渡过天险长江的"，对刘伯承的才干深信不疑。称刘伯承是"一条龙下凡"。

　　毛泽东在三湾改编时曾以贺龙"两把菜刀起家闹革命"的例子鼓励起义军，到陕北后又称他是"红二方面军的旗帜"，可见对贺龙的器重。称贺龙是"红二方面军的旗帜"。

　　"文革"中，一次红卫兵批斗陈毅时，陈毅先发制人，掏出"红宝书"说，请翻到《毛主席语录》第某某页，毛主席教导我们说陈毅是个好同志。台下一片哗然，都在翻"红宝书"但没有找到。在一旁的周恩来作证说，确有此话。于是陈毅过关。1972年1月陈毅不幸逝世，极少参加党内同志追悼会的毛泽东亲自参加了陈毅的追悼会。这是毛泽东参加的最后一个追悼会。可见对昔日老战友的尊重和怀念，称陈毅"是个好同志"。

罗荣桓是第一位逝世的元帅，毛泽东十分悲痛，并把悲痛化作成一首悼诗，以寄托对老部下的哀思。这既是对罗荣桓的高度评价，也是对广大政工干部的肯定。称罗荣桓是"君今不幸离人世，国有疑难可问谁？"

称徐向前是"留得青山在，不怕没柴烧。你能回来就好，有鸡就有蛋"。西路军失败后，徐向前只身回到延安，毛泽东不但没有责怪，而且亲自接见，百般抚慰。毛泽东深知徐向前对党的忠诚。他记得徐向前在红军最困难的关键时刻说的"哪有红军打红军的道理"那句话。因此，毛泽东在徐向前最困难的时刻，说出了感人肺腑的安抚和鼓舞的话，这也是对广大红四方面军指战员的安抚，表现了一个领袖人物的胸襟。

抗战期间，聂荣臻创建了晋察冀根据地，并使之发展成为一块模范根据地。对此，毛泽东甚感欣慰。解放战争中后期，毛泽东一直在晋察冀根据地内运筹帷幄，决胜千里，所以对聂荣臻褒奖有加。称聂荣臻是"五台山，前有鲁智深，今有聂荣臻，聂荣臻就是新的鲁智深"。

毛泽东借北宋重臣吕端的美誉来评价叶剑英。长征途中，红一、红四方面军胜利会师后，张国焘野心勃勃，想加害毛泽东，幸亏叶剑英及时报信，在关键时刻挽救了红军。对叶剑英的睿智和才干，毛泽东十分欣赏。称叶剑英是"吕端大事不糊涂"。

通过对十大元帅的评点，可以看出毛泽东察人之深、评价之准，和语言之精当。

（参见欧阳青：《1955年共和国将帅大授衔》，
黄河出版社2008年版）

"前些日子，我到马克思、列宁那里去了一趟"

毛泽东对于病也是采取"顶"的态度，他不太信药，他相信自身的抵抗力，他曾说："自信人生二百年，会当击水三千里。"他的疗法是：水、饭、茶、菜四味"药"。他的司机得了肝炎病，他指示从医院接出来，和家人在一起，并且送钱给他，加强营养，还给这个司机写了"人生自古谁无死，留取丹心照汗青"的诗句，以资鼓励。1972 年的一天，毛泽东大病初愈，工作人员说："主席，你病得好吓人啊！"毛泽东却风趣地说："前些日子，我到马克思、列宁那里去了一趟，他俩对我说，现在还有帝国主义、修正主义，你那个国家的钢、粮还太少，不要这么早来，回去吧！所以我又回来了。"

毛泽东寓深邃的思想于笑话中，阐明了自己的人生态度和旺盛的革命精神。

（参见许祖范、姚佩莲、胡东编著：《毛泽东幽默趣谈》，中共党史出版社 2013 年版）

"说话要有趣味"

毛泽东是一位公认的幽默高手。他早在 1929 年为红四军干部制定《教授法》时，其第六条就规定："说话要有趣味。"凡是与毛泽东交谈过的人，都为他那幽默风趣的语言所折服。

1961年在庐山开会期间，繁忙的工作之余，毛泽东与其他中央领导同志一起参加舞会。跳了一场舞后回到座位上休息时，他的一只白色鞋垫从皮鞋里露出一半来，他自己未曾发觉。

当工作人员提醒他时，毛主席低头一看，忍不住笑道："鞋垫总在脚板底下压着，见不到光明，怎么不闹革命啊？"说得在座的中央首长都哈哈大笑起来。

1973年，基辛格来到中国见毛泽东。谈话间基辛格突然问道："听说主席阁下正在学英语？"毛泽东回答："只会几个单词，如'paper tiger'之类的。"在场的人开怀大笑。

"paper tiger"在英语中是纸老虎的意思，基辛格后来才明白，毛泽东曾用这个词来形容貌似强大的国民党反动派，后来又用它来比喻帝国主义。他单独说出这个词，似乎透视出他的内心活动深邃难测。

帝国主义气息奄奄啰

毛泽东非常富于幽默感，喜欢热闹。他烟瘾大，一支接一支。为控制烟量，他吸烟时总是把烟一折两截，只把半截插到烟嘴上吸燃。文工团员王学文不解地问："主席，您为啥把烟掰两半呀？"毛泽东笑着说："事物都是一分为二的么。"其实他是一支烟分两次抽。

只剩一个烟头了，在烟嘴里一明一灭地闪。毛泽东赶紧再吸一口，将烟蒂拨入烟灰缸。烟蒂在烟灰缸里有气无力地冒着残烟。毛泽东用感伤的腔调叹口气说："唉，帝国主义气息奄奄啰。"文工团的女团员们拨弄那支烟头，为毛泽东的幽默哈哈大笑。

毛泽东的烟嘴是褐色的，跳舞时就放在茶几上。我们年岁小的女团员跟毛泽东接触多了，就"放肆"起来，常拿起毛泽东的烟嘴玩。老同志批评她们："别玩主席的烟嘴，看弄脏了！"毛泽东听见了，笑着说："玩玩没关系么，就是别学抽烟。烟里可是有尼古丁，要害人呢。"告诫她们不要学吸烟。

（参见权延赤：《真实毛泽东》，内蒙古人民出版社 1998 年版）

一句能顶一万句吗？

新中国成立后，毛泽东多次到武汉视察工作。由于常来武汉，毛泽东与东湖宾馆的服务人员也结下了深厚的情谊。当林彪在"文革"中大肆宣扬"一句顶一万句"时，毛泽东在一次与服务人员谈话时说："你们说小张（指张玉凤）好不好？"服务人员齐声说："张玉凤是个好同志。"毛泽东摆了摆手说："我说小张不好。"服务人员不解其意，七嘴八舌地说，"小张是个好同志"，"张玉凤是我们学习、工作的榜样"。毛泽东听后笑着说："我说小张不好，你们非说小张好。你们说我一句话顶一万句，其实一句话都没有顶用，怎么能一句顶一万句呢！"服务人员听到毛泽东提出的问题，才认识到毛泽东这次谈话中蕴含的丰富哲理和内涵。看到大家在沉思，毛泽东又说："人的一句话怎能顶一万句呢！一句话就是一句话，不能是一万句，不能顶，更不能顶那么多；我的话怎么可能有那么大的力量，那不是神了吗！这不是唯物主义，也不是辩证法，按照唯物主义的观点，一句就是一句，不能成一万句。"

毛泽东借用一件小事批判当时林彪鼓吹的"一句顶一万句"是违反唯物

辩证法的谬论。

(参见吴晓梅:《毛泽东视察全国纪实》,湖南
文艺出版社 1999 年版)

我就是"黑政委"

"文化大革命"期间,林彪、江青反革命集团鼓动的"怀疑一切,打倒一切"的反动口号像瘟疫一般席卷祖国大地。从中华人民共和国主席到地方各级党政机关领导干部,甚至只管六七个人的小理发店的负责人都被划为当权派——走资派——统统被打倒在地,踏上一千只脚,永世不得翻身!在这股黑暗、阴森的飓风到来的时候,深受各族人民爱戴的朱德同志,也不例外地受到冲击,一伙头脑膨胀的造反派们,竟胆敢叫喊要开大会批判朱德。他们给朱德扣上什么"黑司令"的帽子,要开会斗争他。此事被毛泽东知道了,他召来了造反派头头们,这伙造反派头头们,满以为毛泽东召见他们是支持他们的"革命行动",就趁机在毛泽东面前把他们平时从各个阴暗的角落里收集的所谓朱德的"罪行"材料,冠以"反毛泽东"的罪名在毛泽东面前诬蔑朱德。毛泽东睁大眼睛斜视着造反派头头们,不停地吸着烟,一言不发。造反派头头们满以为在毛泽东面前诬告朱德"反毛泽东"就会得到毛泽东的支持。他们滔滔不绝地把平时编造的朱德的所谓"反中央"、"反毛泽东"的材料在毛泽东面前历数时,毛泽东问造反派头头:你们开批判朱老总的大会是让他站着,还是让他坐着?

造反派头头说是让他坐着。

毛泽东又问,那你们是准备摆一张凳子还是摆两张凳子?

造反派头头们说,我们准备摆一张凳子。

毛泽东将烟掐灭在烟缸里把右手一挥说，摆一张凳子少了，不够坐，应该摆两张凳子。毛泽东这话说的造反派头头们"丈二和尚摸不着头脑"。他们说，只有他一个人坐，干吗要摆两张凳子？毛泽东提高嗓门说，我也去呀！造反派头头们听了惊喜若狂，以为毛泽东支持他们的"革命行动"。他们带着半信半疑的口气问毛泽东，您也去?！毛泽东说，你们不是说朱德司令是"黑司令"吗，总司令是"黑司令"，那我当然就是"黑政委"啰！你们今天要批斗朱老总，我这个"黑政委"岂有不去赔罪之理?！造反派头头们听了毛泽东这么一说，如同晴空霹雳，被毛泽东一闷棍打得目瞪口呆，几个人低下头，你望着我，我看着你。他们精心策划批判朱德的阴谋破产了。

（参见许祖范、姚佩莲编著：《毛泽东幽默趣谈》，中共党史出版社 2013 年版）

"你是红司令啊！人家讲你是黑司令，我总是批评他们"

自 1928 年毛泽东、朱德在井冈山会师后，这两个名字便紧紧地联系在一起了。

进入北平之后，发生了这样一件事：

那天，毛泽东和朱德在香山门前的广场上接见中华全国第一次青年代表大会的代表，他们一同从香山大门里走出，细心的人们都可以看到，为了与朱德统一步伐，毛泽东时时压住步子，注意着不可和朱德拉开距离，有时还放慢一下脚步照顾朱德跟上来。

青年代表们高呼"毛主席万岁"，也喊出了"朱总司令万岁"。

回到他居住的双清别墅，毛泽东很满意，也很高兴。

然而，"文革"爆发了，是非颠倒，人妖不分。功勋卓著的朱德总司令，竟被诬成了"黑司令"。但在毛泽东的心目中，朱德仍旧是朱德。

1973 年 12 月 21 日，毛泽东接见参加军委会议的同志。他见到 87 岁的朱德元帅，紧紧地握住这位老总的手，真诚地说："老总啊！你好吗？你是红司令啊！人家讲你是黑司令，我总是批评他们，我说是红司令。"

就坐以后，毛泽东"嘿嘿"地笑了起来，接着说："朱毛朱毛！你是猪（朱），我是毛哟。我是猪（朱）身上的毛啊！"

听了这话，朱德司令的眼睛湿润了。

（参见孙宝义、邹桂兰、孙吾文、孙月辰：《毛泽东的衍名艺术》，中央文献出版社 2006 年版）

外交幽默感

毛泽东非凡的幽默感，使他永远是谈话的中心。他对外宾有着巨大的魅力，这不仅仅在于他的巨大声望，而且在于他那热情而富有幽默感的欢迎词和谈吐，常常能够一下子就把外宾紧张而激动的情绪平静下来，并且给人一种和蔼可亲的风度，一扫先前脑子里存在的想象中的威严形象。毛泽东讲话时旁征博引，以古喻今，真诚坦率、深入浅出，令人不能不信服，不能不随他的思路往前走。

1972 年，尼克松访华，毛泽东与他会晤 65 分钟。这是一次世界瞩目的，具有重大历史意义的会见。中美两国在经过了 20 多年的相互敌对、相互攻击之后，开始坐下来谈判。这场由世界最革命的左派和最反动的右派之间进行的谈判，震惊了世界。然而，这样重大的事件却是在一种漫不经心的戏谑、玩笑的气氛中进行的。毛泽东轻松的俏皮话拉短了中美之间的距离，使人觉得是几个经常聚会的熟人在聊天调侃。一些十分严肃的原则性的问题在毛泽东诙谐随意的谈话中暗示出来。毛泽东就是在如此让人意料不到的轻松的气氛中驾驭着整个谈话。

1973年，毛泽东会见了基辛格。这位哈佛大学的博士后来回忆说：正如他一年前与尼克松会晤时那样，毛接着谈笑风生地与基辛格进行苏格拉底式的对话，用自然而漫不经心的方式谈论重大问题。毛转弯抹角地用一句话把过去的事情一笔勾销了。他说我们都不要说假话，也不要搞阴谋诡计。我们不会偷你们的文件，你可以故意随便地放在什么地方，考验我们一下。毛泽东如此坦诚又如此俏皮地表达出高瞻远瞩的外交政策，用一种几乎让人不能相信的表面轻松解决了问题。但是，他并没有丧失原则性。早年他就坚信：天下惟至柔者至刚。而在他的晚年，对这句话的理解更为深刻。温斯顿·芬德后来回忆说："这种风格是引喻的，省略式的，外表上漫不经心，而实际上敏锐、老练。"在中国拥有众多读者的《毛泽东传》的作者特里尔说："他讲的每一话题里都包含着格言或含有间接意义的评论。"

（参见晓峰、明军主编：《毛泽东之谜》，中国人民大学出版社1992年版）

左膀右臂

1976年一个春光明媚、风和日丽的早晨，小孟劝毛泽东去花园走走，出乎意料，毛泽东欣然同意了。小张和小孟一边一个地搀扶着他。他们走出卧室，穿过会客厅，来到毛泽东卧室后面的一个小花园。他们一边走，毛泽东还风趣地说："张姐、孟夫子，你们二位是我的左膀右臂噢。""那可不是，没有我们俩，您可是寸步难行啊。"小张回答了毛泽东的话。毛泽东听了哈哈笑起来："你们俩不仅是我的左膀右臂，还是我的左腿右腿呢。"小孟也逗趣说："你不是说，我们俩是您的哼哈二将吗?""左膀右臂，哼哈二将，对嘛，是这样。"毛泽东像是自言自语地说着，似乎对这些称呼很满意。

(参见盛巽昌编著:《毛泽东与西游记、封神演义》，广西人民出版社 1997 年版)

"不须放屁"

一天，毛泽东把诗刊杂志要发表的他的两首词的清样，拿给小孟，对她说：

"小孟，请你把这两首词读给我听听。"

小孟拿过来，也不先看一遍，马上就读起来：

念奴娇·鸟儿问答

(1965 年秋)

鲲鹏展翅，

九万里，

翻动扶摇羊角。

背负青天朝下看，

都是人间城郭，

炮火连天，

弹痕遍地，

吓倒蓬间雀。

怎么得了，

哎呀，我要飞跃。

借问君去何方？

雀儿答道：

有仙山琼阁，

不见前年秋月朗，

订了三家条约。

还有吃的，

土豆烧熟了，

再加牛肉，

不须放屁！

试看天地翻覆。

小孟用高声快速地读了起来，当她读到"不须放屁"这句的时候，她扑哧一下笑出声来。

"主席，您写不许放屁，可您今天放了28个屁。我都给您数着呢。"

"噢，你还给我记着黑账。"

主席也笑了。

"活人哪个不放屁，屁，人之气也，五谷杂粮之气也。放屁者洋洋得意，闻屁者垂头丧气。"

小孟听了，笑得前仰后合，直不起腰来。

小孟边笑边说：

"那您为什么在词里还写上'不许放屁'？"

"两回事情嘛，孟夫子。"

毛泽东把话题引到批判苏共领导人赫鲁晓夫，鼓吹的福利共产主义即"一盘土豆烧牛肉的好菜"谬论上。从诗词中可以透视出他的标新立异的理论创新观点，和幽默滑稽的语言特色。

（参见郭金荣：《毛泽东的晚年生活》，科学教育出版社1993年版）

评说《红与黑》

　　一天下午，毛泽东和身边的工作人员一块看电影《红与黑》。看过后，大家都对片中的情节和人物进行议论，屋子里的气氛很热烈。

　　与此相反，此时毛泽东独自坐在沙发上，一言不发。不知是在倾听，还是在深思着别的事情。当工作人员看到毛泽东拿起一本书，开始读起来时，都很自觉地离开了，屋子里又恢复了平日里的宁静。

　　过了一阵儿，毛泽东抬起头来，当他看到还在屋里的孟锦云时，便放下手中的书，随口问道："孟夫子，对刚才的电影，有何意见哪？"

　　毛泽东并没有等孟锦云回答，也许他根本就不想让她当时就回答。于是，就说了一句让孟锦云没有想到的话："有何高见，今日可以不谈。你去小周那里借一本《红与黑》，看它一遍，至少一遍，然后再谈。"毛泽东对《红与黑》也颇喜爱，西方的小说，这可能是他读得最为仔细的一部了。他多次读过，还几次建议别人读这部小说。他曾漫谈式地说过，《红楼梦》和《红与黑》两个书名的第一个字都是"红"，可见东西方都有"红学"……

　　上次和毛泽东谈话后，孟锦云真的借来了书，认真地看了一遍。她像准备考试的学生一样，认真读，还做了笔记，把自己的看法，自己的疑问都记在一个小本子上。她要让毛泽东看到，自己不但认真看了书，而且还能够提出自己的见解，并且力争提出的是有一定分量的见解。

　　一段时间后，这一天正好是孟锦云值班。

　　毛泽东坐在沙发上看书。突然，他像想起了什么似的，问孟锦云：

　　"怎么样，两本书都读完了吗？"

　　孟锦云点点头。

　　"今天，我们先谈谈西方的《红楼梦》。你看了电影，又看了书，现在有发言权了，请先发表高见。"

孟锦云由于做了认真的准备，胸有成竹，便滔滔不绝地谈起来。

毛泽东知道她的习惯，说话又快又急，不会半截停住的，便只是静静地听，并不打断。

"我看那个于连是个胆大包天，无事生非的坏蛋，不值得一点点同情。他不安于职守，还想入非非，他无耻地勾引市长夫人，破坏别人的幸福家庭……"

等孟锦云连珠炮打完，毛泽东才不紧不慢地道出自己与她的不同看法，并将之铺陈展开了，大谈特谈他那独一无二的宏论："你说于连胆大包天，我可不这么看。于连是有些胆大，可还没有大到包天。你看他只敢在小桌底下摸夫人的手，还是在夜晚没有人看见的时候。这点点胆子称不上包天，他到夫人房间里去，也是紧张得很哪。即便是胆大包天，我看也不是什么坏事。男子汉总该有点儿胆量嘛，总比胆小如鼠好吧？我看那夫人是欣赏他这个胆量的。"

此时的毛泽东侃侃而谈，他忘记了自己是一国之首，忘记了眼前这个小同乡的知识水平，他无所顾忌地谈着自己的观感。孟锦云睁大了眼睛，听得极其认真，她觉得新鲜而又惊奇。

"那么，您是说于连是个大好人了？"当毛泽东稍一停顿，孟锦云插空问了一句。

"说于连是坏蛋，这要看你站在什么立场上去看，角度不同，结论也不一样。站在这边看看是个坏蛋，站在那边看看，也许又是个大好人。"

毛泽东喝了一口水，继续说下去："你说于连不值得一点儿同情！我可还是多少有些同情他。你看他多可怜，想说的话吞吞吐吐不敢全说出来，想干的事躲躲闪闪不敢全做出来，这还不可怜吗？你说他不安于职守，这点算你说对了。可那是什么职守？这和感情可是另一回事，人是有理智的动物，更是有感情的动物，感情来了，可是什么也挡不住。所以，为了感情影响了他那职守，我看也不足深怪嘛。你说对不对呢？"

听到毛泽东这样说，孟锦云知道平时他很少同意别人的看法，总有标新立异之见，因而也不觉得奇怪了。但她内心还是不能同意毛泽东的观点。

"那也不能光凭感情用事啊。"

"感情的力量有时是不可战胜的。"毛泽东补充了一句,然后他又接着谈起来:

"你说于连想入非非,孟子曰,这可是那个真的孟夫子说的,'人之官则思'。头脑这个东西天生下来就是要想事的。你让他不想,除非他是个傻子。所以,他要想,还要想得厉害,他是知识分子嘛,脑子好使得很呢。你说他'非非',他说他'是是',孰是孰非,很难说呀。"

"你还说于连破坏了别人的家庭,还是个幸福家庭。帽子好大呀,真的幸福家庭是破坏不了的,破坏了,可见不幸福。那个家庭是有压迫的,当然就有反抗,这叫作用力与反作用力,我看于连是个帮助夫人进行反抗的解放者。"

"你不了解那时,也就是19世纪,西方的家庭,尤其不了解那些家庭的残忍与虚伪。国外有一种舞会,参加者都戴着个假面跳舞。我看他们不仅在舞会上跳,在家里,在社会成自然了。观者习惯,跳者自然,谁都见怪不怪了。"

"至于家庭,我看东西方加在一起,真正幸福的不多,大多是凑凑合合地过。因为这些家庭,本来就是凑合起来的,真正独立自主选择和建立家庭的有多少?我看不多。什么父母、兄弟、亲戚、朋友,哪个不想说几句话。这几句话可不是随便说的,不是仅供参考,不听,试试看?建立家庭时都将将就就的,过起来难免就凑凑合合,表面上平平静静或热热闹闹,内里谁能说得清?越大的家庭,矛盾越多,派系越多,对外越需掩盖,越要装门面。你看,那《红楼梦》里写了一个家庭,可那是有代表性的。通过家庭反映社会,家庭是社会的缩影。所以,我说过,不看《红楼梦》,就不了解中国的封建社会。书中的那些人,都代表了一定的阶级,得这样来看他们的矛盾冲突,矛盾纠葛,矛盾的产生和发展。"

"那于连把人家的家庭搅得四分五裂总不好吧?"孟锦云虽然被毛泽东这样漫谈式的学术探讨吸引住了,但还是不甘心自己的观点都被否定。

毛泽东听了后,爽朗地笑了起来,他边笑边讲着他那句讲过不止一次的话:

"不破不立嘛!"

听到这里,孟锦云反驳说:

"于连到处钻营，一心往上爬，简直不择手段，不像个男子汉，不像个堂堂正正的人。"

毛泽东渐渐收起了笑容，脸上浮现出了他在探讨问题时所常出现的那种严肃的神情，他说：

"照你的看法，男子汉，堂堂正正的人，就不应该往上爬，而应该往下爬。人往高处走，水往低处流，关键是不要爬，爬，那是动物的一种动作。狗爬，猴子爬。人嘛，可以走，可以跑，但有时也要手脚并用地爬一下。比如上山，也叫爬山。但人只能偶然爬一下，不能一生总在爬。偶然爬一下，人们还承认你是人。如果一生都在爬，为了个人的名誉、地位爬个不停，人们就要怀疑你是不是人啰。"

"当然，对于连，还要分析一下，他眼前没有路，都是崖。他要的东西都在崖上头，看得见而够不着。他不能走，不能跑，所以只好爬，拼命爬，直到从崖上摔下来，粉身碎骨。"

说到这里，毛泽东停了一下，若有所思地向孟锦云提了个问题："如果于连是个有钱有势的人，而夫人是个穷苦的奴女，结果将会怎样？"

孟锦云没有想到毛泽东会向她提问题，尤其是没想到会提出这么古怪的问题，她怔了好一会儿，才回答说："那就好办了，于连就娶这个奴女呗。"

毛泽东说："换个位置，好办多了，有钱有势就可以得到一切。关键是德瑞那夫人没有实实在在的钱势。于连虽然失败了，但他的雄心勃勃，是值得赞扬的。说到底，还是阶级的压迫，阶级的较量。"

这最后一句，既是在议论，又是在总结。毛泽东毕竟是个阶级论的倡导者，他经常把小说当作历史书来读，把小说放入他阶级斗争的模式中去，用阶级的观点来分析小说中各种各样的人物，将其作为认识历史和阐发思想的工具，所以，他的评说往往与一般人不同。

（参见黄允升主编：《开国领袖毛泽东逸事》，
中央文献出版社1999年版）

老实是无用的别名

　　1975 年 8 月的一天，晚饭后，毛泽东、张玉凤、孟锦云、李玲师在一起看电影。

　　香港凤凰电影制片厂制作的《云中落绣鞋》。这个电影讲的是：一个员外家的小姐不慎跌落花园枯井中，生命危在旦夕，员外贴出告示，谁能搭救小姐，便将小姐许之为妻。两个青年同时要救小姐，商量好一个下去，一个在上面照应，把小姐救上来之后，听从小姐的意愿，她愿嫁给谁都可，一个青年就用筐拴着绳子把另一个青年送到了井下，下去的青年看到小姐已奄奄一息，井下又黑又潮，空气稀薄，那青年赶紧把小姐放入筐内，就喊着让往上拉，井上的青年用力往上一把一把地拉，小姐终于救上来了，小姐虽然气息奄奄，但依然美丽动人，井上青年一见小姐，哪里还顾得上井下的那个青年，赶紧用一大石盖上井口，抱着就往员外家送。这个青年心里想，井下的那个小子怎么喊叫，也不会有人听见，过不了多久，就会闷死在井里，自己不就娶了小姐，成全美事。果然，那青年作为小姐的救命恩人，成了员外家的女婿。

　　谁知，那井底下的青年，等着小姐上去之后，再把筐送下来拉他，但左等右等，不见放下筐来，而且不一会儿，自己头顶上的那一点点亮光也一下子被盖住了，一片漆黑，他又呼又喊，不见反应。他心想，坏了，肯定是井上那青年使坏，自己不仅娶不成小姐，而且非得憋死在井里了。他又看看自己手中的那双绣花鞋，一双白缎绣花鞋，虽然井下伸手不见五指，但这双鞋却闪着白光，他似乎又有了生的希望。原来，这双鞋是小姐被往上拉的时候，鞋从脚上脱落，正落在这青年的手中。他小心捧着这好看的绣花鞋，这可是他搭救小姐的见证啊，他看着，摸着，想着如何从这井里逃出去。

小姐与井上面的那个青年，已喜结良缘。一日，小姐忽做一梦，梦见她正在后花园里赏桂花之时，忽从高高的天空中飘落下一双绣花鞋，这双鞋正落在小姐的脚下，小姐低头一看，这不正是自己丢失的那双鞋吗？自己正要去捡，鞋忽然不见了，在她面前站着一英俊青年，那青年向她诉说了如何救她的经过，说完之后，就飘然而去。

小姐从梦中醒来，左思右想，心中感到蹊跷。自己的一双绣花鞋确实至今未能寻见，莫非，真如梦中那青年所言。

说来也巧，小姐正想着此事，那梦中青年却敲门而进了。

一切真相大白，小姐由父做主，赶走了那个狡猾的青年许身那个死里逃生的青年。

至于那个井下的青年如何死里逃生自是有神仙的保佑。

这是个中国传统的民间故事。告诉人们善有善报，恶有恶报的道理，这类故事，在中国民间老百姓那里千古流传。

看完这部片子，毛泽东问小张、小孟、小李这样一个看起来很发笑的问题。

"你们说说看，这两个救小姐的青年，哪个好些？"

"当然是在井下的那个青年好啦。"小李脱口而说。

"还用说吗，井上那个青年真够坏的，他不是贪天之功，据为己有，还陷害别人。"小孟也随着谈了自己的看法。

"张姐，你自己也和他们一样的看法了？"毛泽东笑着，把头转向了张玉凤。

"差不多，这是很明白的道理，您干嘛要问这么个问题？"小张也算表示了自己的看法。

"我和你们的看法不大一样，我觉得，还是那个井上面的青年更好些。"毛泽东说到这里停了下来，便不再往下说，却把眼光移向她们三个，意思是等待她们的反驳。

"那为什么，我们可不明白。"小孟直接反问。

"那个井下青年，对问题的考虑太简单，他缺乏周密的思考，他早就应该想到井上的青年会使出这一招，他太蠢了，还是那个井上青年聪明噢。"毛泽东兴趣很浓地与几个姑娘争辩。

"噢，他聪明，他太狡猾了，这种人太不老实。"小张首先表示反对的意见。

"老实，老实是无用别名，这是鲁迅先生的见解，我很同意。"毛泽东继续谈着自己的见解。

"那他也不应该为了自己的利益去害别人啊!"小孟又说。

"就有一个小姐，他不去害，他能得到吗? 看来，他是太爱这个小姐了，这叫爱之心切，恨之心狠噢，相反相成"。

"反正咱们也说不过主席，行了，总是您有理，对吧?"小张倒是想着结束这场争论了。

的确，当人们会不约而同地，把同情给了那个忠厚老实的井下青年，而无不憎恨否定那个狡猾的井上青年时，毛泽东却并不苟同这种公正的看法，甚至连一点同情也不给予。

毛泽东的确有他自己独有的思考习惯，他常常从人们习惯的思维规律中摆脱出来，从事物的几个方面去分析问题。这些也许是他成为一个思想家所必要的。好与坏、大与小、快与慢、强与弱、真与假、美与丑、善与恶……之间，他会看到它们之间的转化。变化、运动、发展，是永恒的，因为事物都是一分为二的。

（参见郭金荣:《毛泽东的晚年生活》，教育科学出版社 1992 年版）

"外国人就演不了中国戏"

1976 年元旦，毛泽东在中南海住所接见美国前总统艾森豪威尔的儿子戴维。

接见中，戴维全神贯注地凝视毛泽东的脸，目光长时间一动不动。毛泽东问："你在看什么？"戴维回答："我在看你的脸。"毛泽东说："我生着一副大中华脸孔……中国人的脸孔，演戏最好，中国人什么戏都演得。美国戏，苏联戏，法国戏，因为我们鼻子扁。外国人就演不了中国戏，他们鼻子太高了，演中国戏又不能把鼻子锯了去。"

这里，毛泽东把幽默寓于内涵丰富的比喻之中，增加了接见的和谐愉快的气氛，给人们提供了一句推敲价值极大的妙语。

（参见王佰福主编：《毛泽东轶事大观》，山东人民出版社 1997 年版）

毛泽东施洋礼节

1974 年 9 月 27 日，尚未和我国建交的菲律宾总统夫人伊梅尔达·马科斯从延安访问回来，回到古都西安。接到了周恩来关于毛泽东要在武汉接见她的消息后，十分高兴。当即换上绣着绿色和白色荷花的菲律宾传统服装，带上 17 岁的儿子费迪南德，从西安登上毛泽东、周恩来特意派来接她的三叉戟飞机，飞往长江之滨的华中重镇——武汉。

伊梅尔达·马科斯，人称"铁蝴蝶"，是著名的外交家，常陪同其丈夫马科斯总统出国访问，会见外国元首、政要。这次访华是作为马科斯总统的代表，为中菲建交探路。

9 月 20 日晚上，身患重病的周恩来在 305 医院会见了伊梅尔达，同她进行了坦率真挚的谈话。在谈到两国建交的关键问题是必须与台湾断交时，伊梅尔达考虑到菲律宾商人在台湾有大量投资，担心断交后会受到损失。

周恩来向她解释："至于台湾在菲律宾的投资问题，可看作是地区性的问题加以解决，我们建交是两个国家间的事。"

伊梅尔达对周恩来的回答非常满意，开心地笑了。她将特意从菲律宾带来的一盆名贵的兰花赠给了周恩来。

但在毛泽东是否会见她时，出现了世界外交史上的精彩场面。天生丽质的伊梅尔达·马科斯是菲律宾第一美人。当时担任翻译的外交家章含之回忆说："我从未见过一位元首夫人如此充分地利用她女人的优势作为外交手腕。"在李先念会见她时，李先念正式告诉她，由于毛泽东不在北京，这次就不能见她了。伊梅尔达听后表示非常失望和难过，希望中方重新考虑。李先念又一次说明并非毛泽东不愿见她，而是确实不在北京，请她谅解。

此时伊梅尔达沉默了几秒钟，随即取出一方手帕开始擦眼睛，继而听到她细微的抽泣声，一时弄得久经政治风云的李先念不知如何是好。接着又把抹眼泪的手帕轻轻地抛到茶几的李先念一边，不再说话，也不告辞。李先念望着面前的那方手帕，一时不知是不加理睬，还是应当捡起来还给她。最后，伊梅尔达成功了，李先念答应她再考虑毛泽东会见的可能性，伊梅尔达破涕为笑，热烈握手告辞，她知道已胜券在握。

外交部将此情此景报告了正在武昌东湖客舍的毛泽东。毛泽东同意见见。

毛泽东在东湖客舍接见了伊梅尔达，就国际形势和中菲关系进行了友好的谈话。

毛泽东说："我们是第三世界，我赞成第三世界的国家要互相帮助，第三世界人民要团结起来。"

1975年6月初，伊梅尔达陪同马科斯总统率领的政府代表团访华。9日，中菲在北京正式建交，访华取得圆满成功。这时的伊梅尔达又有惊人之举。在告别宴会上伊梅尔达身着高贵、典雅的菲律宾民族盛装。那淡红色底绣着各色浅花的蝶装倾倒了不少中外来宾、各国大使，人们情不自禁地赞扬她：夫人，您今晚真漂亮。伊梅尔达含笑轻语：谢谢。7日，毛泽东会见了马科斯总统夫妇。当毛泽东用惊喜的目光打量这位雍容华贵、光彩照人的总统夫人时，风趣地对马科斯总统说："你的夫人越来越年轻了，看上去像20多岁。"

一代佳丽伊梅尔达，此时含笑地而又优雅地将手背伸到毛泽东胸前，思维敏捷的毛泽东脸上浮现出幽默的笑容，从容地托起伊梅尔达的手，搁在嘴边轻轻地吻了一下。

伊梅尔达开心地笑了。没有想到这位著名的共产党人、东方大国的领袖，以惊人的反应，接受挑战，超越东方传统习惯，潇洒自如地行了一个"洋人"礼，她笑着对毛泽东说："我很荣幸！"

伊梅尔达在华的外交活动为中菲外交史增添了绚丽的色彩和无穷的韵味，打破常规，似一首小夜曲，动听而迷人……

毛泽东用施洋礼营造出一个欢快动人的接待礼仪。

（参见谭振球编：《毛泽东外巡记》，湖南文艺
出版社 1994 年版）

毛主席的湖南话，我听不大懂

毛泽东的日语翻译刘德有回忆：

1955 年 10 月 15 日下午 5 时，毛主席在中南海接见了以林山荣吉为首的日本国会议员访华团的全体成员，我第一次为主席担任翻译。

会见一开始，毛主席先向日本客人让香烟。团长略带歉意地说："谢谢，我不会吸。"

"不吸烟？好。你的道德比我高尚。"毛主席风趣地说。

话音刚落，引起人们愉快的笑声。毛主席说罢，悠然地点了一支香烟，操着浓重的湖南口音说：

"热烈地欢迎你们。我们都属于同一个人种。"

毛主席的湖南话，我实在是听不太懂。顿时，我的心怦怦地跳起来。在

慌忙中，我把毛主席说的"人种"译成"民族"。其实，"人种"一词，在日语中应该直接译作"人种"或者译作"种族"，但由于过分紧张，一上来，我就把它译错了。

没想到，出席作陪的周总理听出了我的翻译错误，马上纠正说："不是'民族'，而是'人种'。"这样一来，我更加紧张了。

廖承志看到这一情景，立即坐到毛主席身旁，微笑着说："我来，我来。"便自告奋勇地担任了这一场重要会见的翻译。我感到不好意思，但心情比先前轻松了许多。

接着，毛主席说："我们都属于有色人种。有色人种是被人家看不起的，最大的'缺点'就是有色。有些人喜欢有色金属而不喜欢有色人种。据我看，有色人种相当像有色金属，有色金属是贵重的金属，有色人种至少与白色人种同等贵重。有色人种同白色人种一样都是人……世界上所有的人，不管他是什么肤色，都是平等的。我们两个民族现在是平等了，是两个伟大的民族。你们这个民族是个很好的民族。日本人，谁要想欺侮他们，我看是不容易的，你们现在有很多地方比我们高明，你们是工业化的国家，而我们现在还是农业国，我们正在努力。"

毛主席一上来讲的这一段话，显然是针对当时美国在日本仍设有军事基地、对中国进行军事封锁的事实而说的。

毛主席的幽默、风趣，使场内的气氛一下子和缓了许多。

这次经历使翻译刘德有如释重负，亲身体会到毛泽东运用语言的高超艺术，和旁敲侧击了美国封锁中国的军事政策。

（参见刘德有：《我为领袖当翻译》，辽宁人民出版社 2012 年版）

卫士追忆往事

卫士贲兰武回忆：

1964 年到 1970 年间，我在毛主席身边任警卫员。在跟毛主席朝夕相处的日子里，毛主席为人亲切、幽默，就像家里的一位长者。

我在毛主席身边的时候，他从来不发脾气，我们警卫员还经常跟他开玩笑。有一天，毛主席出来散步，穿着一件睡衣，我们队长叫陈长江跟着他，他转了一圈，一边往回走，一边哼着京剧。毛主席从我面前经过时，我一伸手把他拦住了，我说不能进，毛主席说为什么不能进，为什么回家不让回，我说你得唱段戏，我才让你进，毛主席就站那唱了段《沙家浜》。唱了几句，睡衣这么一甩，拿着京腔，说告辞了，就进去了。毛主席的举动使我想起了京剧舞台上，那威风凛凛的将帅潇洒的英姿。

还有一次，毛主席在中南海游泳池游泳，我们也下去游。游了一两个小时，我们年轻人就烦了，可毛主席游得挺上瘾，在水面上躺着。我就游过去，挠他脚心，毛主席两只脚使劲拍打水面，说你们老搞骚扰，是不是玩烦了，不想玩就上去吧。卫士同毛主席相处时间长了，竟敢开挠他脚心的玩笑。

毛主席对身边的工作人员非常好，就像对自己的孩子，有好吃的东西自己舍不得吃，总是分给身边的工作人员。

那时，我们在中南海种了一架葡萄，葡萄长得挺好，我们说给主席增加点营养，摘了一串大的给主席送过去。主席摘了一粒吃，说真甜，然后就不吃了，说不劳动者不得食，拿回去你们吃吧。从一串葡萄中可看出毛主席的真情。

毛主席不让在中南海里挂自己的像，为此还跟我发过一次脾气。

毛主席有一天到我们住的客厅来了，看到我们客厅中间挂着一幅毛主席像。看到以后，他很不高兴，说谁让你们挂的，我说这个是北京化工三厂的师傅给我们做的。他非常不高兴，让我们拿下来，当场就摘。

毛主席认为挂他的像就拉大了他跟群众的距离，所以他十分反感这样的事。不仅中南海里不让挂毛主席的像，在外边他只要看到主席像，就要让人摘下来。

人民大会堂西门挂着一幅毛主席油画，就是主席挥手的那张。他几次说："让北京市把那幅油画摘下来，不要他们在家里睡觉，我在这里挨冻。"

毛主席是人民的领袖．人民爱戴他，他也离不开人民。出于安全考虑，上级不让毛主席随便出中南海，但毛主席有时就偷偷跑出去。

有一次，毛主席想出去，他跟汪东兴说，让汪东兴把车要过来，不要跟警卫打招呼，他就跟汪东兴出去了。到了大西门，他下了车，和群众在一起，围了很多人。当时是1966年6月左右，他抱抱别人家的孩子，有群众敲鼓打镲，他把人家的镲拿过来打，非常高兴。我们警卫团知道以后，赶紧派人把他请回来。

毛主席与群众一起打镲，丝毫没有伟人的架子，可见他与人民群众的鱼水情。

（参见贲兰武：《在领袖身边当卫士》，《老年日报》2013年12月27日）

奇特的碰杯

据杜修贤回忆：

1972 年 2 月 21 日，尼克松到达北京的当天，毛主席就在游泳池住宅会见了尼克松和夫人以及全体随同官员。

一个月前，毛主席参加陈毅追悼会回来后就重病缠身。使得第一个能亲临毛主席住宅的美国总统惊诧不已，也十分紧张，暗暗猜测毛主席是否患了中风。开始毛主席的动作显得迟缓，表情也呆板。谈了一会儿，毛主席的情绪渐渐高涨，红晕淡淡漫上了苍白的脸颊。他一会儿将手高高扬起，一会儿又笔直落下，这忽上忽下的大幅度动作，使美国客人消除了紧张情绪，备受毛主席愉快情绪的感染。快乐诙谐的会谈气氛中还夹杂着争辩。毛主席喜欢争论，特别是和隔海相互敌视了几十年的"头号敌人"同室争论，这更增加了毛主席的兴致和激情。美国总统和他的随员们也被毛主席妙语连珠的语声魅力倾倒，笑声一阵阵地挤出门缝。毛主席颤巍巍地端起茶几上的青瓷茶杯，举了举，并示意尼克松也端起茶杯。尼克松立刻明白了毛主席的意思，热烈响应，端起了青瓷茶杯。毛主席兴奋地"乒"地和尼克松的茶杯碰了下。

毛主席边干杯边风趣地说："我们是几十年的隔海老冤家啦！不是冤家不聚头，不打不成交嘛！我们应该为冤家干一杯。我不会喝酒，"一副无可奈何的模样，"不过不要紧，中国有句老话'君子之交淡如水'，没有酒有水，以水代酒——干杯。"

这个奇特的碰杯将会谈的气氛推到了高潮，在场的人都乐不可支地哈哈大笑起来。

临别时，毛主席双手支撑着沙发的扶手，缓缓地站立起来，移动脚步，和美国客人一一握手告别。毛主席是乐观的，也是自信的。他握住尼克松的手，嘴角微微一抿，浑身充满了自信的神采，这是多么熟悉鲜明的个性啊！

（参见王震宇主编：《在毛泽东身边》，人民出版社 2009 年版）

毛泽东的生死观

1970 年 11 月，毛泽东会见巴基斯坦总统叶海亚·汗，分别时，客人祝毛泽东健康长寿。

毛泽东回答：你不要祝我长寿，也不需要祝我健康。我就要去见上帝了。你不信？

客人说：但是我们需要你。

毛泽东幽默地回答：那也许我就多留几天。引来众人一片笑声。

同年 12 月，毛泽东又一次会见了他的老朋友斯诺。同上次一样，又一次谈到了"见上帝"的问题，不过这一次毛泽东的语调中已带有某种无可奈何的伤感。

毛泽东：我不久就要去见上帝，这是无可逃避的，每个人总得去见上帝。

斯诺：伏尔泰曾说过，如果没有上帝，人类也必须造一个。在那个时代，如果他表示自己是一个彻底的无神论者，他就可能要掉脑袋。

1971 年 9 月林彪事件后，毛泽东犯了一场大病，身体更加虚弱。

林彪事件引起的震动不亚于一场强烈的地震。"文化大革命"以来的历史运行完全逾出了毛泽东为它设定的轨道，动摇了他的自信。

1972 年 2 月，当毛泽东在他的书房兼客厅会见美国总统尼克松时，说他身体一直不好。

可能是出于礼貌，尼克松回答说："不过你气色很好。"

毛泽东微微耸了耸肩："表面现象是骗人的。"

毛泽东十分明白，他的来日已经不多了。

这年 9 月，毛泽东在自己的书房里接待日本首相田中角荣。会谈结束时，毛泽东向田中赠送了一套《楚辞集注》。握别时，他对田中说："田中先生，我也患神经痛，腿脚也不好使，不久就要见上帝了。"

1973 年 11 月，一个寒冷的下午，在中南海毛泽东住处，毛泽东会见了澳大利亚总理惠特拉姆，毛泽东步履蹒跚，向客人抱怨腿不方便。

毛泽东：我和周总理都活不到革命结束的那一天了，我已疾病缠身。

周恩来笑着插话：他只是膝盖有点风湿痛。

毛泽东：我已和上帝打过招呼。

死神在逼近，"我的本钱不多了。"毛泽东似乎看到了生命的尽头。

1974 年 5 月，英国前首相希思来到北京，毛泽东接见了他。就在这次会见中，毛泽东说道，香港问题现在也不谈，到时候怎么办，我们再商量吧。是年轻一代的事情了。

谈到自己，他说："我已经接了上帝的请帖，要我去访问上帝。"

希思说："我希望主席在相当长的时间内不要接受这个邀请。"

毛泽东答道："还没答复呢！"

1974 年毛泽东对再次来访的基辛格一行泰然自若地说："我很快就要去见上帝了。我已经收到了上帝的请束。"陪同基辛格的美国驻华联络处主任布什回忆说，听到世界上最大的共产党国家的领导人说出这样的话，令人震惊。

而听到这句话的基辛格是另一副表情，他幽默地笑着回答："不要急于接受。"

毛泽东这时已不能连贯地讲话，他在一张纸上费力地写了一句话："我接受 Doctor 的命令"。这是一个双关语，既指医生，又指作为博士的基辛格。

1975 年 4 月 18 日，毛泽东颇为伤感地对朝鲜人民领袖金日成说："董必武同志去世了，总理生病，康生同志也害病，刘伯承同志也害病，……我今年八十二了，快不行了，靠你们了，……上帝请我喝烧酒。"一代伟人的悲凉，溢于言表。

同年 7 月，泰国总理克立在中南海拜见毛泽东，此时的毛泽东已步履艰难。

毛泽东：你不怕我吧？蒋介石和西方骂我是土匪、罪犯、杀人犯。我快死了。

克立：不可能。

毛泽东：为什么?

克立：啊，主席，世界不能失去像你这样的第一号"坏人"。毛泽东听了极为高兴，他拍打着座椅扶手，笑得浑身抖动，起身同满屋子人握手。他喜欢幽默的语言，即使谈论死亡也是如此。

克立又说：祝主席长寿。

毛泽东沉默了一会儿，说：有什么用呢?

毛泽东真正感到死之将至了，心情的无奈被对方的幽默一击，他感到痛快。

1976 年 1 月，毛泽东对来自美国的朱莉·尼克松·艾森豪威尔和她的丈夫戴维喃喃地说："一个人如果负担太重的话，死是最好的解脱办法。"戴维邀请毛泽东去美国，毛泽东的回答再也不能像 20 世纪 50、60 年代那样洒脱地说要去游密西西比河了，他声音低沉喃喃说道："不会再有这个机会了！"

临走，戴维礼貌地说："祝您健康长寿。"

毛泽东的眼睛突然睁开："这是什么意思?"

是啊，这时听到"健康长寿"，简直等于天方夜谭。

作为中国 20 世纪的最杰出的伟人，毛泽东的一生艰苦卓绝，经历坎坷，经过一生的奋斗，当他发现现实的变化并未完全按照他的思路实现，理想的世界依然是那么遥远时，他内心强烈的孤独感和苦闷是不可言喻的。他对个人在这个尘世的去留并不感到多少悲哀，他担心的仍然是党和国家的前途。生命苦短，他再也没有时间和精力作新的探索，只好留下一连串不可弥补的遗憾。

（参见胡哲峰、孙彦编著：《毛泽东谈毛泽东》，
中共中央党校出版社 2008 年版）

希望后人给三七开

　　毛泽东认为，一个人只要做工作，没有不犯错误的。马恩列斯都犯过错误，如果不犯错误，为什么他们的手稿常常改了又改呢？改了又改就是因为原来有些观点不完全正确，不那么完备、准确嘛。他多次讲他也犯过错误。1962 年 1 月，他在"七千人大会"上诚恳地说："凡是中央犯的错误，直接的归我负责，间接的我也有份，因为我是中央主席。我不是要别人推卸责任，其他一些同志也有责任，但是第一个负责的应当是我。"又说："如果有人说，有哪一位同志，比如说中央的任何同志，比如说我自己，对于中国革命的规律，在一开始的时候就完全认识了，那是吹牛，你们切记不要信，没有那回事。"

　　1959 年 9 月，毛泽东在一次会议上又说："人非圣贤，孰能无过。我也是一个甚为不足的人。很有些时候，我自己不喜欢我自己。马克思主义各部门学问，没有学好。外国文，没有学通。经济工作，刚刚开始学。但我决心学，不死不休。对于这些，我也要改，也要进取。那时，见马克思的时候，我的心情就会顺畅一些了。"

　　1961 年毛泽东与他的卫士张仙朋谈话，曾经感叹地说："我这个人啊，好处占百分之七十，坏处占百分之三十，就很满足了。我不隐瞒自己的观点，我就是这样一个人，我不是圣人。"

　　1976 年毛泽东在离别人世的前几个月，他曾深沉地总结道："人生七十古来稀，我八十多了，人老总想后事，中国有句古话叫盖棺论定，我虽未盖棺也快了，总可以定论了吧！我一生干了两件事，一是与蒋介石斗了那么几十年，把他赶到那么几个海岛上去了；抗战八年把日本人请回老家去了。对这些事情异议的人不多。只有那么几个人，在我身边叽叽喳喳，无非是讲我没早收回那几个海岛罢了。另一件事就是发动'文化大革命'。这件事拥护的人不多，反对的人不少。这两件事都没有完，这笔遗产得交给下一代。"

毛泽东对自己是实事求是的，也是有自知之明的。他既不认为自己是完人、圣人，也没有无原则的过分的谦虚。他希望后人能够给他"三七开"的估计，若是这样，他也就心满意足了。

（参见周溯源编著：《毛泽东评点古今人物》，红旗出版社 1998 年版）

毛泽东致力于纠正错别字

毛泽东不仅是一位胸怀谋略的伟人，而且还是一位在日常生活和工作中，一丝不苟地认真负责地对待文字的大师。

汉字是世界上最繁杂最有诱惑力的语言，精辟的诗词曾让许多外国翻译家难堪。毛泽东在这方面有许多闪闪发光的事例。

毛泽东在自己的著作和作品中，极严格地对待语法修辞和遣词造句。一生中他与文字语言打交道中，对文字缺点和错别字上，毫不留情地作斗争，为祖国语言的纯洁和健康而努力。

毛泽东重视和培养他身边工作人员、卫士们时，亲自抓他们的文化学习。在延安时期曾为他们创造条件，在简陋的窑洞里，为了使他们尽快掌握文化知识，而习字弄文。新中国成立后他又组织卫士们办学习班，督促他们学文化，亲自为他们讲解"的、地、得"的用法，并检查他们的作业，帮助他们改正调查报告中的错别字。有一次，毛泽东在检查作业时，发现封耀松得了个 5 分，很高兴地说："好，又进步了。"可是，毛泽东看过 5 分之后，还在进一步检查作业，这回可不满意了，他"嘿"了一声说："你们那位老师也是马大哈呀!"接着他指着封耀松默写的白居易《卖炭翁》中的一句话问："这句怎么念?"封耀松回答:"心忧炭贱愿天寒。"毛泽东严肃地问："你写的是忧吗? 哪里伸出来一只手? 你写的是扰,扰乱的扰。怪不得炭贱卖不出价钱,有人扰乱嘛。"毛泽东毫不留情,还在问:"这句话怎么念?"封耀松回答:"晓驾炭车辗冰辙。"毛泽东严肃地问:"这是辙吗? 到处插手,炭还没卖就大撤退,逃跑主义,这是撤退的撤。"毛泽东抓起笔来把封耀松的错别字改了过来,说:"虚有 5 分,名不副实。"于是封耀松的 5 分变成了 3 分。这件事给小封留下了不可磨灭的既严肃认真又幽默风趣的教诲。

毛泽东对自己的著作更是精益求精,从不马虎了事。例如他在 1947 年写的《目前形势和我们的任务》名篇中,不仅精心创作,反复修改,而且把原稿交秘书抄写时,还书面提出五条要求:不要写错字;不要写草字;不要写怪字;不要写别字;不要写简字。

毛泽东在文稿的刊行上也一向严谨精细,发现差错,毫不含糊,公开予以更正。在一些文章中都留有他修改的手迹。为了解决这些问题,他还深谋远虑地思考怎样从根本上、有系统地解决问题,在这方面,他提出的根治方法就是,也要走群众路线。在 1948 年《对晋绥日报编辑人员的谈话》中说:"办报和办别的事一样,都要认真地办,才能办好,才能有生气。我们的报纸也要靠大家来办,靠全体人民群众来办,靠全党来办,而不能只靠少数人关起门来。我们的报上天天讲群众路线,可是报社自己的工作都往往没有实行群众路线。例如,报上常有错字,就是因为没有把消灭错字认真地当做一件事情来办。如果采取群众路线的方法,报上有了错字,就把全报社的人员集合起来,不讲别的,专讲这件事,讲清楚错误的情况,发生错误的原因,消灭错误的办法,要大家认真注意。这样讲上三次五次,一定能使错字得到纠正。小事如此大事也是如此。"

毛泽东对文字的要求之高,之讲究,咬文嚼字真是到了家。他当然不止是要注意纠正错别字,也"痛恨文理不通的现象",他对纠正文字工作中的种种缺点,简直到了不遗余力的地步。目的在于要使每一件稿,每一本书在提供给读者时,都成为精品,努力做到完全彻底地为读者去服务。

1952 年 2 月毛泽东在审定《中共中央关于纠正电报、报告、指示、决定等文字缺点的指示》中加写了一段话:"中央认为此种文字缺点的纠正,将使我们同志头脑趋于精密，工作效能有所提高，故须予以重视，对已存在缺点认真地加以改革。"

　　毛泽东之所以反复强调要重视文字工作的改进，就是因为文字是人们交流思想达到互相了解的工具。更是执政党在革命和建设中须臾离不开的武器，重视笔杆子是中国共产党取得胜利的法宝，所以这个光荣传统也应该继续发扬光大下去，为今后与时俱进的新时代服好务，为祖国语言的纯洁健康而努力奋斗，发挥语言独特的先进文化的作用。

　　　　　　　　（参见《毛泽东新闻工作文选》，新华出版社1983年版）

主要参考书目

孙宝义、刘春增、邹桂兰编著：《向毛泽东学读书》，台海出版社 2011 年版。

孙宝义、邹桂兰、孙吾文、孙月辰：《毛泽东的衍名艺术》，中央文献出版社 2006 年版。

谭逻松、张其俊编著：《毛泽东的幽默故事》，同心出版社 1993 年版。

张步真、赵志超：《故园行》，海南出版社 1995 年版。

《毛泽东在一九二五年》，《西安商报》2013 年 4 月 15 日。

康裕震、欧阳植梁、方城、陈芳国：《谁主沉浮》，中央文献出版社 1995 年版。

孙宝义、周军、邹桂兰编著：《毛泽东兵法战策》，解放军出版社 2013 年版。

王永盛、张伟主编：《毛泽东的语言艺术》，山东大学出版社 1991 年版。

胡哲峰、孙彦编著：《毛泽东谈毛泽东》，中共中央党校出版社 2008 年版。

李约翰、镡德山、王春明：《和省委书记们》，中央文献出版社 1995 年版。

于俊道主编：《生活中的毛泽东》，解放军出版社 1999 年版。

《党代会现场——99 个历史深处的细节》，《书刊报》2012 年 9 月 10 日。

特雷西·斯特朗：《纯正的心灵》，世界知识出版社 1986 年版。

王伯福主编：《毛泽东轶事大观》，山东人民出版社 1997 年版。

许祖范、姚佩莲、胡东编著：《毛泽东幽默趣谈》，中共党史出版社 2013 年版。

竞鸿、吴华编著：《毛泽东生平实录》，吉林人民出版社 1992 年版。

高凯、于玲主编：《毛泽东大观》，中国人民大学出版社 1993 年版。

王震宇主编：《在毛泽东身边》，人民出版社 2009 年版。

孙宝义、刘春增、邹桂兰编著：《毛泽东品三国用三国》，国际文化出版公司 2011 年版。

陈四长、郭洛夫：《艰难的转战》，军事科学出版社 1995 年版。

董保存：《走进怀仁堂》下卷，中共党史出版社 2005 年版。

王兴国：《毛泽东与佛教》，中共党史出版社 2009 年版。

罗永常：《毛泽东与白石老人的翰墨情》，《党史纵横》2008 年第 11 期。

杨肇林著：《建立强大的海军》，江苏文艺出版社 1995 年版。

邸延生：《历史的真言》，新华出版社 2000 年版。

董志新：《毛泽东读〈三国演义〉》，上海人民出版社 2001 年版。

陈晓东：《神火之光》，中共中央党校出版社 1995 年版。

赵志超：《毛泽东一家人》，中央文献出版社 2000 年版。

孙宝义、刘春增、邹桂兰、李凯旗编著：《毛泽东谈读书学习》，中央文献出版社 2008 年版。

叶心瑜：《毛泽东在 1934—1936》，新华出版社 1993 年版。

何以主编：《毛泽东的情趣》，中央文献出版社 2011 年版。

张随枝：《红墙内的警卫生涯》，中央文献出版社 1998 年版。

《最好的怀念》，中国青年出版社 1978 年版。

雷云峰、肖东波编著：《毛泽东修身处事风范》，国际炎黄文化出版社 2003 年版。

晓峰、明军主编：《毛泽东之谜》，中国人民大学出版社 1992 年版。

何建明：《警卫领袖风云录》，时代文艺出版社 1993 年版。

《马少波近作选》，中国戏剧出版社 1996 年版。

王鹤滨：《紫云轩主人——我所接触的毛泽东》，中共中央党校出版社 1991 年版。

王鹤滨：《毛泽东的保健生活与养生之道》，中国青年出版社 2005 年版。

张耀祠：《告诉你一个真实的毛泽东》，《雪域》1996 年第 5 期。

权延赤：《真实毛泽东》，内蒙古人民出版社 1998 年版。

盛巽昌编著：《毛泽东与西游记、封神演义》，广西人民出版社 1997 年版。

权延赤编著：《领袖泪》，求实出版社 1989 年版。

黄允升主编：《开国领袖毛泽东逸事》，中央文献出版社 1999 年版。

凌志：《论毛泽东发展核武器和平利用原子能的思想》，《毛泽东思想研究》2009 年第 5 期。

邸延生：《历史的真言》，新华出版社 2000 年版。

韩文蔚：《毛泽东给老年人的任务健康的活着》，《北京党史》1993 年第 4 期。

李静主编：《实话实说丰泽园》，中国青年出版社 2007 年版。

李响：《访苏受赠礼品"刺激"毛泽东要造卫星》，《书刊报》2003 年 8 月 26 日。

徐殉：《毛泽东拜师学魔术》，《世纪潮汐》2012 年 4 月 11 日。

李林达：《情满西湖》，中央文献出版社 1995 年版。

麦刚、刘蓬：《毛泽东在一九五八》，中国青年出版社 2008 年版。

徐涛：《毛泽东的保健养生之道》，中央文献出版社 1993 年版。

容全堂：《毛泽东到长沙火宫殿吃臭豆腐》，《党史博览》2011 年第 1 期。

亓莉：《毛泽东晚年生活琐记》，中央文献出版社 1998 年版。

水静：《特殊的交往——省委第一书记夫人的回忆》，江苏文艺出版社 1992 年版。

成林编著：《毛泽东智源》，海南出版社 2001 年版。

刘学琦主编：《毛泽东佳话三百篇》，书目文献出版社 1993 年版。

赵志超：《毛泽东十二次南巡》，中央文献出版社 2000 年版。

吴黔生、高保华、李新乐：《肝胆相照》，军事科学出版社 1995 年版。

于俊道主编:《红墙里的领袖们——毛泽东实录》,中国工人出版社 2012 年版。

彬子:《毛泽东的感情世界》,吉林人民出版社 1999 年版。

吴江雄:《毛泽东谈古论今》,安徽人民出版社 1998 年版。

王树惠:《毛泽东与体育运动》,《中华魂》2012 年第 12 期。

高聚成选编:《毛泽东的故事》,中国青年出版社 1992 年版。

杭东:《毛泽东晚年在杭州》,《中华魂》2011 年第 2 期。

郭金荣:《毛泽东的晚年生活》,教育科学出版社 1993 年版。

喜民:《魂系中南海》,中国文联出版社 1990 年版。

王学亮:《神秘人物眼中的毛泽东》,《今古传奇》2006 年第 10 期。

佚名:《毛泽东宴请末代皇帝溥仪的趣闻》,《老年日报》2013 年 5 月 25 日。

《毛泽东与外国首脑及记者会谈录》编辑组:《毛泽东与外国首脑及记者会谈录》,台海出版社 2012 年版。

李树谦:《毛泽东的文艺世界》,辽宁教育出版社 1993 年版。

沈同:《在毛主席身边的日子》,中央文献出版社 1993 年版。

中央文献研究室:《缅怀毛泽东》,中央文献出版社 1993 年版。

邸延生:《文革前夜的毛泽东》,新华出版社 2006 年版。

韶山毛泽东同志纪念馆编《毛泽东遗物事典》,红旗出版社 1996 年版。

徐志耕:《忧乐万家》,江苏文艺出版社 1995 年版。

陈长江、赵桂来:《毛泽东最后十年》,中共中央党校出版社 2009 年版。

郭思敏编:《我眼中的毛泽东》,河北人民出版社 1990 年版。

邬吉成、王凡文:《红色警卫——中央警卫局原副局长邬吉成回忆录》,《中华遗产》2009 年第 2 期。

《丁玲与毛主席、江青的交往》,《老年文汇报》2007 年 2 月 16 日。

吴晓梅:《毛泽东视察全国纪实》,湖南文艺出版社 199 年版。

黄允升主编:《开国领袖毛泽东逸事》,中央文献出版社 1999 年版。

谭振球编:《毛泽东外巡记》,湖南文艺出版社 1994 年版。

王震宇主编:《在毛泽东身边》,人民出版社 2009 年版。

胡哲峰、孙彦编著:《毛泽东谈毛泽东》,中共中央党校出版社 2008 年版。

周溯源编著:《毛泽东评点古今人物》,红旗出版社 1998 年版。

《毛泽东新闻工作文选》,新华出版社 1983 年版。

贾兰武:《在领袖身边当卫士》,《老年日报》2013 年 12 月 27 日。

高伟杰:《跟毛泽东学习幽默智慧》,上海辞书出版社 2011 年版。

责任编辑：洪　琼

图书在版编目（CIP）数据

毛泽东的幽默智慧/孙宝义，孙靖雯，邹桂兰 编著．

　－北京：人民出版社，2015.11（2023.11 重印）

ISBN 978－7－01－015258－5

I. ①毛…　II. ①孙…　②孙…　③邹…　III. ①毛泽东（1893~1976）－幽默
（美学）－语言艺术　IV. ① A755

中国版本图书馆 CIP 数据核字（2015）第 225036 号

毛泽东的幽默智慧
MAOZEDONG DE YOUMO ZHIHUI

孙宝义 孙靖雯 邹桂兰　编著

人民出版社 出版发行
（100706　北京市东城区隆福寺街 99 号）

北京汇林印务有限公司印刷　新华书店经销

2015 年 11 月第 1 版　2023 年 11 月北京第 6 次印刷
开本：710 毫米 ×1000 毫米 1/16　印张：22.25
字数：360 千字　印数：21,001－25,000 册

ISBN 978－7－01－015258－5　定价：69.00 元

邮购地址 100706　北京市东城区隆福寺街 99 号
人民东方图书销售中心　电话（010）65250042　65289539